KB024033

광고는
어떻게 세상을
유혹하는가?

광고는 어떻게 세상을 유혹하는가?

• 쉽게 읽히는 광고의 사회문화사 •

● 고대 이집트 벽화의 포도주 제조 그림

● 고대 그리스의 동전

● 트와이닝 차 광고 포스터

● 미국 연방직기 광고

● 퀘이커 오트밀 광고

● 코닥 카메라 광고

● 전화기 광고

● 립톤 신문 광고

● 카멜 담배 광고

● 스프링에이드 광고

● 크레스트 치약 광고

팬덤북스

목차

Chapter 1

광고란 무엇인가
: 착각과 유혹, 그리고 설득의 힘

착각과 유혹의 힘, 광고

인류는 역사가 시작된 이래로 가치를 획득하고 거래하기 위한 활동을 지속해왔다. 이 활동에는 생산의 영역과 함께 광고도 중요한 역할을 감당해왔다. 이미지와 말을 사용하여 사람들의 무의식 속에 파고들어가 눈과 귀를 즐겁게 하여 물건을 구매하고 소비하도록 권유하는 광고의 본질적인 속성은, 고대부터 지금에 이르기까지 변함없이 적용된다. 역사를 통해 '광고하는 인간'의 발자국을 뒤쫓아 가는 것은 결코 변하지 않는 인간의 본성을 살펴보는 일이다. 또한 광고가 어떠한 역사적 상황에서 탄생하고 진화해왔는지를 살펴봄으로써 광고의 이론과 원리를 쉽게 이해할 수 있게 된다. 광고는 사회문화사의 결과물이면서 사회를 이끌어가는 동력이기 때문이다.

고대부터 현대에 이르기까지 이어져 온 광고의 사회문화사를 살펴보기 전에 코카콜라의 1890년대 광고를 먼저 보자. 선구적인 광고기법을 펼쳐온 코카콜라의 120여 년 전 광고를 통해 그때도 유효했고 지금도 유효한 광고의 역할을 절실히 느껴 볼 수 있다.

이 이미지는 1895년에 처음 시작한 코카콜라의 지면 광고로, 주석으로 만들어진 쟁반에 코카콜라의 로고가 인쇄되어 있다. 당시 미국 상류층의 복장을 한 금발의 백인 여성은 갈색 눈동자의 미소녀 분위기를 풍기며 코카콜라를 마시자는 표정을 연출하고 있다. 꽃병 옆에 놓인 쟁반에는 지금도 사용되고 있는

1890년대 코카콜라(Coca-Cola) 광고

"마시자 코카콜라Drink Coca Cola"라는 카피와 함께 '5센트'라는 가격이 표시되어 있다. 광고 모델로 등장한 여성은 미국 뮤지컬 배우이자 배우였던 힐다 클라크Hilda Clark로 당시 그녀는 23세의 나이였다.

이 광고는 그녀가 나와 단 둘이 콜라를 마시고 싶어 하는 듯한 착각을 불러일으킨다. 누군가에게 관심과 유혹, 또는 호감을 받고 있다는 건 정말 기분 좋은 일이다. 1890년대의 코카콜라는 광고의 역할을 전형적으로 보여준다. 코카콜라는 소비자들을 유혹했고 그로부터 전 세계인의 입맛을 변함없이 사로잡고 있다.

코카콜라가 지금까지 이토록 많은 사람들을 매혹시킬지에 대해서는 코카콜라를 처음 개발한 장본인도 몰랐던 것으로 보인다.

미국 남북전쟁에 참전했다 부상을 당해 모르핀에 중독되어 지내던 존 펨버튼John Pemberton 대령은 모르핀을 대체할 방법을 찾던 중 1886년에 코카콜라의 제조법을 개발한다. 하지만 첫해 수입은 50달러 정도였다. 결국 그는 코카콜라의 미래 가능성을 눈치 채지 못한 채 1888년에 위암으로 세상을 떠났다. 그는 그때까지 여러 파트너들에게 사업지분을 쪼개 팔았는데, 그들 중 한 사람이 아사 캔들러Asa Candler였다. 1892년 아사 캔들러는 2,300달러에 코카콜라 사업의 소유권을 확보하고 코카콜라 회사를 설립한다.

아사 캔들러는 1892년부터 수천 개의 무료 시음 쿠폰을 발행하고, 코카콜라 로고가 새겨진 달력, 시계 등 다양한 기념품을 만들어 적극적인 프로모션을 진행하였으며, 1893년에는 코카콜라 상표권을 미국 특허청에 등록하여 브랜드를 보호했다. 이 광고가 바로 캔들러가 코카콜라의 사업권을 사들여 기업을 설립한지 3년 만에 만든 것이다. 광고와 PR의 중요성을 일찍부터 깨닫고 실행한 상징적 결과물인 것이다.

> "광고는 이미지와 말을 사용하여 사람들의 무의식 속에 파고들어가 그들의 눈을 즐겁게 해서 물건을 소비하도록 자극하는 방법입니다."
>
> – 애드윅Adweek, 미국 광고잡지사

"전 광고를 정말 좋아합니다. 광고는 나만을 위한 것이라는 착각을 불러일으키니까요. 누군가 당신의 관심을 끌려고 한다는 것만큼, 정말 기분 좋은 일은 없습니다."

– 제임스 트위첼James B. Twitchell, 플로리다대 영문학 및 광고학 교수

미국 광고잡지사 애드윅과 제임스 트위첼 교수의 이야기는 광고가 소비자들에게 어떠한 역할을 하는지에 대한 중요한 시사점을 남겨준다. 그렇다면 이 시점에서 광고의 역할은 어떻게 정의될 수 있을까? 광고와는 비슷하지만 독립적인 개념을 갖고 있는 PR과 선전은 무엇일까? 파피루스와 점토판부터 사물 인터넷에 이르기까지 다양하게 등장하는 미디어는 어떻게 이해해야 할까? 이 책에서는 시대별로 광고의 사회사를 살펴볼 수 있는 다양한 사례들을 제시하는데, 광고, PR, 선전, 미디어에 대한 개념과 이해를 필요로 한다. 따라서 독자들의 이해를 돕기 위해 이 장에서 간단하게 정리해 두었다.

광고의 역할 : 욕구를 자극하여 수요를 창출하자

연필과 필기구부터 하이테크 전자제품에 이르기까지 물건을 팔려면 사람들의 관심을 이끌어야 한다. 그러한 노력들은 모두 상품을 판매하기 위한 것이다. 사람들의 욕구needs를 자극하여 수요를 창출해내는 것. 광고가 원하는 것은 바로 여기에 있다. 사회심리학에서

욕구는 사람을 움직이게 하는 심리적 동인을 뜻한다. 욕구는 유기체로서의 인간이 내부적으로 어떤 결핍이나 과잉현상이 생길 때 정상상태로 되돌아가고자 하는 움직임이 나타난 것으로 이해되는데 생리적인 일차적 욕구와 문화적 욕구로 구분된다.

광고활동을 뜻하는 '애드버타이징advertising'은 사전적으로 '널리 알리다'라는 뜻을 가지고 있는데, '주의를 기울이다, 알리다'라는 뜻을 지닌 15세기 중세 영어 'advertisen'이 어원이다. 하지만 최근의 광고는 그 이상의 의미를 지닌다. 광고는 상품이나 서비스, 아이디어에 대한 정보를 여러 가지 미디어media를 통하여 소비자에게 널리 알리는 활동이다. 기업의 입장에서는 광고를 통해 상품이나 서비스의 판매를 촉진하며 브랜드 이미지를 창출할 수 있게 호소하게 한다. 광고를 접한 소비자는 상품에 대한 정보를 제공받고 기업에 대한 이미지를 형성하고 구매 여부를 결정한다. 텔레비전, 라디오, 신문, 잡지들은 광고 덕분에 매스 커뮤니케이션mass communication 활동을 위한 수익을 창출한다.

광고의 역사와 특징적 변화가 커뮤니케이션 미디어의 발달과 중요하게 관련된 이유가 여기에 있다. 산업혁명 이후 광고는 많은 사람에게 정보와 사상을 전달하는 매스 미디어mass media를 통해 성장해왔지만 1990년대 이후 인터넷과 멀티미디어, 스마트폰과 소셜 미디어의 보편화로 급격한 변화를 경험하고 있다. 이 책이 다루는 이야기는 감탄과 과장, 왜곡을 담고 있으면서도 로마시대 큰 길가의 시민부터 스마트폰에 빠진 채 광화문을 걷고 있는 젊은이들에 이르기까지 우리 모두를 사로잡아온 광고의 사회사에 대한 것이다.

끊임없는 기술진화와 광고의 변화에도 불구하고, 판매 메시지가 작성된 이집트 파피루스 포스터와 고대 로마 폼페이 유적지의 상점 간판부터 삼성 갤럭시와 애플 스마트폰 광고에 이르기까지 기업과 브랜드에 대해 소비자가 지닌 이미지image는 기능적·물질적 속성만으로는 차별화하기 어려운 제품과 서비스를 판매하는 데 도움을 준다. 광고가 소비자에게 주는 이미지, 즉 마음속 언어로 그린 그림mental picture, word picture은 제품 차별화와 깊은 관련이 있다.

그러면 광고 활동의 주체는 누구인가. 먼저 비용을 내고 자신의 제품과 서비스에 대해 알리려고 하는 광고주advertiser가 있다. 광고비용을 지불paid하면 구매한 인쇄 지면이나 방송 시간에 광고를 실어주는 미디어media가 있다. 미디어를 사용하는 과정에서 광고를 접하게 되는 소비자consumers가 중요한 참여자들 중 하나다. 소비자가 광고주와 직접 만나는 일은 어지간해서는 없을 것이다. 비대면 nonpersonal communication적 관계이다. 광고를 구성하는 주체들은 광고에 개입하는 정책과 규범norms과 미디어를 둘러싼 기술technology이라는 환경에서 그 사회적 활동을 벌인다. 광고의 주체와 환경의 관계는 다음 그림으로 정리하여 설명할 수 있다.

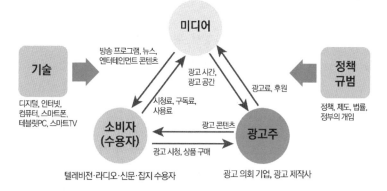

하지만 광고와 깊이 관련되어 있지만 다른 두 가지 개념이 PR과 선전propaganda이다. PR이 정부나 기업의 공중과의 관계를 위한 활동이라면 선전은 정부와 단체, 조직 들이 주의·주장이나 특정 사실을 효율적으로 널리 알리기 위한 활동이다. 광고와 PR, 선전은 미디어를 적극 활용한다는 공통점을 지니고 있지만 활용하는 주체와 목적에서 차이가 있다. 산업혁명 이후 매스 미디어의 신문이 출현하기 이전인 고대와 중세 시대에도 광고는 다양한 맹아적 형태로 출현하여 진화되었다. 국가와 국왕, 귀족에 의해 PR과 선전의 기원을 생성해왔다는 점을 생각하면서, 흔히들 광고와 혼동하는 PR와 선전에 대해 살펴본다.

PR : 상호호혜적 쌍방향 커뮤니케이션 관계

PR은 'public relations'의 약자로서 우리말로 직역하자면 '공중public 과의 관계', '인민publicus과의 관계'를 뜻한다. 여기에서 공중public은 라틴어 푸블리쿠스publicus. 인민에서 온 퍼블릭을 변역한 말이며, 인민 은 민주주의의 주체를 의미하는 용어이다. '근대사회의 인간을 비 합리적·충동적 존재로 보고, 미래사회를 군중의 시대'로 예측하던 귀스타브 르 봉Gustave Le Bon과 '인간을 합리적·독립적·자유적 존재 로 파악하면서 미래를 공중의 시대The age of public'로 보았던 장 가브 리엘 타르드Jean Gabriel Tarde의 관점이 반영된 용어이다.

광고와 마케팅 관점에서 말하자면 PR은 정부, 공공기관, 기업, 매스 미디어, 교육기관, NGO, 지역 사회 등의 주체가 공중과 좋은 관계를 형성하기 위해 벌이는 모든 활동을 가리킨다. PR 활동의 주 체는 정부 부처나 공공기관 혹은 기업일 수도 있다. 정부 부처나 공 공기관도 공중과의 관계는 매우 중요하기 때문이다.

기업이 직접적인 이익을 발생시키지 않는 자선행사를 주최하 거나 비영리단체에 기부금을 제공하거나 직원들이 참여하는 봉사 활동을 벌이는 것도 모두 공중의 호의를 얻기 위한 대표적인 사례 이다. 기업이 미술, 음악, 공연, 연극, 영화 등 다양한 분야에 걸쳐 문 화예술에 대한 지원과 후원 활동으로 진행하는 메세나Mecenat는 기 업 PR 활동의 전형적 사례다. 대기업에서 운영하는 문화재단, 미술 관, 그리고 문화예술의 유망주에 대한 지원 등이 그것이다. 기업은 이러한 활동을 통해 사회적으로 바람직한 기업이라는 이미지와 인지도를 얻으며 기업의 조직원들이 자긍심과 만족도를 갖게 만든다. 기업 차원에서는 자신의 조직 밖에 있는 외부 공중과 경영진, 직원, 투자자와 같은 조직 내부의 사람과 단체를 뜻하는 내부 공중으로 구분하기도 한다.

**LG의 메세나 활동 사례,
엘지아트센터**

　　PR은 합리적·독립적·자유적 존재인 공중과의 상호작용과 관계를 중심으로 쌍방향 커뮤니케이션과 상호호혜적인 관계로 설명할 수 있다. 참여적 사용자들이 경제, 사회, 정치, 문화의 주역으로 활동하는 소셜 미디어 시대에 PR은 많은 인사이트를 주는 개념이며 매스 미디어의 영향력이 뚜렷하게 감소하는 상황에서 PR의 중요성은 더욱 커지고 있다.

　　커뮤니케이션에는 메시지를 주고받는 과정을 의미하기 때문에 메시지를 보내는 송신자sender와 메시지를 받는 수신자receiver가 있다. 그리고 메시지가 전달되는 채널channel이 있다. 커뮤니케이션을 통해 송신자가 수신자에게 받는 반응을 효과effect라고 한다. PR은 일방향이 아닌 쌍방향 커뮤니케이션이라는 의미에서 홍보와 선전과는 구분된다. 물론 PR에서 기업이 송신자이고 소비자가 수신자일 수 있다. 하지만 PR에서는 메시지의 전달보다 반응과, 이 반응에 기반으로 한 상호작용과 호혜적 관계가 더 중요하다는 의미다.

   PR의 주체는 자신이 중요한 영향을 주고받으려고 하는 다양한 공중으로부터 호의goodwill를 얻어 그 관계를 통해 이득을 얻으려고 한다. 예를 들어, 직접적인 이득이 없는데도 불구하고 직원에 대한 복지혜택과 지식교육을 실행하는 것은 경영진과 직원의 상호 호혜적 관계를 통해 애사심과 생산성을 높이기 위한 과정이다.

   쌍방향 커뮤니케이션과 상호호혜적 관계. 짐작하겠지만 쌍방향 커뮤니케이션과 상호호혜적 관계는 모든 사회적 관계를 긍정적으로 작용하기 위한 기본 원리이다. 너무 당연히 알고 있는 원리가 마케팅과 홍보 분야에서 왜 그렇게 강조되는 것일까. 기업, 정부 부처, 공공기관은 공중과 의식적으로 쌍방향 커뮤니케이션과 상호호혜적 관계를 형성해야 자신들의 브랜드, 상품, 서비스를 원활하게 전달하고 그 효과를 증가시킬 수 있기 때문이다. 공중이 수동적인 존재로 역할을 하던 시대는 끝났다.

선전 : 주의 · 주장을 널리 알리기 위한 활동

주의나 주장, 사물의 존재, 특정한 사실, 효능 등을 많은 사람이 알며 이해하고 동의하도록 효과적으로 널리 알리는 일을 선전 propaganda이라고 한다. 어떠한 의도 또는 목적으로 지니고 있어서 특정한 집단을 설득하거나 여론을 조작하여 사람들의 판단이나 행동을 원하는 방향으로 이끌어 가는 특징을 지닌다. 16세기 교황 그레고리오 13세Papa Gregorio XIII, 1572~158 시대에 로마에서 신앙의 보급de propaganda fide을 위한 교단이 설립되었는데, 이때의 '프로파간다'는 라틴어로서 '선전하고 확산한다'는 뜻이다. 선전이라는 용어는 종교의 포교에서 발생한 개념이다.

오늘날에는 정치 선전을 뜻하는 용어로 자주 사용되지만 중세시대에는 종교와 상업의 선전이나 광고의 수단으로 사용되던 개념이다. 산업혁명 이후 최근에 이르러 선전활동이 전개되는 장場은 인간생활의 특정 분야에 국한되지 않고, 종교·도덕·정치·사상·경제 등 광범한 분야에 이르고 있다. 선전활동은 정부·혁명 조직·노동자·시민 같은 정치적인 주체가 주도하는 사례가 많다. 광고와 비교하면, 광고는 주체가 분명하게 드러나며 상품판매를 목적으로 하지만 선전은 그 주체가 드러나지 않는 경우가 많으며, 선전은 정치적·군사적 목적 또는 종교적 목적으로 사용된다.

상업적 선전은 상품판매를 목적으로 진행되는 반면, 시민적 선전은 교통안전이나 범죄방지, 시민단체운동 등에 관한 내용을 다루고 있다. 시민적 선전은 교육과 관련되어 한계가 분명하지 않다. 그리고 정치적 선전은 직접 정치적인 이슈에 대한 내용을 다룬다. 더불어 그림, 만화, 포스터, 팸플릿, 영화 등 기술과 방법으로 선전이 다양해지고, 신문, 라디오, 텔레비전, 인터넷, 소셜미디어 등의 발달로 선전 영역과 활동범위도 확대되고 고도화되고 있다.

선전은 설득persuasion 커뮤니케이션의 한 형태로서 개인이나 집단이 어떤 주어진 상황에서 자신들이 바라는 반응을 얻을 목적으로 기호나 상징을 조작하여 개인이나 집단의 태도를 형성, 통제, 변화에 영향을 끼친다. 논리적·감정적 혹은 문화적 근거를 제공하거나 종종 일방적 여론조작이며 이념을 목표 집단에 심기 위한 방법으로 활용된다.

대중을 이끌기 위한 소련의 정치 선전 포스터와 제2차 세계대전 때 여성들의 공장생산 참여를 독려했던 미국의 선전 포스터

미디어 : 정보와 데이터 전달, 그리고 저장 도구

커뮤니케이션이라는 말은 사람들이 서로 정보나 감정을 전달하고 공유하는 다이내믹한 과정을 뜻한다. 로마어의 '나누다'라는 뜻을 지닌 'communicare'에서 비롯된 것과도 관련된다. 신神이 자신의 덕을 인간에게 나누어 준다거나 열이 어떤 물체에서 다른 물체로 전해지는 과정을 뜻하는 말이지만, 최근에는 어떤 사실 또는 메시지를 다른 사람에게 전하여 알리는 심리적인 전달을 뜻한다.

커뮤니케이션 도구로서는 말과 글 같은 언어뿐만 아니라 몸짓과 표정 같은 비언어적 행동도 사용된다. 언어 커뮤니케이션은 그 자리에서 직접 이루어지는 면대면 과정으로 이루어지고 비동시적 또는 다수의 사람에게 전달되기 위해서 미디어를 통해 진행된다.

알타미라 동굴벽화부터 이집트 람세스 벽화와 두루마리 문서나 중세의 양피지 그리고 현대의 신문, 방송, 책에 이르기까지 미디어는 그 시대의 기술적 수준과 환경에 영향을 받으며 특정한 미디어의 확산 또한 특정한 기술변화와 관련이 있다.

예를 들어, 중세시대에는 책을 만들기 위해서는 필사작업을 했지만, 구텐베르크Johannes Gutenberg, 1398~1468은 15세기 당시 유럽 인쇄기술 혁신의 축적 결과인 재료와 도구를 활용하여 금속활자 인쇄기술을 개발했다. 구텐베르크 인쇄기는 출판물을 통해 전 유럽에 종교개혁 운동을 확산시키는 방아쇠 역할을 했다. 산업혁명 이후 자동화된 기계의 발전인 인쇄기의 등장은 매스 미디어로서의 신문과 잡지를 등장시켜 근대적 광고를 탄생시켰다. 통신과 영상 기술의 출현은 현대의 라디오와 텔레비전을 개발할 수 있게 만들었고 방송광고라는 새로운 형태의 미디어 광고를 보여주었다. 더구나 인터넷과 스마트 디바이스의 등장은 인류가 이제까지 경험해보지 못한 커뮤니케이션 방식과 미디어 광고들을 탄생시켜 확산하고 있다.

지식 혁명의 도화선이 된 구텐베르크 인쇄기의 작업장 풍경

　　사회적인 차원에서 미디어는 인간 사회에서 자신의 의사나 감정 또는 객관적 정보를 서로 주고받을 수 있도록 마련된 수단을 뜻하는 말로 사용된다. 그러나 매스 미디어의 보편화와 뉴미디어new media의 확산으로 인해 미디어는 커뮤니케이션 수단이라는 단순한 정의를 넘어 인간이 사는 사회 전체를 운영하고 제어하는 기능까지도 떠맡게 되었다.

　　마셜 매클루언Herbert Marshall McLuhan, 1911~1980은 현대사회에서 미디어가 지니는 특성으로 '미디어는 메시지다'라고 주장하며 미디어와 그 안에 담기는 메시지message를 분리되지 않은 관점을 설명한다. 매클루언은 모든 미디어가 인간의 확장이며, 이 미디어의 개인적·사회적 영향은 우리 하나하나의 확장, 따라서 새로운 기술 하나하나가 우리에게 도입되는 새로운 척도로서 적용되어야 한다고 말한다.

그의 주장을 확장하자면, 하나의 콘텐츠가 여러 디바이스에 실릴 수 있는 다양한 스마트 디바이스가 출현하는 상황에서, 디바이스에 따라 콘텐츠가 다른 속성을 지니게 될 수도 있다는 예지적인 설명이기도 하다. 스크린에서 보는 영화와 TV나 스마트폰에서 보는 영화는 인터페이스뿐만 아니라 영화의 속성마저 바뀔 수 있다는 이야기이다. 미디어는 인간의 정보와 데이터를 전달하고 저장하며 커뮤니케이션하는 도구라는 좁은 의미를 넘어서고 새로운 패러다임을 적용한 정의가 요구되고 있다. 그뿐만 아니라 미디어는 메시지라는 매클루언의 설명은 기술과 미디어의 변화와 속성에 결정적으로 영향을 받는 광고의 진화에 중요한 의미를 지닌다.

Chapter 2

문자 미디어 출현과 광고의 기원

커뮤니케이션 방식의 진화, 말과 그림

찰스 다윈은 말의 기원에 대해 "언어가 다양한 자연의 소리와 다른 동물들의 소리, 그리고 인간 자신의 본능적 울음소리들을 모방하고 수정하는 것"이라고 설명한다. '말'language은 자신의 생각이나 느낌 따위를 표현하고 전달하기 위해 사용하는 소리 기호로서, 인류의 가장 오래된 커뮤니케이션 방식이자 인류가 영원히 사용할 미디어이다.

사전에 따르면 '말'은 자신의 생각이나 느낌 따위를 표현하고 전달하는 데 쓰는 음성 기호이다. 사람의 생각이나 느낌 따위를 목구멍을 통하여 조직적으로 나타내는 소리를 가리킨다. 말은 목구멍을 통하여 나타나는 소리인데 그 장소 그 시간에서만 들을 수 있는 특성을 지녔다. 문자가 없던 시절에도 정보가 말로써 전해졌겠지만 그 장소 그 시간에 한정되었다. 현재에도 아프리카 등 전 세계의 오지에서는 문자 없이 말을 통해 정보와 지식이 전달된다. 인류 최소의 커뮤니케이션 도구는 소리였던 것이다.

인류학자들은 BC 10만년경에 호모사피엔스가 언어를 사용했을 것으로 판단하는데 크로마뇽인이나 네안데르탈인이 언어를 사용했는지에 대해서는 판단을 내리지 못하고 있다. 말이 어디에서 비롯되었는지에 관한 이론 가운데 몸짓이론이 있다. 얼굴모양, 손발 놀림, 몸짓 등으로 서로 의사소통을 하는 것은 사람뿐만 아니라 몇몇 고등동물의 생활에서도 관찰되고 있다.

2만 9천년에서 3만 2천년 전 사이에 그려진 프랑스 남부의 쇼베 동굴 벽화

동물들 가운데도 여러 형태의 목소리와 억양을 변화시킬 수 있는 능력을 가진 동물이 많이 있다. 하지만 인간은 목구멍 벽과 혀 뿌리를 마찰하여 내는 소리喉頭音를 분명하게 발음하여 귀로 알아들을 수 있는 언어로 발성하는 목소리 조절법을 습득하여 사용한다. 분명한 것은 인간의 진화과정의 어느 순간엔가 원시적인 언어수단 또는 비언어적인 의사소통수단에서 말을 통한 의사소통 체계가 생

겨났다는 점이다. 언어학자들은 언어의 기원을 10만년에서 5만년 전으로 추측하고 있다.

어느 문명이든 문자에 앞서 동굴벽화 형태의 그림이 출현한다. 인류는 자신의 생각과 느낌을 기록으로 남겨 더 많은 시간에 더 많은 사람에게 전달할 수 있게 되었는데, 그 최초의 기록은 동굴에 그려진 벽화들이었다. 동굴벽화들은 대부분 구석기시대에서 신석기시대를 거쳐 만들어졌다. 3만 년 전에 만들어진 쇼베Chauvet 동굴벽화와 2만 2천년 전의 알타미라Altamira 동굴벽화에는 들소, 사슴, 멧돼지 등과 함께 기하학적인 도형들도 그려져 있다. 쇼베 동굴벽화는 루브라 참나무를 사용한 적색과 흑색 안료를 이용하여 말, 코뿔소, 사자 등을 그렸다.

자연에 대한 묘사인지, 공동체 생존을 위한 주술적 의식의 반영인지, 수렵교육을 위해서였는지, 놀이행위의 결과인지는 정확하지 않다. 다만 벽화에 묘사된 동물들은 중요한 식량공급원이며 사냥의 모습에서는 수렵에 대한 집단의 욕망과 불안, 믿음이 표현되어 있다. 구석기인들의 생존을 위한 공동체 의식의 형성을 보여주는 것이다. 동굴벽화들을 만든 사람들의 치밀한 관찰력과 묘사력을 보여주고 있다. 최초의 기록이 그림으로 이루어졌다는 점은 현대 광고 커뮤니케이션이 대부분 이미지를 통해 이루어진다는 사실과 깊은 관련성을 지닌다. 콘텐츠 재료들을 서로 융합하여 시각적 스토리텔링을 하는 과정이 광고 디자인의 기본이다.

뤽 브느와Luc Benoist 는 《회화의 역사Histoire de la peinture》에서 "벽화

가 나타내는 현실적 예술은 중석기시대인 BC 8000년 이후 우리에게서 사라졌으며 점점 더 추상적으로 되어가는 중석기시대의 문자 표기법에 자리를 양보하게 된다"고 설명한다. 문자는 말을 기호로서 표현할 수 있다는 사실을 알게 되면서 출현한다. 예를 들어, 사람이 사자를 죽이는 사건을 기록할 때 더 이상 사람이 손에 창을 들고 사자를 죽이는 모습의 그림을 그릴 필요가 없어졌다. 대신에 '사람'과 '죽였다'와 '사자를'을 나타내는 관습적인 기호 3개를 써서 '사람이 사자를 죽였다'라는 말을 기록할 수 있었다. 같은 식으로 '5마리의 양'을 기술記述하는 방법으로 5마리 양을 따로따로 그려야 할 것을 그 두 단어와 대응하는 기호 2개를 써서 나타낼 수 있었다.

문자의 발명과 농경사회의 탄생

BC 8000년경 지구의 마지막 빙하기가 끝나고 기후가 점차 좋아지기 시작하고 사람들이 얻을 수 있는 식량의 종류가 많아지면서 인구가 갑자기 증가한다. 석기도구가 복잡하고 섬세해지면서 신석기시대가 출현하고 주변 환경에서 더 많은 식량을 얻기 위해 인류는 목축과 농경생활을 시작하여 정착생활을 시작한다. 인구의 증가로 공동체의 규모가 커지고 최초의 도시가 나타난다. 정착생활을 하는 농경사회가 본격화되면서 세분화된 분업이 이루어져 높은 효율의 기술적 진보를 가져왔다. 노동분업과 수공업이 발전하면서 교환방식이나 상업이 필요했다.

　　조직화된 교환방식이 구석기시대 말에서 신석기시대 초에 실행되었고 석기는 이동하는 수렵인들에 의해 금속은 유목민들에 의해 거래되었을 것으로 연구자들은 추측한다. 잉여생산물이 발생하면서 관리를 위해 회계와 문자가 출현한다. 공동체에 필연적인 분쟁해결을 위한 법이 만들어지고 성직자, 관리, 군인 같은 새로운 지배층이 나타난다.

　　인류학자들은 문자가 보편화되지 못한 시대에도 정보는 말로 전해졌고 구두 뉴스oral news가 사회적으로 활발했을 것이라고 설명한다. 현재에도 언어가 있는 아프리카의 오지에서는 말을 통해 정보와 지식이 전달된다. 사람들이 모이는 시장, 집회소, 모닥불 주변, 우물가, 마을 광장, 동네 등을 돌면서 소식을 알리는 사람인 크라이어crier의 활동을 통해 빠르게 뉴스가 전달되었을 것이다. 구두 뉴스와 더불어 봉화, 북 등도 메시지를 전하는 수단으로 사용되었을 것이다.

　　시장은 넓은 지역에 흩어져 사는 다양한 사람들이 모이는 곳이다. 시장에서는 상품이 교환될 뿐만 아니라 뉴스도 교환된다. 돈을 주고 사고 파는 물건이 아니라 뉴스는 더욱 무작위로 빠르게 전달되고 확산되면서 스스로 가치를 생산한다. 흥미로운 것은 많은 뉴스들이 상품거래와 관련되어 있다는 점이다. 예를 든다면 어느 곳은 가뭄이 들어서 수확이 어렵고, 어떤 작물이 풍년이고, 사냥의 결과는 어떠하며, 누가 만든 물건이 아주 편리하게 사용되며, 누구에게는 경사가 나고 누구는 어려운 일을 겪었다는 내용이다.

BC 6000년에 이르러 메소포타미아Mesopotamia 지역에서는 청동기 문명이 발생하여 농경생활을 하는 국가가 발생한다. 메소포타미아는 지리학상 중동의 유프라테스 강과 티그리스 강의 주변으로 현재 이라크 주변 지역을 일컫는다. 메소포타미아는 두 강이 자연적으로 가져다주는 비옥한 토지로 인하여 구석기시대에 인간이 정착 주거하기 시작한 이래 점차 인류 고대문명 발상지의 하나로 발전하였다. 메소포타미아 문명은 개방적인 지리 요건 때문에 외부와의 교섭이 빈번하여 정치적·문화적 색채가 복잡하였다. 폐쇄적인 이집트 문명과는 달리 두 강 유역은 항상 이민족의 침입이 잦았고, 국가의 흥망과 민족의 교체가 극심하였기 때문에 이 지역에 전개된 문화는 개방적이며 능동적이었다. 메소포타미아 문명은 주위의 문화적 파급과 후세의 영향을 고려해볼 때 세계사적 의의가 크다. 티그리스 강과 유프라테스 강 사이의 메소포타미아 지역은 강의 범람이 불규칙적으로 잦아서 치수와 관개 등 대규모 사업이 필요하였다. 그리하여 사람들이 모여들어 여러 도시 국가가 등장하고, 교역과 상업 활동이 활발했다.

말은 목구멍을 통하여 나타나는 소리라서 그 장소 그 시간에서만 들을 수 있는 반면, 문자文字, writing system는 말을 시각적으로 재현하고 기록하기 위한 방법이다. 고대의 설형문자, 한자, 이집트 문자, 인더스 문자처럼 상형문자象形文字들은 그림으로 된 기호를 쓰거나 사물을 그림으로 표현하여 약속된 뜻을 전했다. 뜻이나 소리와 결부되는 기호와 상징을 돌, 진흙, 나무와 같은 물체의 표면에 기록하면서 문자가 탄생한다. 그림기호나 그림문자는 미적인 의도로 꾸며 만드는 그림과 다르게 단지 의사전달을 중시했다. 그림기호는 사실, 사람, 사물을 확실하게 구별할 목적으로 쓴 기호이다. 어떤 기호와 사물 사이에 상관관계가 세워지면 점점 사람들이 그것을 받아들이고 인정하게 된다. 이러한 사물은 말로 된 이름이 있기 때문에 글로 쓰인 기호와 그에 대응하는 이름 사이에도 상관관계가 만들어진다. 문자가 없었다면 인류의 지식과 생활들이 작성되어 전달될 수 없었을 것이다. 그런 의미에서 문자는 말 또는 언어를 기록하기 위한 사회적 상징체계로서 인류 역사상 가장 위대한 발명이라고 한다.

문자는 인류의 역사상 가장 위대한 발명들 중의 하나이다. 문자의 발명에서 점토판과 파피루스 두루마리가 만들어지는 과정과 기간은 정확하지는 않다. 하지만 문자가 기록된 현존하고 있는 가장 오래된 유적은 점토판이나 석판에 남겨진 것들이다. 인류가 최초로 사용한 문자는 BC 3천년 경부터 AD 1세기경까지 많은 언어의 문자로 활용된 쐐기문자cuneiform script와 이집트인의 상형문자이다.

설형문자로도 불리는 쐐기문자로 작성된 최초의 문서는 BC 3000~1000년대에 메소포타미아 남부와 칼데아Chaldea 주민들이 사용하던 수메르어로 점토판에 새겨졌다. 유프라테스 강 동쪽 습지대에 있던 고대 도시 우루크Uruk 유적에서 발견된 이 문서는 상형문자 양식의 쐐기문자로 작성되었다. 우르크는 인구가 5~8만 명 정도로

당시 메소포타미아에서 가장 큰 도시였으며 세계 최초의 도시라고
알려져 있다. 이 점토판 쐐기문자 문서에서 사물은 그림으로, 숫자
는 짧은 선이나 원의 반복으로, 고유명사는 수수께끼 풀이원칙, 즉
그림을 그것이 묘사하는 대상물이 아니라 통상적 발음에 따라 해석
하는 방식을 바탕으로 한 그림의 조합으로 표시되었다.

BC 2000년대에 그림은 점차 단순한 선으로 그려지기 시작했
는데, 끝이 경사진 첨필로 말랑말랑한 점토판에 눌러 썼기 때문에
쐐기 모양楔形이 되었다. 이전 시기의 쐐기문자가 위에서 아래로, 즉
세로 형태로 쓰인 데 비해 이 시기에는 왼쪽에서 오른쪽으로 쓰였
으며, 부호는 행 옆에 표시되었다.

강 하류는 강물에 운반된 흙과 모래가 쌓이면서 삼각주를 뜻
하는 델타delta 지대를 이루어, 두 강에서 갈라지는 수많은 지류와 소
택지沼澤地, 개펄이 넓게 발달되어 있다. 고대 수메르인, 바빌로니아

인, 앗시리아인, 히타이트인 들은 깨끗한 진흙으로 점토판을 만들었다. 점토판의 진흙이 굳기 전에 철필로 설형문자를 새기고 햇볕에 말리거나 가마에 넣고 구워 만들었을 것으로 예상된다. 햇빛에 말리기만 했다면 점토판은 부서지기 쉬웠을 것이다. 따라서 점토판을 불에 굽는 방법을 사용하였을 텐데, 그렇게 하면 일부러 부수려고 하지 않는 한 좀체로 닳거나 손상되지 않는다. 덕분에 고고학자들에 의해 세계 최초의 문자 기록을 남긴 수메르인들의 쐐기 문자의 점토판을 발견할 수 있었고 우리들은 박물관과 인터넷을 통해 BC 7천년 경의 점토판을 자세히 살펴볼 수 있게 된 것이다.

수메르Sumer는 메소포타미아의 가장 남쪽으로 오늘날 이라크의 남부지역으로 아직도 전쟁이 벌어지고 있는 안타까운 곳이다. 메소포타미아 지역은 BC 6천년 경에 청동기를 제작하기 시작하면서 농경생활을 하는 국가가 생긴 것으로 알려져 있다. 수메르 문명은 세계에서 가장 오래된 문명으로 그들이 어디서 왔는지는 정확히 밝혀지지 않았지만, 수메르인은 대략 BC 7천년부터 이 지역에서 살기 시작하였다. BC 3천년 경에 크게 번성하였다. 발견되는 점토판을 통해 이 방법은 그후로도 2,000년 동안 계속 사용되었던 것으로 여겨진다.

메소포타미아 남쪽 고대 수메르의 대도시 우르크uruk에서 많은 유적들이 발견되고 점토판의 쐐기문자들이 해독되면서 이집트보다 앞선 수메르 문명의 일부가 파악되었다. 식량생산이 충분해지면서 많은 농부들이 수공업활동을 하면서 분업 시스템이 생겨났다.

무역이 번성하여 흑요석, 구리, 청금석靑金石 들이 수입되었다. 마을과 마을, 지역과 지역의 물물교환이 활발했고 경제와 행정을 위한 기관들이 필요했으며 그 재정을 충당하기 위해 세금을 거둬야 했다. 이 모든 일들을 위해 회계 장부, 문서, 기록의 필요성이 생겨났다. 많은 연구자들은 신뢰할 만한 영구적인 형태로 거래 내용의 기록이 필요했으며 회계와 더불어 문자가 생겼을 것으로 판단한다.[1]

남쪽의 고대 왕국으로, 이전 시대의 수메르 지방과 아카드 지방을 아우르던 바빌로니아Babylonia의 BC 2300년에서 2000년 경의 점토판들은 전쟁 같은 국가 문서들과 신화, 전설에 대한 내용들뿐만 아니라 계약서들을 다수 포함하고 있다. 그 내용들 중에는 대사제 라가시Lagash가 왕 우루카기나Urukagina에게 보낸 편지가 있어서 그의 아들이 전사하였음을 전하고 있다. 또한 홍수 이야기와 노아 방주, 인간 창조, 바벨탑에 대한 내용도 있다. 뿐만 아니라 이름, 숫자, 물품을 나타내는 기호들이 담겨 있는 개개인의 상거래 관련 계약 서류들이 많이 발굴되고 있는데 계약서들에는 토지, 가옥의 매매와 노예와 노동자 계약, 금은과 곡물 차용, 공동 경영 계약, 양자 입적, 결혼 계약, 이혼 증서 등의 내용이 있어서 많은 연구자들을 흥분시키고 있다.

---

1   Robinson, A.(2009). Lost Languages: The Enigma of the World's Undeciphered Scripts, Thames & Hudson.

BC 2000년 경에
세워진 이집트 카르
나크 신전의 부조들

선전과 PR의 기원, 팻말과 오벨리스크, 부조

국가가 등장하면서 출현한 돌기둥과 벽, 그리고 팻말과 오벨리스크 등에 새겨진 내용들은 문자 기록들이 정치적인 선전 수단으로 사용되었음을 알게 해준다. 유럽의 여러 박물관에 보존되어 있는 쐐기 문자로 된 비석이나 기념비에는 BC 2500년대부터 수메르의 많은 국왕들이 신전을 세우거나 업적을 기념하기 위해 그 내용을 새겨 놓은 것이 많다. 이들은 종교적 목적에서 기념비를 세웠지만 나중에는 국왕의 업적을 알리기 위한 선전과 홍보의 성격이 강해졌다.

　　BC 2500년경에 수메르의 많은 국왕들은 신전을 세우고 업적을 기록하는 내용으로 건축물을 사용한다. 팻말Sign은 국왕이 각 지역의 경계를 분명히 하기 위해 세운 경계선의 상징물이다. 고대의 도시들은 주로 수로와 경계석으로 둘러싸여 있었다. 바빌로니아 왕이 손에 활을 들고 있는 모습이 새겨져 있는 경계석 유적이 있는데 바빌로니아는 현재 이라크 지역으로 BC 612년경에 융성했던 국가이다. 팻말의 내용은 종교적 의미의 메시지나 국왕을 신화화하는 정치적 의도가 담겨 있다.

전승을 기념하거나 국왕의 치적이나 위대함을 나타내기 위해서 거대한 건축물에 글이나 그림들을 부조해 놓은 탑을 오벨리스크Obelisk라고 한다. 현존하는 최고의 오벨리스크는 이집트 제18왕조 하트셉수트Hatshepsut 파라오의 카르니크karnak 신전에 30미터 높이로 세운 것이다. 오벨리스크와 궁전벽의 부조들은 국왕에 대해 이루어진 인류 최초의 선전과 PR의 기원으로 볼 수 있다

선전의 기원으로 평가되는 다리우스 1세 부조물

고대 그리스시대에 정치적 선전의 사례로 시인 티르타이오스Tyrtaeus의 낭독을 들 수 있다. 티르타이로스는 BC 7세기의 시인이다. 아테네의 평범한 학교교사였던 그는 신탁神託으로 스파르타에 초빙되어 메세니아 전쟁Messenian War, BC 743~454에 지쳐 있던 스파르타군을 진두지휘하면서, 수많은 시詩를 읊어 사기를 크게 고무하여 분발케 하고 마침내 승리를 가져오게 했다고 한다. 당시의 스파르타는 낡은

귀족의 이상을 고수하고 있는 유일한 국가였으나 전사로서의 용맹성과 조국을 위해 목숨을 버리는 존귀성을 시인이 낭독했으며, 그의 시는 스파르타군 행진곡으로 후세에까지 불렸다고 한다.

많은 역사가들은 고대 페르시아를 건설한 다리우스 1세Darius I, BC 550~486의 위대함이 화려하게 조각된 부조relief를 선전의 기원들 중 하나로 든다. 다리우스 1세는 군력 찬탈자를 물리치고 제국 도처에서 일어난 반란을 평정하면서 그리스와 이집트, 그리고 아프리카 지역을 아우르는 지역을 다스리며 아랍어를 표준으로 채택하게 하고 화폐를 통합하여 제국을 전성기에 올려 놓았다.

구약성서의 예언서들은 왕과 백성이 다가올 재난에 대해 믿고 개종하기 위한 종교적 선전기록이다. 특히 BC 8세기 경 활동한 요나의 예언서는 아시리아Assyria의 수도 니베아 사람들과 왕을 회개하게 하고 하느님이 억압하는 원수들을 관대하게 용서하는 종교적 선전에 대한 내용을 담고 있다.

상업적 PR의 기원으로 BC 2300년 사암에 자신의 업적을 새긴, 성공한 이집트 아비도스Abydos의 상인 쿠에프호르Chuefhor의 사례를 들 수 있다. 이집트 상형문자로 작성된 내용에 따르면 그는 누비아 남부지방에 진출하여 당나귀 300마리에 짐을 가득 싣고 돌아왔다. 향, 흑단, 연구, 비싼 식물, 표범 모피, 금속 무기 등을 파라오 궁전으로 싣고 와서 대추야지, 맥주, 빵 등 물물교환을 했다는 것이다.

종이와 비슷한 최초의 재료, 파피루스

최초의 책의 기원으로 알려진 메소포타미아의 점토판과 이집트의 파피루스 두루마리는 대략 BC 3000년 경에 제작된 것으로 추정된다. BC 6세기 경 아랍어와 알파벳이 등장하면서 사용하기에 훨씬 더 간편한 파피루스가 차츰 점토판을 대체하게 되었다. 파피루스 papyrus 는 고대 그리스어로는 파피로스papyros 인데 라틴어에서 비롯되었다. 종이가 발명되기 이전의 종이와 비슷한 재료로서, 같은 이름의 갈대과의 식물잎으로 만든다. 파피루스 식물의 학명은 사이프러스 파피루스Cyperus papyrus 인데 보통 2~3m의 크기로 자란다. 현재에는 수단 지역의 나일강 상류에만 서식하고 있으나 고대에는 이집트 통치지역 전역에 무성하여 이집트의 상징이기도 했다. 그 줄기는 문서에만 사용된 것이 아니라 그물, 매트, 상자, 샌들, 작은 배나 묶어서 건축 재료로 사용되었고 벽에 붙이는 상품판매 포스터[2]로도 쓰였다고 한다. 이외에도 매우 다양한 용도로 사용되었는데 그중 문서를 위한 재료로도 사용되었던 셈이다. 파피루스는 종이와 재질이 유사하여 점토판과 비교해볼 때 현대적인 책의 직접적인 원조라 할 수 있다.

파피루스로 문서 재료를 만드는 과정은 이렇다. 종이처럼 만

---

2   Mishra, p.(2009). Sales Management: Keys to Effective Sales, Global India Publications Pvt Ltd.

들 때는 겉껍질은 사용하지 않는다. 식물줄기를 적당한 길이로 잘라서 껍데기를 벗긴 줄기 속의 부드러운 부분을 얇게 잘라 4~6장 정도 만든다. 가로로 한 번, 세로로 다시 한 번 겹쳐 뒷면을 세로로 놓고 전체를 강하게 두들겨 가로와 세로를 겹쳐서 물에 담가 두면 자연스럽게 고무즙이 스며들어 서로 밀착된다. 파피루스에 삼베 같은

파피루스는 벽에 붙이는 판매 포스터로 활용되었을 것으로 판단된다.

느낌의 무늬가 생기는 이유가 이것 때문이다. 이것을 물속에서 꺼내어 무거운 것으로 누른 채 햇빛에 건조하면 얇은 종이 형태가 된다. 이 방법으로 보통 20여 장의 사각형 파피루스를 하나로 이어 두루마리로 만들어 사용하였다.

여기에 목탄이나 나뭇가지를 섞어 만든 액체와 갈대 줄기를 비스듬하게 깎아 만든 필기도구로 문자와 그림을 새겼다고 한다. 파피루스는 점토판이나 양피지에 비해 내구성이 약했으나 주변에서 손쉽게 재료를 구하기 쉽고 가격이 싸다는 점 때문에 애용되었다. 점토판에 비해 파피루스는 보다 더 쉽게 파손되는 약점이 있었으나 BC 2500년 전의 파피루스 두루마리가 전혀 손상되지 않고 원형대로 보존될 수 있었던 것은 이집트의 건조한 기후 때문이다. 이

집트의 파피루스 두루마리가 많이 보존될 수 있었던 또 다른 요인으로는 이집트의 장례식 풍습을 들 수 있다. 내세來世를 강하게 믿었던 이집트인들은 사자死者를 지하세계로 안전하게 인도하기 위해 관 덮개와 무덤의 벽에 주문을 새겨 넣었고, 이러한 공간이 부족할 때는 주문을 적은 파피루스 두루마리를 함께 매장했다.

나일강 삼각주에는 이 식물이 풍성하기 때문에 고대 이집트인들이 최소한 초대 왕조 이전에 파피루스의 사용법을 개발했을 것으로 예상된다. 이 파피루스를 재료로 책 이전 형태인 코덱스codex. 책 같은 형태의 고문서를 만들었기 때문에, 파피루스라고 부른다. 'Papyrus'라는 단어는 영어 단어 페이퍼paper의 어원이다. 현재 발견되는 파피루스 문서에서는 명령, 보고, 회계, 의학, 기도문, 세속 문학, 설계도 등이 다양하게 발견되고 있으며 다양한 그림이 텍스트와 함께 작성된 〈사자의 서Book of the Dead〉와 같은 종교문서도 있다.

BC 21~17세기 경의
파피루스 〈사자의 서〉

〈사자의 서〉는 고대 이집트 시대 관 속의 미라와 함께 매장한 사후세계死後世界에 관한 안내서로서 파피루스에 그 교훈이나 주문呪文이 상형문자로 기록되어 있다. 당시 이집트 왕들은 내세에도 최고의 신이 된다고 믿었다. 따라서 피라미드의 현실玄室과 벽에 주문과 부적을 새겨서 이것을 피라미드의 텍스트라고도 한다. 고대 이집트를 지나 중왕국시대에는 귀족이나 부자의 관 속에 죽은 후의 행복에 관하여 작성한 것도 있다. 관구문棺構文 또는 코핀 텍스트 Coffin Texts는 고대 이집트 제1중간기 시대에 주술들이 쓰인 장례문헌들의 모음이다.

나중에는 주문에 의지하여 내세의 행복한 생활을 얻으려 했으나, 현세에서 선행을 쌓지 않으면 내세에 갈 수 없다는 사상이 나타나 죽은 이에게 이 사실을 가르칠 문구를 파피루스에 작성하여 관에 넣었다. 이집트인들은 사후세계와 영혼에 대해 삶이 영원히 지속된다고 믿었다. 이 사고방식은 해마다 나일 강이 범람하고 비옥한 축적지가 생기는 규칙성에서 비롯되었다는 설명도 있다. 죽은 후에도 또 다른 삶이 펼쳐질 것이기 때문에 각종 주문이 담긴 〈사자의 서〉를 무덤에 지참하게 한 것이다. 따라서 지금도 고대 이집트의 세계관과 역사를 연구하는 많은 학자들이 흥미롭게 분석하고 있다.

발굴되는 파피루스에는 그밖에는 수학, 법률, 의학 치료법, 수술, 편지뿐만 아니라 민속 이야기와 문학 작품 등의 내용을 담고 있는 파피루스도 2,500점 넘게 나타나고 있어서 고대 지중해 세계와 문학 연구에 귀중한 자료가 되고 있다.

Chapter 3

고대 그리스와 로마제국의 광고

지중해의 상권을 거머쥔 페니키아 민족

이집트에서 모세가 유대민족을 이끌고 탈출하여 현재 시리아와 팔레스타인 지역인 가나안 지역으로 돌아왔을 때 그곳엔 이미 다른 사람들이 자리 잡고 살고 있었다. 그들이 페니키아Phoenicia인들이었다. 이 지역은 기후가 건조해서 농사와 목축에 적합하지 않았다. 이집트 제4왕조BC 2613~BC 2494 추정 때부터 이집트와 비블로스Byblos와 상업교역이 있었던 것으로 나타났는데, 페니키아인들은 BC 1200~900년 경에 융성했으며, 오늘날의 레바논 지역인 항구 도시 티루스Tyrus를 중심으로 상품을 만들고 교역하는 일에 능하여 공예품 원료인 향료 등을 구하기 위해 배를 타고 일찍 알지 못하던 먼 나라를 항해하였다.

BC 600년, 모세의 후손인 구약의 예언자 에스겔은 티루스에 대해 "너는 수많은 물건과 상인 들로 지상의 왕들을 부유하게 하리라!"라고 말한다. 이 내용에는 질투심이 담겨 있다. 이사야 예언서에는 파티복, 외투, 핸드백, 베일, 속옷, 발찌, 귀고리, 허리띠, 목걸이, 반지, 코걸이, 부적, 향유 등과 더불어 줄지어 선 상점들에 대한 묘사가 나온다.

발굴된 석관의 구조를 살펴보면 바이킹의 배와 비슷하다. 페니키아인들은 바닷가로 배를 끌고 나가 지중해를 항해하면서 상인이 되었는데 지중해뿐만 아니라 영국까지 건너가 교두보를 개척하기도 했으며 BC 500년 경에 남미를 방문한 것으로 판단된다. 페니키아인들은 당시 아프리카 대륙을 한 바퀴 돌았다. 이 과정을 통해 페니키아는 지중해에서 가장 강력한 세력으로 부상했으며, 스스로 식민지를 개척하기 시작했다. 지중해 연안의 사이프러스, 코카서스, 사르디니아, 이베리아 반도 등을 식민지화한 것은 물론이며, 뛰어난 항해술을 바탕으로 아프리카 서안과 동인도까지 세력을 확장했다. 페니키아인의 상점은 물건을 사고 파는 장소를 넘어서 지중해 연안의 각종 정보가 모이고 흩어지는 근거지의 역할도 하였다.

페니키아의 상인정신은 카르타고Carthago에 계속 이어졌고 카르타고도 끝없이 번성하여 티루스와 마찬가지로 이웃의 질투심, 이번에는 로마의 질투심을 자극하고 BC 264년에서 146년에 걸친 포에니 전쟁으로 이어진다.

페니키아인들이 만
들었을 것으로 판단
되는 아시리아 전함

　　해상교역과 문화전파를 통한 페니키아의 전성기는 약 400년
간 지속되었으며, 무역과 상업에 능했기 때문에 커뮤니케이션 수단
을 다양하게 활용하였다. 이 시기에 오늘날 알파벳의 모태가 되는
페니키아어 알파벳이 발명되었다. 그들이 사용한 카나니테-페니키
안 알파벳부터 후대의 여러 알파벳들이 나왔다. 페니키아인들은 아
프리카아시아어족의 셈어파에 속하는 페니키아어를 사용하였다.
페니키아는 해양무역을 통해 자신들의 알파벳을 북아프리카와 유
럽에 전파하였고 이로부터 그리스어의 알파벳이 만들어졌다. 이는
후일 다시 에트루리아 문자와 로마자의 형성에 기여하였다.

카르타고의 샌드위치맨과 크라이어의 등장

BC 5세기 초반 카르타고는 서지중해 일대의 교역 중심지로 변모한다. 카르타고는 하드루메툼, 우티카, 케르코우아네 등 옛 페니키아 식민지의 영토와 리비아의 해안지대를 정복하여 현재 모로코부터 이집트의 해안지대에 이르기까지 영토를 확장했으며, 지중해 내의 사르데냐, 몰타, 발레아레스 제도, 시칠리아 서편에까지 지배권을 확립했다. 서부 지중해의 해상권을 장악한 카르타고는 계속해서 서방을 향하여 판로를 넓혀 갔으며, 시칠리아의 패권을 둘러싸고 약 3세기에 걸쳐 그리스인과 충돌을 계속하였다.

카르타고와 로마의 포에니 전쟁에 대한 상상도

제임스 우드James Playsted Wood는 카르타고가 페니키아인들의 주된 시장이었던 시대에 샌드위치맨sandwith man과 크라이어crier가 등

장하였다고 주장한다.[1] 샌드위치맨은 최근에도 사용되는 광고기법
으로서 '광고의 효과를 높이기 위해 몸의 앞뒤에 두 장의 광고판을
달고 거리를 돌아다니는 사람'을 가리킨다. 갤리선Galley이 카르타고
항구에 들어오게 되면 선주는 선원에게 배가 도착할 것과 배에 실
린 상품의 내용을 적은 셔츠를 입혀 길거리를 돌아다니게 했다. 상
점에는 크라이어들이 있어서 소리를 질러 지나다니는 사람들의 주
의를 환기시키고 손님들을 상점으로 끌어들였다. 많은 재화와 용
역이 경쟁적으로 거래되는 큰 시장의 모습을 떠올리게 하는 부분
이다.

　카르타고는 현재 튀니지 일대로서, 페니키아인들이 카르타고
와 지중해 그리고 지금의 스페인 남부 일대를 지배했다. 카르타고
는 지중해에 면해 있으면서 동시에 육지에 비옥한 경작지를 소유한
탓에 농업에 종사한 가문과 상업에 종사한 가문 들 사이에서 갈등
이 끊이질 않았다. 일반적으로 상업 중심파가 정부를 장악하고 있
었으며, BC 6세기에 이르러 지중해 서부 헤게모니를 확립하기에 이
른다. BC 6세기 초반, 항해자 한노Hanno II of Carthage가 아프리카 해안
가까지 항해한 것으로 알려져 있으며, 현재의 시에라리온에까지 도
달했다고 한다.

———

1　Wood, J. P.(1958). The Story of Advertising, Ronald Press Co.

도망간 노예를 찾는 테베 광고

도망간 노예를 찾는다는 내용의 문서가 테베Thebes에서 발굴된 런던 대영박물관의 파피루스 가운데 발견되었다. 그 내용은 다음과 같다.

> "남자 노예 샘. 그의 주인인 직조 기술자 하프의 집에서 도망. 테베의 선량한 시민들이여. 그를 찾아 주십시오. 그는 하라이 인으로 키는 5피트 2인치, 붉은 얼굴색과 갈색 눈, 그가 있는 것을 알려 주는 분에게 금화 반 개를 드립니다. 시민 여러분의 주문에 보답하기 위해 항상 최상의 천을 직물을 짜는 기술자 하프에게 그를 찾아 데리고 온 분께는 금화 한 냥을 드립니다."

이 내용 중에서 우리는 교묘한 방식의 광고 문구들을 접할 수 있다. "시민 여러분의 주문에 보답하기 위해 항상 최상의 천을 직물을 짜는 기술자 하프에게 그를 찾아 데리고 온 분께는 금화 한 냥을 드립니다"라는 대목이다. 도망간 노예를 찾기 위해 파피루스 문서를 배포하는 과정을 통해 자신이 '최고의 직물 기술을 지닌 기술자 하프'임을 광고하고 있다. 이는 인류 역사상 전해오는 가장 오래된 광고 텍스트라고 할 수 있다.[2]

---

2   春山行夫(1981).《西洋広告文化史》, 講談社.

도망간 노예를 찾는 최초의 광고

테베는 BC 2000년 경 고대 이집트의 수도로서 인구는 4만명 정도였다. BC 2350년 경 신석기 시대의 이집트는 지금과 달리 우거진 평원과 숲을 형성하고 있었다. 고대 이집트는 대외무역은 국영조달상이 독점했다. 이집트의 유물이 오스트레일리아의 여러 지역에서 발견되고 있으며 나일 강 동쪽에 있는 카르나크Karnak의 아몬신전의 목재에서 오스트레일리아 목재가 발견 될 정도이다. 이 모든 활동이 국가 관리로 발탁된 상인들에 의해 이루어진 것이다. 고대 이집트 문명은 독점욕 강한 파라오에 의한 중앙집권적 관료체제에 의해 오랜 세월 꽃을 피웠지만 그 관료체제로 인해 쇠퇴하다 BC 30년에 로마제국의 행정구역 중 하나가 된다.

에페소스에서 발견된 매춘 광고

에페소스Ephesus는 고대 그리스 아테네에 의해 BC 9세기에 설립된 도시이다. 고대 로마제국 시절에도 제국에서 두 번째로 큰 도서관이 있었는데 그 근처에서 발견된 대리석에는 광고가 남겨져 있다. 이 돌은 BC 1000년 경에 제작된 것으로 에페소스 유적지의 거리

중간쯤의 바닥에 새겨져 있다. 왼발과 하트 모양, 동그란 구멍, 십자로, 여성 등 4개의 그림이 새겨져 있는데, 이미지를 활용한 광고라고 할 수 있다. 발의 모양을 그려 놓은 것은 미성년자 출입을 금한다는 뜻으로서, 발을 대보았을 때 이 발의 크기보다 커야만 출입이 가능하다는 내용이다. 동그란 구멍의 의미는 이 구멍을 채울 정도의 동전이 필요하다는 뜻이며, 발이 새겨진 방향의 십자로에 매춘업소가 있었을 것으로 추측된다.

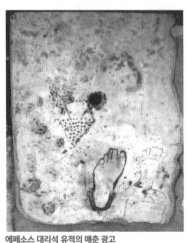

에페소스 대리석 유적의 매춘 광고

대리석의 매춘 광고는 에페소스의 발달된 상업에 기반으로 한 유적으로 판단된다. 에페소스는 터키 이즈미르의 남서쪽 약 50킬로미터 지점으로, 좋은 항구를 낀 상업 중심지로 발전했다. 에페소스는 서부 소아시아의 에게해 연안 현재의 터키에 위치한, 고대 그리스의 아테네에 의해 BC 7~6세기에 건립된 식민도시다. 에페소스는 주변도시 혹은 국가, 스파르타, 페르시아, 페르가몬, 로마 등의 흥망성쇠에 따라 식민지화되는 역사로 점철되어 있다. 하지만 이러한 식민지의 역사에도 불구하고 에페소스는 상업을 통해 막대한 부를 축적했다. BC 620년 경 이곳에 세워진 아르테미스 신전은 소아시아에서 그리스에 이르는 지역에서 많은 순례자를 끌어 모았으며, BC 7세기~BC 6세기에 최성기를 보냈으나 BC 6세기 후반에 페르시아의 지배를 받으면서부터 쇠퇴하기 시작한다.

라벨, 브랜드의 기원

라벨lable의 기원은 고대 이집트의 포도주병에 붙은 품질등급 표시에서 찾을 수 있다. 고대 이집트, 그리스, 로마에서는 포도주 저장항아리나 통에 내용물의 등급을 기록하거나 병마개에 라벨을 각인했다. 현재도 상품 등급별로 표시된 이집트 포도주병 레이블이 발견되고 있다.

고대 이집트 포도주병의 라벨은 브랜드의 기원이 된다. 브랜드brand는 어떤 경제적인 생산자를 구별하는 지각된 이미지와 경험의 집합이며 보다 좁게는 어떤 상품이나 회사를 나타내는 상표다. 숫자, 글자, 글자체 등 간략화된 이미지인 로고, 색상, 구호를 포함한다. 브랜드는 특히 기업의 무형자산으로 소비자와 시장에서 그 기업의 가치를 상징한다. 마케팅, 광고, 홍보, 제품 디자인 등에 직접 사용되며, 문화나 경제에 있어 현대의 산업소비사회를 나타내는 중요한 요소이기도 하다.

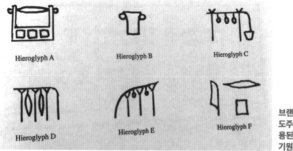

Hieroglyph A   Hieroglyph B   Hieroglyph C

Hieroglyph D   Hieroglyph E   Hieroglyph F

브랜드는 이집트 포도주 등급 표시에 사용된 병마개 라벨을 기원으로 한다.

　와인은 고대 이집트의 의식생활에서 중요한 역할을 했다. 무덤 벽화에 그려진 제물 목록에 포도주가 포함된 것을 기반으로 판단할 때 처음에는 포도를 수입해서 포도주를 제조했는데 이 관습은 BC 3000년 경에서 시작한 것으로 추측된다. 이집트의 포도주 제조는 이집트와 로마 통치 기간 내내 계속된 이집트 문화의 일부였다. 벽화에 따르면 포도를 수확한 뒤 통에 넣어 으깨어 포도즙을 만들었다. 몇 명의 남자들이 양쪽에 세워 놓은 막대에 매단 줄을 붙잡고 밟는 모습을 확인할 수 있다. 이렇게 해서 다른 통으로 흘러내리게 하는 방법을 사용한 것으로 보인다. 포도주는 병에 담았으며 연구자들은 이때부터 코르크 마개가 사용되었을 것으로 추측하고 있다. 현재까지 코르크는 밀봉 기능과 함께 상표와 등급을 표시하는 도구로도 사용되고 있다.

고대 이집트 무덤 벽화의 포도주 제조 그림

고대 그리스의 뉴스 크라이어와 벽보

뉴스 크라이어들은 문자가 보편화되지 못했던 시대에 말을 통해 정보와 지식을 전달하는 사람들로서 고시인告示人이라고도 한다. 고대 시대의 시장에서도 가지고 온 상품을 팔거나 교환하기 위해 북을 치며 소리를 내어야 했다. 팔거나 교환하기 위해 소리를 외치는 활동이 텔레비전과 라디오 같은 미디어로 발달해온 것이다.

콩고의 뉴스 크라이어

고대시대에 공식적 뉴스는 뉴스 크라이어의 활동과 벽보를 통해 이루어져서 그리스는 전쟁이 시작되면 소집 대상자에게 광장이나 신전 안이나 극장 앞에서 집합하도록 했다. 로마시대에는 신문 형태의 공고문을 붙이고 뉴스 크라이어가 읽는 방식으로 발전한다. 달리기 잘하는 사람이 뉴스를 전달한 역사적인 사례는 BC 490년에 페르시아군과 아테네군 사이의 전투 때였다. 당시 아테네의 병사들은 마라톤 평원에서 전력이 더 뛰어났던 페르시아 군대를 물리친다. 승전 소식을 전하기 위해 30킬로미터나 떨어진 아테네에 뛰어가 전달한 후 기력을 잃고 죽은 전령 페이디피데스Pheidippides를 기리는 뜻에서 1896년에 올림픽 육상경기 종목으로 채택된다. 헤로도토스Herodotos의 저서에도 아테네가 페르시아군이 마라톤에 상륙한다는 소식을 듣고 전령 페이디피데스를 스파르타에 도움을 청하기 위해 파견했고, 그는 200킬로미터의 거리를 이틀만에 달렸다고 한다.

달려가서 뉴스를 전달하던 방식은 중세시대에도 보편적으로 사용되었다. 20세기 초반까지도 활동하던 뉴스 크라이어가 그 사실을 증명한다. 뉴스 크라이어들은 미리 정해진 경로와 시간에 따라 움직이며 지방 권력자 또는 국왕에게서 직접 받은 뉴스를 전달하는 역할을 했다. 미국 중서부의 인디언들도 매일 아침 추장회의를 하여 뉴스 크라이어들을 통해 집회, 명령, 규칙을 알렸다는 기록이 있다.

고대 로마시대의 광고와 PR

처음으로 지중해를 중심으로 세계적인 규모의 국가로 성장한 로마는 교역의 규모도 국제적이었던 만큼 광고 미디어의 맹아적 형태로 볼 수 있는 많은 것들을 전해준다. 폼페이를 비롯한 로마의 많은 유적에도 선거 입후보자의 추천문과 검투시합, 가옥 임대차, 도난품 등에 관한 내용들을 담은 광고의 형태를 발견할 수 있다. 또한 원로원의 회의내용을 거리에 붙였다는 기록으로 미루어볼 때 이미 벽보 형태 광고도 사용되었을 것으로 추측할 수 있다. 또한 당시의 주화鑄貨들에는 황제를 찬양하거나 전쟁의 승리를 기념하는 내용들이 자주 나타난다.

로마에서는 뉴스 크라이어를 프라에코praeco라고 불렀는데 이 말에는 '미리'라는 뜻을 지닌다. 로마에 대한 여러 역사 자료들에서는 이들이 투표를 감시하는 선거조합원, 피선거인의 이름을 부르는 사람, 경매장의 진행자, 법적인 판결문이나 원로원의 결정을 낭독하거나 경기장에서 우승자를 발표하는 등의 일을 수행했을 것으로 판단된다.

로마시대의 희극 〈사티리콘Satyricon〉에는 도망간 노예를

영국 드라마 <로마>에 나오는 프라에코의 낭독 장면

61

찾는 내용을 외치고 다니는 크라이어에 대한 내용이 실려 있다.

"최근 공중목욕탕에서 곱슬머리에 곱게 생긴 16세 정도의 미소년이 도망쳤습니다. 이름은 키튼입니다. 그를 데리고 오거나 그가 있는 것을 알려주시는 분에게는 상으로 은화 1000냥을 드리겠습니다."

로마인들은 긴 시대를 거치며 많은 전쟁을 치른 나라로서 승전을 기념하고 황제를 신격화하기 위해 많은 신전과 공공건물 들을 지었다. 신전과 공공건물에서 오늘날까지 전해지는 많은 조각상과 부조浮彫 들을 접할 수 있다. 이 조각상들은 로마제국과 황제를 위한 프로파간다의 표본이다. 카이사르Gaius Iulius Caesar에 이어 오랜 내전을 평정한 아우구스투스 황제L'empereur Auguste, BC63~AD14의 조각에는 전쟁에 승리하고 평화를 이루었다는 의미에서 투구를 쓰지 않은 갑옷 차림에 토가toga의 옷자락을 쥐고 있는 대제사장의 모습을 보여준다. 그뿐만 아니라, 황제정을 시작하는 로마의 미래를 손으로 상징하며 천사가 따르는 모습을 통해 신격화된 자신의 이미지를 보여준다.

아우구스투스뿐만 아니라 많은 황제들은 공적인 장소와 건물에 자신의 조각상을 만들었다. 그리고 전쟁과 승리의 과정을 오벨리스크와 건물벽에 부조로 조각하여 로마 황제의 업적과 위대함에 대한 프로파간다를 오늘날까지 전하고 있다.

아우구스투스 황제 조각상과 마르쿠스 아우렐리우스 기둥 부조에 묘사된 게르만과의 전쟁

로마의 거리 광고

도시국가 로마에서 로마왕정을 거쳐, 로마 공화정·로마제국에 이르기까지 계속 수도의 지위를 유지하였으며, 인구수는 140만 명에서 100만 명으로 당시로서는 세계 최대의 도시였다. 로마의 공공장소는 발걸음 소리와 마차 바퀴가 덜걱거리는 소리로 시끄러웠다. 역사가의 추정에 따르면 고대 로마의 인구 20% 정도가 도심에 살았으며, 1만 명 이상이 군사정착촌에 거주하여 전근대premordern 기준으로 매우 높은 도시화율을 보였다. 대부분의 도심지에는 포럼forum과 신전과 비슷한 양식의 더 작은 건물들이 있었다.

　　로마는 지중해 무역의 중심이자 문화와 정치의 중심이었던 만큼 거리에 노점이 많았던 것으로 유적에 나타나는데, 흥미롭게도 같은 업종끼리 일정한 구역에 모여드는 패턴이 발견된다. 따라서 아직까지 거리의 이름은 업종과 관련된 경우가 많은 편이다. 같은 업종들이 모여 사는 것은 일종의 광고전략으로 볼 수 있다. 4세기 초에는 빵 가게만 260개소, 기름 가게가 200에서 300여 개소에 달했다. 이 동업조합들은 중세에까지 이어져 조직화된 형태로 나타나는데 조합원이 있는 상부상조단체를 콜로기움collegium 또는 소달리타스sodalitas라고 불렀다. 동업조합들은 신화와 전설에 나오는 신들을 수호신으로 삼았는데 직물업 조합은 지혜·군사전술의 신인 미네르바Minerva, 빵 가게 조합은 난로·가정·가족의 여신인 베스타Vesta, 장례업 조합은 사냥·숲·달의 여신인 디아나Diana, 대장장이 조합은 기술·대장장이·장인·공예의 신인 헤파이스토스Hephaistus를 수호신으로 삼았다. 수호신 개념에는 동업조합 구성원들의 자긍심과 만족도를 높이면서 신화적 상징을 통해 고객과의 관계를 돈독히 하려는 PR의 목적이 담겨 있다.

상점들은 고대부터 있었던 태양신을 섬기던 기념일인 동지제冬至祭 7일 동안 특별판매를 했다고 전해지며 황제의 탄생에는 가게 앞에 월계수를 장식하였다고 한다. 동지제는 로마가 기독교를 국교

로마시장 광장의 간판

로마시장 광장의 길바닥 광고

화하면서 크리스마스가 되고 특별판매는 오늘날의 빅세일Big sale의 기원이 된다.

바실리카 아이밀리아Basilica Aemilia는 재판소나 상업회의소로 사용되는 직사각형의 집회장소이지만 상인들이 모여 물건을 사고 팔던 일종의 시장광장이었다. 시장광장에는 다양하고 많은 물건이 넘쳤기 때문에 길바닥 모자이크 광고와 상점 간판이 많이 보이는데 상인, 고객, 여행객 등이 상거래를 위한 파트너를 쉽게 찾을 수 있도록 도와주기 위한 것이다. 그뿐만 아니라, 상품진열대나 전시장과 함께 사람들의 주목을 끄는 광고효과가 있었다. 지금은 흔적만 남아 있지만 고트족이 로마를 침입하여 불을 지르기 전까지만 해도 로마에서 가장 활기 넘치는 장소였다. 환전소를 비롯하여 고리대금업자와 사업가, 세금을 징수하던 관리들이 만나던 장소가 있었다고 한다.

발굴된 동전과 물품 유물을 살펴보면 로마의 상업은 지중해뿐만 아니라 북부 유럽까지 촘촘한 그물망처럼 연결되었다. 카이사르 Gaius Julius Caesar, BC100~BC44.의《갈리아 전기Commentaii de Bello Gallico》4권에는 "상인이 아니고는 그렇게 쉽게 영국으로 건너갈 자를 찾을 수 없다"고 적혀 있다. 상인들은 승리하는 로마군을 따라갔지만 군인들도 상인을 따라나서기도 했다. AD 19년 로마 병사들이 힘겹게 보헤미아 전투를 끝내고 마르보트 성에 들어가니 그들보다 앞서 온 로마 상인들이 환영하며 반겼다는 일화도 있다. 상인들은 지도 제작에 필수적인 정보를 제공하고 강의 범람 같은 자연현상도 설명해 주었다.

검투사들의 경기를 보여주는 벽화와 고대 로마 폼페이 유적의 여관 프레스코화

화산 폭발로 묻혀 있던 폼페이 유적에서는 시장과 번화가 근처 여관 벽에 그려진 프레스코화fresco가 발견된다. 프레스코화는 석회에 모래를 섞은 모르타르를 벽면에 바르고 수분이 있는 동안 채색을 완성하는 회화로서 유화기법이 개발되는 17세기까지 사용되어 고대와 중세의 풍습과 사회상을 잘 보여준다. 여관벽의 프레스코화는 제공하는 서비스를 알리는 광고판 역할을 했을 것이다. 폼페이 유적을 보더라도 선거 입후보자 추천문, 검투시합, 가옥 임대차, 도난 물건 찾는 내용들이 나타난다. 행상들은 자신들의 광고 내용을 노래로 부르며 이 거리를 다녔다고 전해진다.

이집트 벽화에서는 파피루스에 필사작업을 하는 필경사들이 자주 등장한다. 글과 책이 PR에 사용된 역사는 그리스부터 발견된다. 시인 티르타이오스BC 7세기는 시를 통해 페르시아와 싸운 스파르타인에게 큰 용기를 북돋웠다. 플라톤은 《국가론》에서 이상국가는 국가를 위해 충성할 줄 아는 국민을 만들어야 한다고 주장한다. 아리스토텔레스의 《수사학》은 연설이나 웅변으로 사람들을 설득하지 않으면 안 되는 개인이나 집단에게 오랜 세월 동안 전해져 오늘날에도 선전을 위한 교과서로 읽히고 있다.

BC 2세기에 지금의 터키 베르가마 지역인 고대 그리스 도시 페르가뭄Pergamum에서 양피지가 발명되었다는 것으로 보아 양피지의 명칭이 이 도시에서 유래한 듯하다. 짐승의 가죽이 필기 재료로 쓰인 것은 그보다 더 오래되었지만, 가죽을 보다 철저하게 세척하고 늘이고 문지르는 새로운 방법이 개발됨에 따라 필사지의 양면 사용이 가능해졌고, 그 결과 두루마리 사본이 코덱스로 대체되기에 이른다.

두루마리scroll를 대신하여 새롭게 등장한 코덱스codex는 책의 형태에 일대 변혁을 가져왔다. 두루마리는 파피루스 시대부터 기록된 재료들을 보관하는 오래된 방식이었다. 파피루스나 양피지를 길게 이어서 문서를 돌돌 말아서 보관하던 방식으로 양쪽 끝에 두 개의 마름대를 만들어 말고 풀 때 용이하게 만든 것이 두루마리 방식이다. 이 방식은 종이가 개발된 이후에도 책이 제본되는 방식이 널리 사용되기 전까지 오랜 기간 동안 사용된다. 하지만 코덱스는 지금 개념의 종이책과 비슷한 형태로 낱장을 묶어서 표지로 싼 것이다. 중세 동양의 책들도 그런 의미에서는 코덱스라고 할 수 있다. 이 말은 나무토막을 뜻하는 라틴어에서 나왔다. 로마의 발명품으로 두루마리를 대체했으며, 유라시아 문화에서 책 형태로 나온 최초의 것이다.

고대 그리스 로마시대의 유적들에서는 두루마리 형태의 책을 낭독하는 벽화들이 많이 전해진다. 로마 유적의 프레스코화에는 책이 자주 등장하는데 전문적인 필경사들이 작성한 책이 상품

으로 판매되었음을 알 수 있고 그중 책 광고도 포함되어 있을 것으로 추측된다. 고대 로마시대의 많은 기록과 편지들을 통해 서점은 로마의 특정 지역에 조합의 형태로 모여 있었다는 것을 알 수 있다. 여기서 필사가 완료

고대 로마의 유적지에서 발굴된 책이 등장하는 프레스코화

된 책의 이름을 쓴 전단을 상점 앞에 붙였는데, 로마인들은 책을 홍보하기 위해 발표회를 열어 사람들을 특정한 장소에 모아 놓고 낭독했음을 알 수 있다. 그 장소로서 목욕탕, 공공집회장소가 사용되었으며 후원인이 있는 경우에는 그의 집이 발표회 장소가 될 수 있었다.

선전 미디어로서 화폐

경제이론에서는 화폐를 교환 수단, 지불 수단, 저장 수단, 가치 척도 기능으로 설명한다. 재화와 서비스가 교환되며, 화폐를 통해 손익

이 계산되고, 재화를 비축하는 방법으로 사용되며, 재화를 어떻게 평가할지의 척도로서 사용된다는 뜻이다. 고대와 중세시대에 화폐의 재료는 금속과 종이였다. 금속으로 만든 가장 오래된 동전은 BC 7세기 경 소아시아 리디아 지역에서 만들어진 호박금琥珀金이다. 호박금은 20%에서 70% 정도의 은과 금의 합금이다. 지폐로서 가장 오랜 것은 11세기 송나라에서 사용하던 교자交子이다.

화폐는 종교적이고 주술적인 의미를 포함하는 경우도 있다. 고대 중국의 보패寶貝는 풍년이나 사자의 안녕과 연결되어 신성시되어 패화貝貨로써 사용되었다. 중국이나 동아시아는 동전의 중심에 구멍을 뚫었다. 이 원형방공圓形方孔의 형태는 고대의 우주관과 사상을 바탕으로 한 것이었지만 끈을 통해 많은 양의 동전을 들고 다닐 수 있도록 구멍이 활용되었다. 서아프리카의 도곤족Dogon의 신화에서는 패화에는 살아 있는 힘이 있어, 거래를 하는 사람들의 힘에 대응한다고 생각했다. 그뿐만 아니라, 시장에서 패화의 교환은 곧 언어의 교환이라고 여겼다.

선전 미디어로서 활용된 사례는 권력자의 초상과 그림을 넣었던 고대 그리스 알렉산더 대왕의 동전에서

고대 그리스 시대의 동전

나타난다. 정치 지도자의 초상을 동전과 지폐를 넣는 현대의 선전 미디어 방식은 고대 그리스 로마와 중세에 황제와 왕의 초상을 동전에 새기는 것에서 비롯되었다. 이슬람의 동전도 유럽과 마찬가지로 초상을 넣었으나 이후 우상숭배라는 비판받게 되어 문자를 각인하게 되었다.

Chapter 4

중세 유럽의 탄생과 교회

서양과 동양의 중세시대

410년 여름 서고트족의 알라리크Alaric가 마케도니아부터 그리스를 공략한 후 로마시내를 약탈한 사건은 서방세계의 정치구조와 사회 분위기에 커다란 영향을 미쳤다. 로마제국은 유럽 대부분과 아시아, 아프리카 일부 지역에 대해 사회적 응집력의 토대를 제공하는 역할을 했기 때문이다. 유럽에서 4세기 경 유럽 북부와 동부부터 게르만족, 훈족, 고트족 등의 이동이 본격화되면서 476년 서로마제국이 멸망하였다. 5세기에 유럽 남부와 서부로 이주한 게르만 부족들은 결국 그리스도교로 개종했지만 자기들의 관습과 생활양식을 대부분 유지했다. 과거 로마제국의 영토이던 곳들에 서유럽의 브리튼, 동프랑크, 스페인, 북유럽의 덴마크, 노르웨이, 스웨덴, 동유럽의 폴란드, 헝거리, 보헤미아 등 많은 왕국들이 생겨났다. 사회조직의 변화로 중앙집권적 정부와 문화적 통일은 불가능해졌다. 로마제국시대에 이룩한 비교적 효율적인 농경술이라든가 광범위한 도로망, 급수 체계, 선박 운항로 같은 질적으로 향상된 대부분의 생활방식은 무용지물이 되었고 예술적 · 학문적 성과들도 마찬가지였다.

4세기부터 14세기까지의 시기, 즉 15세기 르네상스와 16세기 근세가 시작되기 전을 유럽의 중세라고 부른다. 이 변화와 더불어 그리스도교가 급속히 퍼졌고 그리스도교는 유럽 전체의 문화와 언어를 통일했다. 몇 세기 동안 유럽에서 그리스도교 세계의 영토는 계속 넓어졌다. 이슬람교도에게 점령된 스페인 땅을 되찾는 일은 1492년에 완전히 끝났다. 고대에 이교도의 수도였던 로마도 이런 식으로 그리스도교 세계의 첫 번째 중심지가 되었다. 카롤루스 마그누스Carolus Magnus, 748~814 대제가 확립한 카롤링거 왕조의 개화기에 일시적으로 서유럽 전체를 지배했을 뿐이었다. 막간의 그 시기를 빼고는 거대한 왕국이나 어떤 다른 정치구조가 유럽에 자리 잡고 안정을 이룩한 적이 없었다. 사회적 통일성의 토대는 로마 가톨릭 교회가 제공했다.

헝가리 부다페스트의 봉건시대 성채 풍경

    서로마제국의 도시사회는 5세기 훨씬 이전부터 해체되기 시작했지만 11세기말까지는 대체로 회복되었다. 장거리 교역을 하는 상인들이 도시의 귀족계급으로 등장하기 시작했다. 차츰 정치적 안정이 이루어지고 바다를 통해 지중해와 에게해 동쪽 해안의 지방과 접촉할 기회가 늘어나자 상업 공동체의 규모와 영향력도 급속히 커졌다. 이런 공동체에는 직물 제조로 유명한 플랑드르 지방의 공업 도시와 금속 세공으로 유명한 밀라노도 포함되어 있었다. 12세기말에 8만 명의 인구를 거느렸던 것으로 추산되는 파리는 유럽에서 가장 큰 도시 중 하나였다.

    유럽의 중세 귀족들은 장원을 소유한 영주로서 성직자와 교황에게 충성서약으로 묶여 있었지만 아랫사람들에 대해 사법적·경제적·행정적 권한을 행사했다. 기사 같은 신하를 거느리고 있었으며 아랫사람들에게 땅을 보수로 주어 영지에 딸려 있는 사람들의 봉사를 확보했다. 자기 땅을 경작하는 자유 농민과 노예로서 부락민에 통합된 농노農奴들이 농사를 지었으나, 12세기부터는 자유농민이 늘고 땅을 지니지 않은 임금 노동자들이 많아진다.

    하지만 중세 유럽을 하나의 통일된 역사적 시대로 보는 것은 허구이다. 유럽의 중세 역사는 독자적인 성격을 지닌 세 시기로 구분된다. 자연경제에 바탕을 둔 봉건제도 시기의 초기, 공로에 따라 귀족이 될 수 있었던 계급인 기사knight들 중심의 중세 전성기, 봉건적 자연경제에서 전환된 도시적 화폐경제에 기반한 도시 시민계급의 문화가 중심이 된 말기이다.

영국과 프랑스의 백년전쟁에
서 가장 중요한 전투로 꼽히
는 그레시 전투를 묘사한 그림
(1346)

　유럽의 봉건적 자연경제와 다르게 중세 지중해 동부지역에서
는 새로운 상업의 전성기가 준비되고 있었다. 유대인, 시리아인, 이
집트인들이 뒷전에 물러나면서 아랍인들이 아라비아 반도의 남부
해안 아라비아 펠릭스Arabia Felix에서 중국산 비단, 시리아산 유리 제
품, 인도산 목면, 이집트산 린넨, 각종 향료를 거래하였다. 상인의
아들인 마호메트Mahomet Mohammed, 570~632가 창시한 이슬람교의 영
향력이 확산되면서 아랍인들은 알렉산드리아, 카르타고, 북아프리
카 서안 전체, 지중해의 여러 섬들, 이베리아반도까지 지배하였다.
아랍 상인들은 이슬람제국의 주권자인 칼리프caliph의 고문역할을
하며 상업도시를 부흥시키고 예술과 과학을 꽃피우고 바그다드, 인
도, 마다가스타르, 중국, 인도네시아 사이를 오갔다.
　중국은 이 시기에 수나라隋, 581~618와 당나라唐, 618~907로 이

어진다. 그후 주나라周, 690~705, 오대십국 시대907~960, 송나라 宋, 960~1279의 역사적 시기를 거친다. 유럽의 중세시대는 고구려와 백제가 멸망하던 시기에 시작된다. 9세기 후반에 신라의 국력이 쇠퇴하자, 후삼국시대가 시작되었고, 왕건이 건국한 고려가 후삼국을 통일하면서 종식되었다. 비슷한 시기, 926년 발해가 거란족에게 멸망한 이후 많은 발해 사람들이 고려로 넘어왔다. 고려시대에는 고대보다 법률이 체계적으로 정리되고, 과거제가 실시되었으며, 불교가 번성하였다. 993~1019년 동안 고려는 거란과 전쟁을 벌여서 거란을 격퇴하였다. 1238년 몽골이 침입하였고 30년에 가까운 전쟁 끝에 양측은 평화조약을 맺었다. 그 후 공민왕의 자주 개혁이 있기 전까지 원의 간섭을 받았는데, 이 시기 성리학性理學이 전래되었다.

중세 수도원의 상업활동과 심플리시티

중세 수도원에서는 피혁과 목재가 가공되고 구두가 만들어지고 양모가 제사製絲되며 맥주가 양조되었다. 그뿐만 아니라 장신구, 성물, 양피지를 비롯한 각종 물건들이 제조되었다. 수도원의 생산활동은 자급자족을 목적으로 했지만 과잉생산되는 물품이 늘고 등잔기름, 공구, 소금 등 필요한 물품들도 있어서 상거래를 시작하고 물품 판매와 구매를 위해 먼 나라로 파견되기도 했다.

맥주는 BC 4000년 경 메소포타미아의 수메르인들에 의해 탄생했다고 한다. 맥주 양조 기술이 본격적으로 발달한 곳은 중세 수도원이였다. 중세 수도원에서 수도사들이 금식 기간 동안 기분 좋은 맛을 내는 음료를 마시기 원했기 때문이었다. 8세기 경 영국의 에일ale과 포터porter가 만들어졌고, 10세기 경부터는 맥주에 쌉쌀한 맛을 내는 홉을 첨가했다. 수도원의 맥주라고 부르는 트라피스트 에일Trappist ale은 그리스도의 수난과 죽음을 묵상하는 사순절 시기 단식 등으로 부족해진 영양분을 보충하기 위해 만들어졌다고 전해진다.

트라피스트 에일 맥주 중, 베스트블레테렌Westvleteren은 1838년부터 성 식스투스 수도원Saint-Sixteus에서 양조된 맥주로서 애호가들 사이에서 '맥주의 왕'이라고 불린다. 수도원 운영과 자선활동을 위해서만 맥주 판매를 활용하기 위해 재판매를 엄격하게 제한하며 수요와 상관없이 생산량을 늘리지 않았다. 또한 맥주병에 라벨을 부착하지 않는 전통을 지키고 있는데, 이는 심플리시티 디자인의 전형을 보여준다.

심플리시티simplicity는 신의 단순성divine simplicity에서 유래한 개념으로서, 그 자체로 본질인 궁극의 존재이며 불변과 영원의 특징을 갖는다는 뜻이다. 이는 고전적 유신론의 교리들 중 하나이며 신에 대한 기본적 설명이다. 수도자들의 의상이 대표적이며 단순한 디자인이 가장 좋은 디자인임을 보여준다. 심플리시티는 1960년대에 장식이 없는 단순하고 검소한 디자인으로 세련됨을 표현하는 패션을 뜻하는 용어로 사용되다가 광고, 디자인, 라이프스타일, 과학철학에서 새로운 흐름으로 자리 잡고 있다.

맥주를 시음하는 중세 수도사 그림과 심플리시티 디자인의 전형을 보여주는 베스트블레테렌 맥주병

선전과 전도 수단으로서 그리스도교 예술

16세기 교황 그레고리오 13세Papa Gregorio XIII, 1572~158 시대에 로마에서 신앙 보급de propaganda fide을 위한 교단이 설립되었는데, 이때에 사용된 '프로파간다'는 라틴어로 '선전하고 확산한다'는 의미를 갖고 있다. 선전이라는 용어는 종교 포교에서 발생한 개념이다. 중세 유럽의 선전과 교육활동이 가장 잘 드러난 부분이 그리스도교 예술이다.

고대 그리스로마 시대에서 예술작품들이 가지는 의미는 미적인 기준이 중심이었다면 그리스도교가 지배하던 중세예술은 사회적 기능을 중시한다. 도시 시민계급의 문화가 중심이 되는 중세 말기가 되기 전까지 신앙과 무관한 자율적 예술은 없었다. 이미 BC 1세기 그리스의 역사학자 스트라본Strabon은 "회화는 문맹자들에게는 책의 대용물이다"라고 말한 바 있다. 프랑스의 스콜라 신학자인 뒤

랑뒤Gulielmus Durandus, 1230~1290도 "교회의 그림과 장식은 민중을 위한 강의이고 독서이다"라고 말했다. 그리스도교 예술관의 특징은 예술을 도덕적 수단으로 보는 관점이다. 고대 그리스로마에서도 예술작품이 건전 수단으로 사용되었지만 중세 유럽처럼 종교적 교리의 선전수단으로서의 역할이 강조된 적이 없으며 정치적 선전수단으로서의 역할도 함께한다.

예술양식의 근본적인 변화는 서로마제국이 붕괴하던 5세기부터였다. 서유럽제국에서는 거의 완전히 소멸한 도시경제와 화폐경제도 동로마제국인 비잔틴Byzantium 제국에서는 여전히 번성했다. 수도 콘스탄티노플의 인구는 5세기에 100만 명이 넘었다. 당시의 묘사를 보면, 무진장한 재물을 가지고 금빛 찬란한 궁전들이 즐비하며 1년 축제가 끊일 날이 없는 경의의 나라였다. 비잔틴 제국의 통치형태는 정교합일주의, 즉 세속적 권력과 종교적 권력이 한 사람의 전제군주의 손에 집중하는 형태였다.

성 비탈레 성당의 모자이크 <유스티아누스 황제와 시종들>

성 비탈레 성당의 모자이크 〈유스티아누스 황제와 시종들Emperor Justinaus and his attendants〉에서 볼 수 있듯, 예술의 목적은 절대적 권위, 초인간적 위대함, 신비적인 위엄을 표현하는 것이었다. 비잔틴 미술 작품에서 예수는 왕처럼, 마리아는 여왕처럼 그려진다. 순교자와 성인 들의 긴 행렬은 궁정의식 때의 황제와 황후의 시종들처럼 장중하다. 천사들은 마치 교회의식에서 지위 높은 성직자들이 하는 그대로 질서정연하게 열을 지어 들러리 역할을 맡는다.

중세에 세워진 예술적 유적인 교회건물은 제왕적이고 권위적이며 위용을 자랑하는 관점이 드러나 있다. 그리스도교 교회는 신을 모시는 곳이라기보다는 지역 사람들이 모이는 곳이며 교회 내부는 격식과 가치를 가진 부분으로 구획된다. 일반 평신도가 앉는 공간보다 높거나 격리되어 있는 성직자 전용 공간은 민주적이기보다는 귀족적 지향을 드러내는 비민주적 공간구성을 보여준다. 성직자 전용 공간의 위에 있는 둥근 지붕인 돔dome은 공간 구성의 격차를 한층 돋보이게 하는 역할을 한다.

6세기에 건축된 이탈리아 라벤가에 위치한 산 타폴리나레 누오보 성당

그리스도교 미술이 종교와 권력의 선전에 활용되는 사례로는 〈십자가 아래에 있는 앙리 3세King Henri III at the Foot of the Cross〉에서 만날 수 있다. 이 그림은 16세기에 그려졌는데 제2차 세계대전 이후에 사라졌다가, 다시 발견되어 현재 루브르박물관이 소장하고 있다. 중세 기독교 미술의 특징이라고 할 수 있는 '기증자 초상화'의 형태를 띠고 있는데, '기증자 초상화'는 그림을 그릴 수 있도록 비용을 지불한 기증자의 모습을 성화 속에 함께 그려 넣는 형식을 의미한다. 이 그림에서 프랑스의 왕인 앙리3세Henri III. 1551~1589는 십자가 아래에 무릎을 꿇고 손을 모으고 있는 자세를 취함으로써 깊은 신심을 가진 가톨릭 신자라는 것을 보여주고 있다. 종교전쟁의 소용돌이 안에서 가톨릭 교회로부터 자신의 정치적 지위를 보장받기

16세기에 그려진 〈십자가 아래에 있는 앙리 3세〉

위한 노력이었지만, 그는 결국 실정을 거듭하다가 자크 클레망Jacques Clément이라는 수도사에게 암살당하게 된다. 이 그림은 중세시대 기증자donnor들이 자신의 정치적 목적을 달성하기 위하여 어떻게 교회 미술이라는 공공의 미디어 환경에서 대중적이고 종교적인 이미지를 활용하였는지를 보여주는 사례이다.

중세 유럽의 책과 수도원의 출판 활동

중세 유럽을 하나의 거대한 그리스도교 왕국으로 보기도 한다. 그리스도교 왕국이라는 관점에서는 성직자단과 세속통치권자 들이라는 두 개의 뚜렷이 구별되는 집단으로 이루어졌을 것이다. 이 두 집단은 서로 보완하며 경쟁하며 때로는 격렬하게 투쟁하는 관계로 인간의 정신적, 그리고 세속적 요구를 충족하고 관리하는 역할을 했다. 로마 멸망 이후에 사라져버린 지식과 문화를 되살리는 일에 착수할 수 있었던 것은 성직자들과 수도원뿐이었다.

서구의 경우 로마제국이 멸망한 이후 책을 만드는 문화는 많이 사라졌다지만 수도회의 활동으로 점차 부활되기 시작했다. 5세기 서로마 제국 붕괴와 연이은 게르만족의 대이동과 약탈 등으로 책 보존은 크게 위협받고 당시 안전하게 보존할 유일한 장소는 가톨릭 수도원이었다. 수도원은 사회 혼란 속에서도 서적을 제작하고 도서관을 세우는 일을 맡았다. 수도원에 설치된 스크립토리움scriptorium은 책의 편집과 제작을 통괄하는 스크리토리scritori와 필사를 담당하는 코피스티copisti로 구성되었다.

구술을 통해 여러 필경사가 동시에 같은 내용을 복사하던 로마시대 상업적 출판과 달리 수도사들은 내용을 1부씩 베껴 쓰는 방식이었다. 베껴 쓰기가 끝나면 교정을 보면서 제목이나 주석 등을 달았고, 그후 채식자彩飾者의 손으로 넘어가 그림이나 기타 장식적인 부속물들이 보충되었으며, 마지막 단계로 제본이 이루어졌다.

이 모든 과정에서 서예와 색채와 그림에서 창조적 능력이 발휘된다. 필사한 페이지는 장식적인 두문자를 그리는 채식가와 그림으로 담당하는 삽화가들의 손을 거쳐 완성됐다. 채식하는 방식으로 쓰는 문자들도 있다. 기록에 따르면 글과 그림을 연필로 먼저 그리고 잉크를 사용하여 선화線畫 작업을 한 후에 금박과 색을 입혔다고 한다. 채식가는 장식문양에 금이나 은의 박막薄膜을 붙이거나 금분을 칠했다. 이 책들은 예술작품의 수준으로서 구텐베르크가 인쇄기를 개발하면서 이 필사본을 구현하는 것을 목표로 하였다고 전해진다.

14세기 스페인의 스크립토리움을 묘사한 그림

르네상스 시기의 출판과 글꼴의 탄생

중세 수도원의 출판사업은 성경을 성직자와 귀족 들에게 판매하여 수익을 얻는 작업이었기 때문에 수도사들의 필사작업은 수도원의 중요한 활동이자 선교활동이었다. 숙련된 장인들의 기술 수준이 요구되는 작업이었고 책 한 권 분량의 양피지를 얻기 위해 수백

마리의 양이 필요했다고 하니 책 가격도 매우 고가였다. 더구나 보석이나 세공이 곁들여지는 경우가 많았으니 교회와 귀족 들이 아니라면 살 수 없었을 것이다. 책을 소유한다는 것은 그 사람의 신분과 재력을 나타내는 것이었다. 하지만 13세기부터 구텐베르크에 의해 인쇄술이 개발되기 전인 이 시기에 필경사들의 고된 작업들에서 블랙 레터Black Letter 같은 글꼴이 탄생하며, 삽화와 텍스트가 결합되고 표지를 만들어 양피지들을 묶어 만드는 책의 원형이 준비되었다.

중세 필경사들에 의해 개발된 블랙 레터 글꼴은 서부 유럽에서 12~16세기에 걸쳐 주로 사용되던 글꼴이다. 독일에서는 20세기까지도 사용된다. 동전 조각가이자 구텐베르크의 제자였던 프랑스인 니콜라스 젠슨Nicolas Jenson이 1470년 베네치아에 인쇄소를 설립하여 읽기 쉬운 글꼴로 '로마체'를 개발하면서 인쇄 글꼴이 탄생된다. 하지만 그 원형은 중세 필경 수도사들이 수행할 오랜 세월의 필사작업을 기반으로 한다. 그 대

브리티시 라이브러리(British Library)에 보관되어 있는 스크립토리움 풍경과 블랙 레터 글꼴(1480)

표적인 사례가 블랙 레터 글꼴이다.

15세기 무렵에 제작된 많은 필사본들은 색상이나 형태에 있어서 완벽한 수준이었다. 필경 수도사들의 작업은 예술작품이 되었다. 전해지는 일부 책들에는 필경 수도사의 이름이 남겨 있다고 하니 그들의 자부심도 대단했을 것이다. 이 글꼴들은 후에 인쇄용 활자체의 모델이 되었으며, 중세시대의 필사본은 초기 인쇄 책자 출판의 전형적인 모델이 되었다. 그리스어를 사용한 비잔틴 제국의 수도원을 제외하고는 서부 유럽의 모든 수도원에서 라틴어로 책을 썼다. 14세기 인문주의 학파가 등장하고, 같은 시기에 지역 고유의 언어로 글을 쓰는 작가들이 부상하면서 그리스어를 비롯한 다양한 지역 언어들이 서부 유럽의 수도원에서 중요하게 인식되기 시작한다.

이 시기부터 르네상스 시대까지 필경실은 수도원뿐만 아니라 유럽 전역에서 크게 번성했다. 프랑스 국왕 샤를 5세의 동생이던 베리Jean, Due de Berry 공은 네덜란드 필사 전문가인 림부르크Limbourg 형제를 자신의 영지로 초빙하여 사설 도서관을 위한 책들을 만들게 했다는 기록이 있다.

중세 유럽의 스팸, 오래된 책 광고

스팸spam은 전자 우편, 게시판, 문자 메시지, 전화, 인터넷 포털 사이트의 쪽지 기능 등을 통해 불특정 다수의 사람들에게 보내는 광고

성 편지 또는 메시지를 말한다. 인터넷의 확산으로 본격화된 스팸 광고의 기원은 중세 유럽의 책까지 거슬러 올라간다.

15세기를 전후로 중세 유럽에서 길드의 활동과 더불어 상공업과 도시가 발달하면서 인구가 늘고 문맹률이 낮아지고 지식을 전달하기 위한 유일한 미디어였던 책에 대한 수요가 자연스럽게 증가했다. 이제 손으로 한 글자씩 베껴 써야 하는 필경작업은 수도원 밖에서도 상업적 활동으로 이루어졌다. 책 가격표 유물을 살펴보면 상인들이 수도원과 필경사 들에게 책을 인수하여 독자들에게 판매하는 서점도 열었을 것으로 보인다. 책이나 성경을 필경하는 장인들은 높은 지식을 가진 이들이었고 보수도 높았을 것이다.

필경사들이 늘어나면서 경쟁이 생기면서 필경되어 제작된 중세의 책에는 필경사를 광고하는 구절들이 나타난다. "만일 아름답게 쓰인 책이 좋다면 OO에 있는 누구를 찾으라", "원하시면 제가 한 권 더 만들어줄 수 있습니다"라는 식의 중세 유럽의 스팸 광고가 출현한 것이다. 중세 책의 페이지 밑 부분의 상업 광고와 책의 맨 뒤에 작성된 광고문구들, 그리고 서점이나 도서관 같은 곳에 부착했을 흔적

필경 작업된 책의 아래에 있는 **상업 광고와 책 맨 뒤의 광고**

을 지닌 중세 포스터와 광고 전
단지 유물들이 발견되고 있다.[1]

벽에 부착했던 흔적을 가진 포스터와 광고 전단지

중세 인쇄의 놀라운 성과, 판화기술

사진 인쇄기술은 2천년에 가까운 판화와 인쇄 관련 기술이 수많은
기술자와 발명가 들의 노력이 축적되면서 개발된 것이다. 중국과
조선의 고대 국가에 사용되던 목판인쇄와 목판화가 중세의 서양에
전해지면서 구텐베르크 인쇄기술과 결합된다. 그림을 효율적이고
실재적으로 표현하기 위한 노력이 동판화銅版畫로 이어진 후 동판화
기술은 실물과 풍경을 실제와 거의 같은 수준으로 묘사하는 것을
거쳐 사진제판 기술의 발명으로 이어진다.

―

1   Available medievalbooks https://medievalbooks.nl/

판화printmaking, 版畵는 목판·동판·석판 등에 형상을 새긴 뒤 그 위에 잉크를 입혀 종이·천·양피지·플라스틱 등에 찍어낸 것이다. 나무를 판으로 이용하여 이미지를 새겨 파내지 않은 부분이 인쇄되는 볼록판 인쇄凸版印刷 방식이다. 판화는 중국, 조선, 일본의 책들에서 매우 오랫동안 사용되어 왔던 방식으로서 책이나 회화 작품의 보급을 위한 복제 수단이었다. 고려 고종 23년1236부터 38년1251까지 16년에 걸쳐 완성한 팔만대장경八萬大藏經도 볼록판 인쇄를 위해 나무를 판으로 한자를 새겨 만든 것이었다.

유럽에는 1,400년대에 목판화가 전해진 것으로 판단된다. 중세와 근세에 책과 인쇄물에 그림이나 광고가 들어갈 수 있었던 것은 판화기법 덕분이었다. 유럽에서 현존하고 있는 가장 오래된 목판화로는 1423년에 제작된〈성 크리스토프St. Christoph〉로서 독일의 카르투시오Carthusio 수도원에서 발견되었다.

목판화〈성 크리스토프〉(1423)

카르투시오 수도회는 독일 쾰른의 성 브루노San Bruno, 1030~1101가 "하느님과의 합일"을 지향하며 1084년 연중 내내 눈 덮인 프랑스 알프스산 중턱에 프랑스 알프스 지대의 샤르트뢰즈

Chartreuse에 설립했다. 외부 방문객은 일절 받지 않으며 일주일에 한 번 하는 4시간의 산책 중에만 대화가 허락되는, 가톨릭수도회 중 가장 엄격한 곳으로 알려져 있었다. 수도사들은 청빈·정결·순종·침묵을 서원하며 동료와 함께 노동과 관상기도의 생활을 하면서 엄격한 고독과 철저한 가난한 생활을 한다. 중세시대에 이 수도회 수도사들은 성서를 써서 제작하는 일을 했다. 유럽에서 가장 오래된 목판화인 〈성 크리스토프〉가 카르투시오 수도원에 남아 있는 것은 성경 필경 작업과 관련 있을 것으로 판단된다.

목판인쇄는 인쇄술이 발명된 초기 이래로 중세 말기와 근대 초기까지도 줄곧 행해졌으나 곧 구리나 백랍 등을 비롯한 기타 여러 금속판을 인쇄판으로 사용되기 시작했다. 판을 직접 파내는 목판과는 달리 금속판을 사용할 때는 밀랍이나 역청瀝靑을 입힌 판의 표면에 도안을 그리고 상을 제외한 여백 부분을 남기고 밀랍이나 역청을 파낸 후 표면을 산으로 부식시켜 볼록판을 만드는 방법이 이용되었다.

Chapter 5

중세 질서와
기술의 변화

종이의 발명이 전 세계 종이길을 열다

AD 105년 중국 후한後漢의 관리 채륜蔡倫은 행정과 종교문서를 보급할 목적으로 종이를 개발하여 황제에게 보고하여 포상을 받는다. 채륜이 발명한 제지술은 나무껍질, 헌 어망, 비단, 낡은 헝겊 등을 물에 갠 다음 절구통에 찧어서 종이를 만드는 것이다. 지금 사용되는 초지법抄紙法도 같은 원리로 만든다. 기존의 방법과 달리 다른 재료들을 혼합하여 사용하였으며 초지를 위한 편리한 도구들을 개발하여 종이 제조비용을 획기적으로 낮추고 대중화한 것이다. 지역의 특산 자원에 따라 섬유 성분은 대마, 뽕나무, 등나무, 대나무, 쌀이나 밀 짚단, 비단 고치, 아마와 황마 섬유, 백단향, 부용, 이끼, 해초 등 여러 가지 다른 재료들과 혼합되었다. 원료는 거의 폐물을 이용하여 많은 양을 값싸게 생산할 수 있었다.

종이 제조방법은 8세기에 이르기까지 1천년 동안 동북아시아의 기술로서만 사용되어 왔다. 종이는 비단길을 이동하던 상인들에 의해 중요하게 거래되던 상품이었다. 6세기부터는 중동의 제국들이 상당한 양의 종이를 소비했다고 하며, 당나라는 종이를 서방으로

종이 제조법의 효율성과 성과가 얼마나 중요했는지는 당나라의 채륜을 신처럼 떠받드는 데서 알 수 있다.

수출까지 하고 있었다. 751년에 이르러서 사라센이 '탈라스 강 전투 Battle of Talas'를 통해 사마르칸트를 점령하여 당나라의 제지업자들을 포로로 잡으면서부터 대마大麻와 아마亞麻를 재료로 한 최초의 종이가 사라센에서 생산된다.

처음으로 제지공장이 세워진 곳은 757년 지금의 우즈베크 공화국의 사마르칸트Samarkand였으며, 786년에서 809년 사이 바그다드 Baghdad에 제지공장이 세워진다. 그후 예멘, 다마스쿠스, 티베리아노, 트리폴리 등에 제지공장들이 세워진다. 이 공장들 덕분에 종이길은 콘스탄티노플을 경유하는 지중해와 아프리카 북부지역을 향한 지역으로 뻗어나가게 된다.

종이 제조 기술이 만든 전 세계 종이길

제지술이 유럽에 전파된 것은 1150년 당시 에스파냐를 점령하고 있던 무어인Moor이 하디바, 트레드, 바렌샤 지방에 최초의 제지공장을 만들면서였다. 1189년에는 프랑스 에로에 제지공장이 세워졌으며, 프랑스는 이 제지공장을 근간으로 하여, 그후 중세 최대의 제지공업국으로 발전하기에 이르렀다. 채륜이 개발한 종이 제조법과 구텐베르크가 개발한 인쇄술이 결합하여 중세를 무너뜨린 지식혁명의 불씨를 만들어냈다.

유럽에서는 중세 교역을 주도하던 이탈리아의 상인들이 아랍의 종이를 수입해 유럽에 판매하여 훌륭한 수익원으로 삼았다. 그후 13세기 중반인 1276년에 이탈리아 중부 내륙의 파브리아노Fabriano라는 작은 마을에서 제지공장이 세워진 기록이 있다. 아마도 베네치아와 피렌체에서 종이를 생산했을 것이다. 하지만 유물이 전해지고 있지는 않다. 파브리아노가 유명한 것은 이곳에서 일어난 기술혁신 때문이다. 사람이나 가축의 힘을 대신해 수력을 사용하여 재료를 찧게 된 것이다.

이탈리아에 최초의 제지공장이 생긴 것은 1276년이라고 하며 독일에는 1336년 뉘른베르크Nürnberg에 처음으로 제지공장이 세워진다. 하지만 종이에 대한 수요를 급격하게 증가시킨 것은 구텐베르크가 1450년경에 인쇄기를 개발하면서부터다. 급속하게 발달한 인쇄 기술과 간편하게 인쇄할 수 있는 종이가 만나면서 유럽에서 전성기를 맞은 제지공장들의 성장은 르네상스와 유럽의 정치적·종교적·산업적 대혁명이라는 운명과 함께한다.

중세 도시의 부흥과 상인들의 활동

게르만의 여러 부족들을 통합하여 피레네 산맥에서 엘베 강에 이르는 서유럽의 대부분을 포함한 대제국이 된 프랑크 왕국이 세워지고 카롤링거 왕조Carolingian dynasty, 640~840가 들어서면서 유럽은 재건 과정에 들어선다. 궁정과 교회의 소비욕구가 상승하고 외국에서 들어온 사치품의 수요가 늘었다. 농업과 제조업에서 과잉 생산된 물품은 다른 지역으로 이동될 필요가 생겼다.

카롤루스 마그누스Carolus Magnus, 640~814 대제가 서유럽을 통일하자 화폐가 단일화되었다. 유럽의 주교청主教廳 소재지들에 시장이 서면서 상거래가 활기를 띠었다. 작은 시장들이 모여 도시가 되었는데 레벤부르크, 취리히, 콘스탄츠, 슈트라스부르크, 슈파이크, 보름스, 마인츠 등 유명한 도시들이 그렇게 생겼다. 라인 강 하류에는 도르트문트, 트리어, 쾰른 등이 생겨나 새로운 부흥기를 맞고 로마인들이 건설했던 도시 쾰른Köln은 11세기에서 12세기 최대 상업도시로 떠올랐다.

상인들은 평화 중재자로서 역할을 했는데 제후와 제왕 들을 위해 협상을 주도하고 교류의 길을 터서 쟁점을 해결한 기록들이 발견된다. 특히 작센Sachsen의 상인들이 평화 중재에 뛰어난 명성을 얻었다. 독일 남동부의 바이에른Bayern은 레겐스부르크를 상업 중심지로 하는 상업망이 보헤미아를 거쳐 불가리아, 러시아까지 이어져 목재, 홉, 소금이 대량으로 거래되었다. 특히 소금 거래는 많은 사람과 도시를 부유하게 만들었다.

상인들의 저장장소가 있는 지역은 특별히 국가의 보호를 받고 중세 상업의 중심 도시에는 현재에도 옛 건축물들이 많이 남아 있다. 시리아인, 그리스인, 유대인, 프랑스 남부인, 베네치아인, 슬라브계 상인들이 상거래를 주도했다. 중세 초기에는 외국인 노동자들이 산업에 종사했는데 이 때문에 상거래에서 가격과 이윤도 엄격히 규제되었다.

중세 크라이어들의 활동

고대에서 중세, 그리고 근대에 이르기까지 시장에도 활동하는 보편적인 광고수단이 물품판매를 알리고 다니는 크라이어의 목소리이다. 크라이어들은 자신의 물품을 판매하기 위해 목소리로 외치며 다니는 경우도 있겠지만 다른 사람의 물건을 팔아주기 위해 호객활동을 하는 경우도 있었다. 중세 유럽 사회는 문장을 읽거나 쓰는 사람들이 소수였기 때문에 다른 나라나 지역의 정보를 듣는 중요한 역할을 시장과 상인들이 담당했다.

그리스인들은 장이 열리는 광장을 아고라agora라고 불렀고 로마는 포럼forum이라고 불렀다. 알프스 남쪽에 자리 잡은 오스트리아

메사추세츠 우편엽서에 나온 타운 크라이어(1909)

브레덴츠의 포럼은 발굴 결과, 길이가 80미터에 달했다. 브레겐츠에 장이 서는 날에는 로마와 갈리아 지방 상인들이 몰려들어 서로 다른 옷을 입고 서로 다른 언어로 물건을 깎고 흥정을 하느라 시끌벅적했을 것이다.

프랑스의 기록에 따르면 크라이어들은 목소리로 외치기 전에 피리를 불어 주의를

끌었다고 한다. 경쟁이 치열해지면서 상점 주인들은 고객을 끌기 위해 상점 앞에서 크라이어들이 호객활동을 하게 했다. 1235년에 쓴 수도사의 수기에서는 어느 노인이 술집에 소속된 크라이어를 고용하여 "신은 위대하다. 신은 신비롭다"고 외치고 다니는 내용이 나온다.

인쇄가 보편화됨에 따라 전단지 살포가 확산되면서 호객 행위를 하는 크라이어의 역할은 축소되었지만 뉴스 크라이어news crier로서의 역할은 지속된다. 뉴스 크라이어의 외침은 화려했다고 전해지는데 아마도 뉴스를 듣는 사람들의 관심을 집중하고 잘 기억하게 만들기 위해 자기 나름대로 스토리텔링을 하였을 것이다. 거기에는 리듬과 음조, 높낮이, 강약이 보태졌을 것이다. 그 사실은 아직도 영국에서 벌어지는 타운 크라이어town crier 대회를 통해 살펴볼 수 있다. 영국에서는 뉴스 크라이어가 국왕이나 법원의 명령이나 전쟁과 사건사고 소식을 전하는 주요한 수단으로 사용되었다고 한다. 의무교육과 신문, 라디오가 보편화되는 20세기 초반까지 세계의 많은 지역에서 문자를 읽을 수 있는 사람은 소수였다는 사실을 기억할 필요가 있다.

박람회 시장과 여성 상인의 활동

알프스 북부지방의 교회 축일이 상인들에게는 큰 시장이 열리는 날이었다. 오랜만에 교회에 들른 신자들은 교회 안보다 밖에서 보내는 시간이 많았을 것이다. 오늘날의 박람회를 뜻하지만 중세에는 큰 장을 뜻했던 독일어 메세messes는 가톨릭 미사와 관련된 용어다. 독일 남부지방의 장인 '둘트dult'도 라틴어의 '사면'을 뜻하는 '아블라스ablaß'와 같은 어원이다. 17세기 독일어권 지역에서는 수백 개의 장이 1년 내내 열렸다고 전해진다. 알프스 지방의 작은 마을에는 지금도 키르메스kirmes, 킬비Chilbi라고 부르는 장이 서는데 키르메스는 각 교회의 수호천사나 성인 들을 기리는 특별한 잔치였다.

프랑크 왕국의 다고베르트 1세Dagobert I는 파리에서 순교한 수호성인 성 데니스Saint Denis, Dionysius를 기념하기 위해 수도원과 성 데니스 성당을 짓고 642년부터 시장을 열 수 있는 특권을 부여하였다. 교회와 시장의 유착관계를 보여주는 사례이다. 642년부터 열린 성 데니스 박람회Fairs of St. Denis는 서유럽에서 가장 오래된 박람회 중 하나이다. 처음에는 축일인 10월 9일에만 시장이 열리다가 15세기에는 한 달이나 계속될 정도로 발전하였다. 시장이 열리기 일주일 전부터 성문 외곽에 판매대가 준비되고 시장이 열리는 기간에는 파리의 일반 상점들은 전부 문을 닫았다. 종교적 기념일에 한하여 상인들에게 세금을 징수하여 장터를 허용하는 관습은 중세 유럽 전체로 확산되어 갔다.

영국의 대표적인 박람회였던 세인트 자일스St. Giles 시장은 국왕 윌리엄 1세의 허락을 얻어 그의 형제인 한 성직자가 윈체스터 지방에 개설한 시장이었다. 세인트 자일즈 시장이 열리는 전야에는 시장 치안 담당관이 그 도시의 성문의 열쇠를 두 손으로 받들어 성직자에게 바쳤다. 성인의 축일에 열렸던 큰 시장을 영국에서는 페어fair이라고 불렀는데 라틴어의 'fair'은 휴일, 축일을 의미한다. 영어에서는 주간, 월간으로 기간을 정해놓고 정기적으로 열리는 시장이라는 뜻으로 마켓market을 쓰고 매년 1, 2회 열리는 특별한 시장을 페어fair 즉 박람회로 구별하여 사용하였다. 시장과 박람회는 규모뿐만 아니라 외국 상품이 대규모로 선보인다는 점에서 남달랐으며 박람회는 견본 시장의 성격을 띠었다. 따라서 박람회에서는 유럽의 전 지역에서 많은 상인들이 모여들었다.[1]

**피테르 브뤼헐의 <사육제와
사순절의 싸움>**

피테르 브뤼헐Pieter Bruegel이 1559년에 그린 유화 작품 〈사육제와 사순절의 싸움〉에는 중세시장 풍경이 잘 묘사되어 있다. 남녀노

---

1   Available https://sourcebooks.fordham.edu/source/629stdenis.asp

소 많은 이들이 물건을 사고 팔거나 교환하고 있다. 악기를 연주하는 광대들과 술 취한 주정뱅이와 거지와 도둑들이 돌아다니며 아이들도 떼지어 장난을 치며 시장을 돌아다녔다. 피테르 브뤼헐은 변장을 하고 현장의 한복판에 끼어들어 눈에 잘 띄지 않는 곳에 앉아 관찰하는 방식으로 그림을 그려나갔다고 한다.

중세 후반의 도시와 시장 그림에는 여자 생선 상인들이 많이 등장한다. 상거래에서 여성이 차지하는 비중이 늘어난 것이다. 중세 유럽에서 '고기를 먹을 수 없는 금육일禁肉日'인 금요일에 먹는 식품인 생선에 대해서는 상인에게도 무거운 책임이 주어졌는데, 시민권이 있는 여자들도 선서를 맹세하여 생선 판매 허가를 받았다고 한다. 생필품 거래도 여상 상인들에 의해 이루어졌음을 알게 하는 그림들도 많다.

요아킴 베케라르의 작품 <마르타와 마리에 집에서의 예수>

1424년에서 1431년 프랑크푸르트에서는 26명의 노점상 중에 16명이 여자였다. 수레에 물건을 싣고 다니며 팔았다고 판단된다. 여성 노점상들은 이런 식으로 도시 주민과 주변 지역의 수요를 충족시켰다. 많은 여자들이 소매상과 도매상, 제조업에서 일했다는 사실은 중세 유럽의 그림들에서 확인할 수 있는데 활동 영역에 대한 상세한 자료가 없는 편이다. 집에서 가까운 지역에 물품을 팔던 여주인들이 도매업에 참여하기도 하고 원거리 상거래도 추진했을 것이다.

영국에서는 과일 행상들이 유럽의 다른 나라들까지 떠돌아다니면서 특산품 과일을 팔았는데 주로 여자들이 했다. 여성다운 기지로 마치 노래 부르는 것처럼 아름다운 목소리로 호객을 하고 다녔다는 체리 우먼cherry woman 그림도 전해진다. 중세 유럽의 그림들을 관찰하면 부부가 함께 파는 장면이 자주 나오는데 남편이 원거리 상거래를 하면 아내가 소규모 가게를 경영하면서 남편이 제조한 물품을 판매하였으며, 아내가 비단을 짜면 남편이 그것을 내다 팔았다.

여자들이 사업에 어느 정도 권한을 가지고 참여했는지는 도시의 규정에 따라 달라졌을 것이다. 쾰른의 여자 상인들은 다른 지역과 달리 결혼에 따른 재산권이 주어져서 남편에게 의존하지 않고 독자적으로 상업에 종사하고 상거래에 따른 이익과 손해에 책임을 졌다. 13세기 원거리 무역자료에 따르면 여성은 무역회사의 주주로 참여하여 외국 생산 물품을 수입하고 수출하는 역할을 맡았다. 당시 라벤부르거 무역회사는 267명의 남자 주주와 39명의 여성 주주가 있었다. 이러한 여성들의 상업 활동은 유럽 중세시대 직물 길드를 여성 스스로 조직하는 사례와도 관련된다.

중세의 동업조합, 길드의 마크

12세기에 문화적·경제적 부흥이 일어났는데 많은 역사가들은 르네상스의 기원을 이 시대에서 찾고 있다. 경제력의 중심은 서서히 지중해 동부지역에서 서유럽으로 옮겨가기 시작했다. 예술과 건축에서는 고딕양식이 발전했다. 도시가 번창하고 여행과 교통은 더 신속하고 안전하고 손쉽게 되었으며 상인계급이 발전했다. 농업의 발전도 밑바탕이 되었다. 12세기에는 콩의 경작이 이루어져 사상 최초로 모든 사회계층이 균형 있는 식사를 할 수 있게 되었다. 인구가 급속히 늘어났으며 이것은 결국 낡은 봉건적 사회구조를 파괴하는 요인이 되었다.

13세기는 중세 문명의 절정기였다. 고딕식 건축과 조각의 고전적 정형이 확립되었고 서로 다른 많은 종류의 사회적 단위 등이 생겨났다. 길드라든가 조합, 시회의, 수도회 등이 결성되어 각기 어느 정도의 자율성을 얻기 위해 노력했다. 중대한 의미를 갖는 법적 대표 개념이 발달하여 자신들을 선출해준 공동체와 결부된 문제에 관해 전적인 결정권을 갖는 사람들로 이루어진 정치적 회의체가 생겨났다.

중세 유럽의 상공업은 길드가 주체인데 수공업자나 상인들이 상호 부조와 보호 및 직업상의 권익 증진을 위해 결성한 조합이다. 길드는 11~16세기에 유럽에서 번성하여 경제적·사회적 구조의 중요한 일부를 이루었다. 길드는 회비를 내거나 기부한다는 뜻의 'Gild' 또는 'Geld'가 어원으로 덴마크나 독일에서도 기부 행위가 선행되는 조합이라는 의미로 쓰였다. 길드가 동업자들끼리의 우호적인 모임에서 공업이나 상업의 동업 조합적인 성격으로 변한 것은 12세기 경부터이며 14세기에 이르러서는 제조업 길드보다 상인 길드가 우위를 점하게 된다.

상인 길드는 특정 마을이나 도시에서 영업하는 상인들의 전부

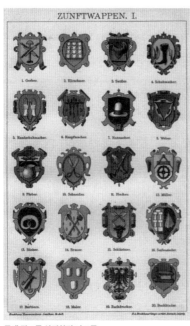

중세 길드를 상징하던 마크들

또는 대다수가 참여하는 조합이었으며, 조합원들은 지방 상인이거나 원거리 무역상인일 수도 있고, 도매상이거나 소매상일 수도 있고, 취급하는 상품에 따라 각양각색일 수도 있었다. 국왕의 허가를 받아 사업을 독점하고 상품의 품질저하를 방지한다는 명목으로 조합원 자격을 제한하도록 하였으며 품질 검사, 수출입 단속, 동업자들끼리의 쟁의 중재나 재판에 이르는 모든 과정을 장악하는 등 막강한 영향력을 행사하였다.

수공업 길드는 특정 산업의 모든 기술자와 장인을 포함하는

직업 조합들인 경우가 대부분이었다. 예를 들어 모직업에는 직공織工·염색공·축융공縮絨工 등의 길드, 건축업에는 석공石工·건축기사 등의 길드가 있었고, 도장공塗裝工·금속세공인·대장장이·제과기술자·푸줏간·무두장이·비누 제조공 등의 길드가 있었다.

길드는 중세 유럽의 지역경제에서 여러 가지의 중요한 기능을 수행했다. 소재지에서나 특정의 산업에서 거래의 독점 체제를 수립하고, 상품의 질과 거래 관행의 보전을 위한 기준을 세우고 유지했으며, 거래 상품과 필수 일용품의 안정된 가격의 유지를 위해 힘쓰고, 조합원들의 권익을 증진하고 그들의 경제적 목적을 달성하기 위해 읍이나 시 정부를 통제할 수단을 강구했다.

중세시대에 길드를 중심으로 상품에 마크mark를 넣는 것이 일반화되는데 유명 마크를 모방한 가짜 마크도 유행했다. 12세기 이탈리아에서는 상인 또는 길드 들은 타인이나 다른 길드의 마크를 사용할 수 없었다. 동일하거나 유사한 마크를 칼에 새겨서도 안 되었다. 마크의 유행은 문맹 비율이 높았던 중세 유럽의 상황도 한몫했을 것으로 예상된다. 중재인이나 심판이나 재판에서도 엄격한 법령으로 기득권자를 보호했는데 이는 상표商標, trademark 권리 보호 법령의 효시가 된다. 길드의 마크와 휘장curtain들은 대개 상징하는 직관적 그림으로 이루어져 있어서 상점의 간판과 기업 로고, 상품 마크 전통을 만든다.

간판으로 이어진 중세 길드의
마크들

간판의 탄생

로마는 가도를 통해 제국을 관리하였으며 가도의 허브와 같은 지
역에 도시가 형성되었다. 따라서 동업자들이 일정 구역에 모이는
것은 프랑스가 로마의 지배를 받으면서 시작되었다. 동업자의 거리
와 시장, 박람회가 한 도시에 공존하던 풍습은 18세기까지 계속되
었다. 파리에는 미장이 거리, 소금 거리, 푸줏간 거리, 마구 거리, 금
은 세공 거리, 닭 거리, 모피 거리, 유리 제품 거리 등이 있었다. 환
전상 거리는 각 나라의 돈을 바꾸어주었을 뿐만 아니라 대출의 형
태를 띤 거래도 행했던 흔적이 있는데 오늘날 금융시장의 효시가
되었다.

　　로마시대의 술집이 가게 앞에 관목의 가지를 묶은 다발을 내
건 풍습은 중세까지 전해 내려왔다. 어떤 집에는 그림이 아닌 상품

실물을 내걸기도 했다. 처음엔 형태가 단순했지만 나중에는 디자인 감각이 가미되어 볼 만한 것이 많았다. 문자를 읽을 수 있는 사람이 적었기 때문에 그림 간판이 선호되었는데 상품의 종류가 많아질수록 상점이 전문화되고 간판에 문자를 더러 넣기도 했다. 상점의 이름을 문자로만 쓰면 기억을 잘 못했으므로 이름을 그림으로 바꾸는 방법을 선택하였다.

여관은 여러 계층의 여행자나 지방인들이 모였기 때문에 그리스도교인들을 위한 십자가 장식이나 이교도인들을 위한 태양과 달의 그림을 그린 경우도 있었다. 목로주점은 단속이 필요해서 반드시 간판을 걸게 했다. 경쟁이 치열해지자 간판에 대한 기술도 발달하고 간판을 만드는 화가나 대행업자는 상당한 대우를 받았다.

구텐베르크와 금속활자 인쇄술의 개발

서양의 지식혁명에 불을 지핀 주인공이 바로 15세기 독일 마인츠 출생의 구텐베르크Johannes Gutenberg이다. 그는 포도주를 짤 때 사용하는 압착기를 개조하여 근대적 인쇄기계를 만들었다. 하지만 그를 '근대 활판 인쇄술의 발명자'로 정의하는 것은 무리다. 목판인쇄는 중국에서 3세기경부터 이미 사용되고 있었으며, 현존하는 세계 첫 목판인쇄물은 신라의 〈무구정광다라니경〉으로서 8세기에 제작된 것으로 추정된다. 최고의 금속활자 인쇄물은 1377년 청주 흥덕사에서 인쇄한 〈직지심체요절直指心體要節〉이다. 14세기 들어 유럽 여러 곳에서 인쇄기술이 사용되고 있었다. 구텐베르크의 위대함은 불편하고 번거로운 목판인쇄술을 기계식으로 개발하여 대량 인쇄가 가능하게 만들었다는 점에 있다.

구텐베르크는 무거운 압착기 나사볼트를 이용해 활자판을 눌러 인쇄하는 방법을 개발했다. 그의 아버지가 금화를 제조하는 조폐국에서 일했다는 기록을 보아 압착을 하는 아이디어는 거기서 가져왔을 것이다. 또한 활자판을 위한 각 글자를 한 묶음으로 정밀하게 절단할 수 있는 주형틀도 고안했다. 당시에 개발된 합금방식과 유성잉크 기술을 결합되어 구텐베르크의 인쇄개발이 완성된 것이다. 놀랍게도 구텐베르크의 기계식 인쇄 방법과 원리는 옵셋인쇄 offset printing가 출현하는 20세기까지 그대로 사용되었다. 따라서 구텐베르크의 인쇄술을 컴퓨터나 인터넷의 개발보다 더 중요하게 평가하기도 한다.

캘리포니아 국제인쇄박물관에서 재현된 구텐베르크의 인쇄기

구텐베르크는 마인츠로 돌아와 고향집에 1448년 인쇄소를 차렸다. 그는 1450년에 유력자인 요한 푸스트Johann Fust와 동업하여 '구텐베르크 성서'라고 부르는 《42행성서》의 출판작업에 착수한다. 모두 2권에 총 1,272쪽에 달하는 분량이었다. 이 책은 180질이 제작된

것으로 추정되며, 오늘날 48질이 남았는데 상태가 완벽한 것은 21질에 불과하다. 하지만 구텐베르크는 1454년 동업자인 푸스트가 제기한 소송에서 패배하여 인쇄기 한 대와 몇 가지 물건만 가지고 쫓겨나다시피 하였으며 성서 출판사업에서 제외된다. 그의 기술자 페터 쇠퍼Peter Schöffer가 푸스트의 양자가 된 사실로 보아 투자자에게 사업을 빼앗긴 것으로 보인다. 파산한 구텐베르크는 1459년 밤베르크Bamberg라는 도시에서 작은 인쇄소를 열어 성경 인쇄작업에 계속했다고 하는데 그는 자신의 이름을 성경에 남기지 않아 그후의 작업은 확인되지 않는다.

이전의 성서는 라틴어로 쓰여 극소수 사람들밖에 읽을 수가 없었고 수도사들이 직접 보고 베낀 필사본이어서 고가의 예술품에 가까웠다. 저렴한 가격의 성경은 중산층들이 글을 배우게 하는 기폭제 역할을 했다. 또한 작가들은 라틴어가 아닌 자국어로 출판을 하는 흐름을 만들었다. 구텐베르크 인쇄술로 인해서 유럽에서는 서적이 대량으로 인쇄될 수 있었고, 르네상스와 종교개혁과 맞물려 유럽을 중세의 우매함과 암흑에서 벗어나게 하는 원동력이 되었다.

종교개혁 시기의 선전 미디어로서 삽화

종교개혁은 1517년 10월 31일 종교개혁가 마르틴 루터Martin Luther, 1483~1546가 당시 서방교회가 교황을 중심으로 하는 서유럽 정치, 서방교회의 면죄부 판매, 연옥에 대한 교황권 주장, 그리고 공로사상을 비판한 내용의 95개조 반박문을 발표하는 사건으로 출발한다. 성경의 권위와 오직 은혜와 믿음sola fide을 강조함으로써 부패한 교황제도 중심의 교회와 교회 제도를 새롭게 개혁시키고자 했던 서방교회 개혁운동이었다.

종교개혁 운동이 확산되면서 책에 대한 수요가 증가하고 더불어 책 속의 그림인 삽화도 늘어났다. 그뿐만 아니라 그림을 통해 전달하고자 하는 메시지도 다양해졌다. 이전의 책 삽화는 텍스트가 담고 있는 내용을 설명하고 상징하며 장식하는 데 사용되었다.

종교개혁은 찬성과 반대가 극명하게 나누어진 관계로 두 진영 사이의 논쟁이 격렬했고, 논쟁을 대중이 잘 이해할 수 있도록 제작된 책 삽화가 선전 미디어로서 사용되었다. 종교개혁가들의 선전 미디어로 활용된 서적 삽화는 전달하고자 했던 메시지를 기준으로 자신들이 주장하는 것을 설명, 혹은 상징하고 있었다. 대표적 사례로 루터 성서의 예언서 표지로 들어간 삽화를 들 수 있다. 그림은 종교개혁의 핵심 내용을 묘사하고 있다. 루터 신학의 핵심 개념인 계율과 은총, 원죄와 구원 등이 삽화에서 알레고리Allegory로 묘사되어 있다.

구텐베르크 인쇄기는 1450년에 개발되어 유럽의 다른 주요 도시로 빠르게 확산되었다. 1517년에 종교개혁이 시작될 무렵, 유럽의 주요 도시 200여 곳에 인쇄소가 있었다. 인쇄소들은 종교개혁운동이 확산되는 허브 역할을 하였다. 팸플릿pamphlet, 리플릿leaflet, 서

16세기 위그노파(Hugenoti) 신자들에 대한 프랑스 가톨릭의 탄압을 묘사한 인쇄 판화

신, 성경 번역 등 여러 가지 선전 방법이 사용되었다. 팸플릿과 리플릿은 일반적으로 약 8~16 페이지로 구성된 가장 일반적인 선전 형태 중 하나였으며, 크기가 작아서 로마

가톨릭 당국에 의해 감시와 탄압을 받던 개혁가들에게 유용했다.[2]

판화와 사진의 가교 역할을 한 동판화

동판화銅版畫는 1430년대 독일에서 금속세공사들의 기법을 차용하여 사용되기 시작하였다. 동판화는 버린burin 이라는 조각도구를 이용해 동판에 얇은 선을 새긴 후 인쇄하며 각기 다른 선의 효과를 위해 룰렛roulette. 뾰족한 바늘로 덮인 작은 바퀴이나 버니셔burnisher. 타원형 단면의 강철 막대기로서 금속판의 선을 작게 한다든지 깎은 자리에 기름을 발라 연마해서 매끈하게 하는 도구라 불리는 도구를 이용했다. 버린 등을 이용하여 새겨진 동판에 골고루 잉크를 입힌 후 와이퍼를 이용해 닦아내면 새겨

---

2   Available Propaganda during the Reformation https://www.wikiwand.com/en/Propaganda_during_the_Reformation

진 선에만 잉크가 남는다. 종이를 덮고 프레스를 이용하여 인쇄한다. 이와 같이 새겨진 홈에 있는 잉크를 이용하여 인쇄하는 기법을 오목판 인쇄凹版印刷라고 한다. 이 방식을 이용하면 몇백 장을 인쇄할 수 있다.

이후 동판화는 에칭etching 방법으로 대체된다. 이 방법은 다니엘 호퍼Daniel Hopfer, 1470~1536가 개발하였는데 동판 등의 금속판에 밑그림을 그려 산酸으로 부식시켜 판화를 만든다. 동판면에 항산성 물질인 그라운드ground를 입히고 그 위에 뾰족한 도구로 밑그림을 그린다. 그라운드는 대개 밀납·역청·송진의 혼합물이다. 밑그림을 새긴 동판을 질산 등 부식액에 넣으면 그라운드가 벗겨진 그림 부분이 부식되면서 동판에 홈이 패여 선 형태가 새겨진다. 판 위의 그라운드를 닦아낸 뒤 잉크를 발라 습기를 가한 종이에 압착시키면 그림이 종이에 옮겨지면서 판화가 완성된다. 에칭etching 판화기법은 갑옷 장식무늬를 에칭으로 새기던 관례에서 유래한 것으로 19세기에 사진 제판기술이 등장하기 전에 신문과 예술 분야에서 자주 사용된다. 직접 구리판에 선을 조각하는 직접법보다 선을 뜻대로 그리기 쉽다. 아주 정교하고 세밀한 묘사가 가능하기 때문에 지폐의 제작에 사용된다.

다니엘 호퍼Daniel Hopfer의 작품으로 알려진 〈군인과 그의 아내The Soldier and his Wife〉는 15세기 후반 독일의 군인의 모습을 보여주는 뛰어난 동판화다. 독일은 신성로마제국962~1806으로 묶여 있었지만 중앙집권적이던 초기와 달리 15세기만 하더라도 사실상

다니엘 호퍼의 <군인과 펴의 그의 아내>

여러 제후들이 분할하여 통치하던 지역이다. 이런 와중에 1486년에는 헝가리와 전쟁이 있었고 1517년에는 마르틴 루터가 일으킨 종교개혁 폭풍이 일어난 진원지이기도 하다. 부부는 어딘가 먼 길을 떠나는 듯하다. 부임지가 바뀌는 것인지 전란을 피해 가는 것인지는 잘 모르겠지만 군인이 아내를 보는 눈빛은 미안감과 엄격함이 동시에 느껴진다. 반면에 아내는 냄비와 국자와 수저를 눈에 짊어지고 따르는데 남편을 쳐다보는 눈빛이 따뜻하다.

Chapter 6

근대 유럽사회의 출현과 광고

도시들의 동맹 결성, 한자동맹

중세 유럽에는 각 지역의 시장을 찾아다니던 상인들이 있었는데 그
들은 한곳에 정주하지 않고 무리를 지어 먼 거리에 걸쳐 이동하였
다. 10세기 경에 그들은 성채城砦와 수도원, 교회 근처에 정착하여
부근에 있는 농촌에서 내왕하는 수공업자까지도 합쳐 시장을 중심
으로 모여 사는 마을을 형성하면서 중세도시로 발전한다.

　　상인과 수공업자 들 사이에는 춘프트Zunft라는 동업자 조직인
상인 길드가 형성된다. 상인 길드의 발생은 북부 유럽의 상인들에
서 살펴볼 수 있다. 브레멘Bremen의 상인들은 965년 황제 오토 1세
부터, 그리고 마그데부르크Magdeburg의 상인들은 975년 황제 오토 2
세부터 제국 전체에서의 교역 자유와, 약간의 도시를 제외한 지역
에서의 관세면세의 특권을 받았다. 프랑스 도시 발랑시엔Valenciennes
은 1050~1070년 동안 길드 특허장을 가지고 있었고 또한 생토메르

는 1072~1083년 동안에 상인 길드 규약을 가지고 있었다. 영국의 바포드와 캔터베리, 독일의 쾰른과 민덴고스랄, 벨기에의 브뤼주 등에는 11세기 말~12세기 초엽에 상인 길드가 발생하여 그후 현저히 그 수가 늘어났다. 발랑시엔 및 생토메르의 길드 특허장에 의하면, 상인 길드 결성의 동기가 된 것은 길드 구성원의 상호원조였다.

　　도시의 발전은 황제·봉건제후와 도시 시민의 대립을 가져왔다. 이 과정에서 시민의 자립의식이 높아졌고 이해를 같이하는 도시 사이의 결속이 시작되었다. 1167년 북이탈리아에서 성립한 롬바르디아 동맹Lombard League은 신성로마황제 프리드리히 1세의 이탈리아 침략에 대항해 24개 도시가 동맹을 맺은 것으로 그 시민군은 1176년 황제군을 격파했다. 이 승리는 북이탈리아의 여러 도시를 자치도시로 발전하게 만들었다.

쾰른의 풍경(1531)

　　중세 말기의 라인 강은 서유럽 최고의 수로이며 북서 유럽과 이탈리아와 아시아를 연결하는 역할을 했다. 쾰른은 1259년에 시장을 열 수 있는 권리를 확보하여 중간거래와 운송업을 발전시켰다. 독일의 도시동맹 결성은 13세기에 들어와 급진전되었다. 처음에는 교역 안전을 위한 이유에서 도시동맹이 이루어졌지만 독일의 정치적 통일을 지향하는 도시동맹이 나타났다. 1254년과 1381년의 라인 동맹에 마인츠, 쾰른 등 100여 개 도시가 참가했으며, 그후 가장 중요하고 오래 활동한 것이 14세기 중엽 도시동맹의 성격을 명확하게 한 한자동맹이다.[1]

14세기 중반에 이르러 한자Hansa라고 불리는 상인 집단들이 독일 본국의 도시 사이에는 자치 확보, 치안 유지 등의 필요성에서 도시 상호 간의 정치적·군사적 동맹을 결성하여 스웨덴, 덴마크, 러시아의 상입 집단들을 포괄하였다. 14세기 전반 플랑드르Flandre에서 압박을 받은 독일 상인이 대항책으로서 본국 도시에 연합적인 지원을 요구한 것이 직접적 계기가 되었다. 북유럽의 무역권을 지배하고 런던, 브뤼헤, 노브고로트 등에도 재외 상관을 두었다. 라인강에서 발트해, 북해에 걸쳐 수상교통과 운수, 무역에 종사했으며, 갑판이 넓고 가운데가 큰 대형선박을 이용해 북해와 발트해 방면에서 목재, 모피, 철 따위와 대구 같은 수산물, 곡식과 맥주 등을 저지대와 서부 독일로 운송하고 동양의 향료와 영국의 양모나 기타 가공품을 북방으로 운반했다. 후에는 동유럽의 산업 원료를 중계하

---

1   von Hans-Jörg Bauer, Bernd Hallier, Kultur und Geschichte des Handels Gebundenes Buch, Ehi–EuroHandelsinstitut GmbH, 1999.

여 서유럽의 수공업자에게 공급했다. 한자동맹 전성기는 17세기 무렵 무역의 중심이 대서양으로 이동하고 네덜란드와 영국이 중심에 서던 시기까지 이어진다. 한자동맹의 집회가 마지막으로 열린 것은 1669년이었다.

독일 상인 게오르그 기제의 초상화

독일 상인 게오르그 기제Georg Gisze의 초상화는 1532년에 한스 홀바인Hans Holbein, 1497~1543의 작품이다. 한스 홀바인은 화가로서 기술과 역량이 한창 무르익은 나이였고 헨리 8세의 초상화를 그렸을 정도로 유명했다. 이 그림을 그리는 데 있어서 게오르그 기제는 한스 홀바인에게 높은 가격을 지불했을 것이다. 탁자에 있는 돈통과 생화를 담은 유리병은 그의 경제적 수준을 보여준다. 중요한 매매 계약서들로 보이는 문서들이 있으며 그의 복장은 화려하지는 않지만 매우 단정하고 품위 있는 분위기를 연출한다. 뒤에 보이는 매우 작은 저울은 그가 보석을 거래하는 상인이 아니었을까 추측하게 한다.

1532년, 중세의 흑사병은 농촌 인구는 감소하고 교회와 봉건 영주의 토지를 기업가들이 사들이면서 도시에서는 저렴한 상품생산을 위해 기계의 활용과 상업이 활성화되었다. 하지만 초상화에

드러나는 게오르그 기제의 눈빛과 표정은 중세 말기 유럽에서 자본가가 어떻게 탄생하는지를 보여준다. 도시 기업가들은 농촌 노동자들의 노동력을 통합하고 그들이 완성한 제품을 매매했다. 제조과정을 조직하는 이런 방식을 '선대제'putting out system라고 부른다. 이 체제를 운영하는 데 가장 중요한 것은 기업가였다. 대개 도시에 거주하는 유력한 상인인 기업가는 원료를 사들여 수공업자나 농민 들에게 분배하고, 반제품을 다른 기능공에게 넘겨 완제품을 매매했다.

원래, 한자동맹의 소속 함선은 돛대에 빨간색의 기를 드리웠으며, 군주의 보호를 받는다는 것을 알리기 위해 꼭대기에 십자가를 달았다. 13세기 후반부터, 한자동맹 도시들은 각 도시를 구별하기 위해 다양한 기를 만들어 게양했지만 빨간 기드림을 추가하는 것은 계속 남아 있었다. 가장 오래된 한자동맹의 기는 빨간색 기를 사용한 함부르크의 기다. 한자동맹의 기는 대부분 흰색과 빨간색과 십자가 같은 상징을 이용했다. 한자동맹의 구성원이었던 많은 도시들은 오늘날에도 도시기都市旗로 흰색과 빨간색을 많이 이용한다.[2] 이러한 한자동맹의 깃발, 인장의 디자인이 가지는 통일성은 CI 작업의 중세적 사례로 보인다. CI Corporate Identity는 기업의 이미지를 통합하는 작업으로 사원들이 기업이 추구하는 가치를 공유하며 외부로 표현하는 경영전략이다.

부유한 자본가를 뜻하는 부르주아 개념 역시 한자동맹에서 온

---

[2]   Available https://en.wikipedia.org/wiki/Hanseatic_League

것이다. 중앙 권력이 없이 사방에 적으로 둘러싸인 북독일의 환경에서 상업활동을 통해 부를 획득한 상인들은 재산과 권리의 안전을 위해 성을 건설했다. 독일어로 성벽을 뜻하는 '부르크burg'라는 이름이 붙은 도시들은 이 과정에서 탄생한 것이다. 제조업 기반 없이 무역 특권과 중개무역을 중심으로 활동하던 한자동맹과 모직산업의 우위를 영국에 빼앗기면서 쇠퇴하기 시작한 네덜란드의 사례를 경험하면서 유럽의 국가들은 제조업과 해운업, 그리고 무역이라는 삼각체제를 중시하는 정책을 펼치기 시작한다.

한자동맹의 인장과 한자동맹의 단치히 (Danzig) 깃발

르네상스 이후, 중세 영주제의 변화

중세의 마을 농민들은 대체적으로 울타리를 치지 않은 경작지를 보유했고, 마을 공유지에 정해진 수의 가축을 방목하는 권리를 갖고 있었다. 중세 서유럽의 장원은 영주 직영지, 농민 보유지, 공유지로 이루어졌다. 농민들은 법률적으로는 영지에 묶여 있는 농노였고 영

주직영지를 경작하는 데 필요한 노동력을 제공했다. 농민들은 주로 시장에 내다 팔 작물을 생산했다. 영주는 직영지에서 나는 수확물을 모조리 차지했다.

14세기 후반부터 유럽을 뒤흔든 르네상스가 저물고 서유럽은 봉건체제의 틀을 벗어나고 있었다. 사회변화도 광범하게 이루어졌다. 인구가 줄어들자 기본 식료품 가격이 내려갔다. 식료품이 싸지자 농민과 도시인 들은 더 많은 소득을 위해 식품의 질을 개선하고 다양화했다. 그들은 도회지에서 만드는 공산품을 더 많이 사들여 도시경제에 도움을 주었다. 경제학자들은 예로부터 기본 식료품과 곡물 가격하락, 공산품 가격의 지속적 안정을 가위의 양날로 비유했다. 이리하여 소득은 농촌에서 도시로 옮겨갔다. 중세의 마지막 가격 변동은 농민보다 도시 장인들에게 더 유리했고 지주보다는 도시 상인들에게 더 유리했다.

영주는 직접 땅을 경작하거나 고용 노동자들을 통해 땅을 경작했다. 16세기에는 봉건제도가 자본주의적 임대차 제도로 바뀌었다. 소작인이 지주에게 치러야 할 노동력은 급속히 줄어들었다. 땅에 매겨지는 사용료는 오래 지속되었지만 액수를 인상할 수는 없었다. 따라서 지주는 봉건적 토지보유를 임대차에 따른 토지보유로 바꾸는 것이 이익이었고 여기에는 자본이 필요했다. 잉글랜드에서는 이전의 장원에서 장기 임대차 계약을 맺고 땅을 보유하는 농민들이 등본 보유권자, 즉 봉건적 의무만을 짊어지는 잠정적 부동산권 보유자를 차츰 대신하게 되었다.

인클로저enclosure는 서유럽에서 공유지와 초원, 목초지 및 그밖의 경작 가능한 토지를 오늘날과 같이 세밀하게 구획된 개인 소유의 농장부지로 분할하거나 통합하는 것을 가리킨다. 인클로저 이전에는 많은 농지가 무수하게 흩어져 있는 조각땅地條 형태로 존재했다. 작물의 경작기에만 개인이 각기 이 땅을 관리했다. 추수가 끝난 이후 다음 경작기까지는 공동체에 맡겨져 부락의 가축들이 풀을 뜯거나 다른 목적으로 쓰이는 땅이 되었다. 토지를 구획하는 것은 이처럼 개방된 땅에 울타리를 둘러쳐서 공동 방목이나 다른 목적으로 쓰이는 것을 막기 위한 것이었다.

농촌에서는 그밖에도 주목할 만한 두 가지 변화가 일어났다. 첫째, 몰수당한 교회 재산인 시장에 나온 토지 구입을 위해 자본이 농촌에 유입되는 현상이었다. 둘째, 양모가격이 상승세를 타고 있었고 동유럽에서 값싼 밀이 들어온 결과 경작지들을 합병하여 울타리를 쳐서 목장으로 바뀌는 경향이 있었다. 영국에서는 이런 동향을 인클로저라고 부른다. 영국에서는 12세기에 인클로저 운동이 시작되어 1450~1640년에 급속히 진행되었다. 목축업의 자본주의화를 위한 이 작업으로 인해 경작지를 되찾으려는 반란이 영국을 휩쓸었는데, 그 사례가 '케트의 난Kett's Rebellion'이다. 인클로저로 농민들은 공장들이 많이 세워진 도시로 내몰리고 도시의 하층노동자로 일하게 된다. 이상적인 정치체제를 지닌 상상의 섬나라에 대한 내용을 담은 《유토피아Utopia》를 저술한 인본주의자 토마스 모어Sir Thomas More, 1478~1535는 이 현상을 일컬어 "전에는 사람이 양을 먹었

지만 지금은 양이 사람을 잡아먹는다"라고 말하였다.

토마스 모어의 《유토피아》(1518)

근대의 사회사상과 과학기술

중세 후반에 들어서 전염병과 잦은 기근, 끊임없는 전쟁과 사회적 긴장으로 유럽 인구는 크게 줄어들어 있었다. 인구가 감소하면서 남아 있는 노동자들의 높은 '희소가치' 때문에 임금은 올라가고 농촌의 소작료는 내려갔다. 사람이 줄어들수록 땅과 자본은 상대적으로 더 풍부하고 값이 싸졌다. 노동력이 비싸지고 땅과 자본이 싸지자 땅과 자본이 노동을 대신하게 되었다. 자본은 새로운 도구개발을 위해 과학기술을 사용하여 노동자들을 더욱 생산적으로 일할 수 있게 됐다. 중세 말기에 노동 절약 장치에 대한 자본투자가 활발해지면서 과학기술이 크게 발전했다.

갈릴레오 갈릴레이, 요하네스 케플러 등에 의해 발전한 근대 과학은 미적분학을 만들고 물리학의 역학체계를 확립한다. 특히 아이작 뉴턴Isaac Newton, 1642~1727이라는 거성의 등장으로 새로운 과학 혁명 시대를 맞는다. 더불어 너무 확실하고 분명한 철학적 답을 찾으려고 했던 데카르트René Descartes, 1596~1650, 범신론汎神論과 유물론으로 데카르트의 이원론을 비판한 스피노자Baruch De Spinoza, 1632~1677, 객관적 관념론의 관점에서 계몽철학을 연 라이프니츠Gottfried Wilhelm Leibniz, 1642~1716, 자연에 대한 지식의 근원을 오직 경험 속에서만 찾으려 했던 프란시스 베이컨Francis Bacon, 1561~1626 같은 철학자들이 등장하여 유럽 근대 철학의 기초를 닦았다.

토마스 홉스Thomas Hobbes, 1588~1679와 존 로크John Locke, 1623~1704는 사회계약설을 제시하여 후대에 영향을 끼쳤다. 사회계약설의 내용에는 모든 인간은 천부의 권리를 가지는데, 자연상태에서는 이러한 자유와 권리의 보장이 확실하지 않으므로 계약을 맺어 국가를 구성하고 자신들의 권리를 국가에 위임하였다는 견해가 실려 있다. 사회계약설에 따르면, 국가는 시민의 자유와 권리를 보장하기 위하여 합법적으로 권력을 행사할 수 있다. 그러나 국가의 권력행사가 시민의 자유와 권리를 중대하고 명백하게 침해할 경우에 시민은 여러 가지 구제수단을 강구할 수 있다. 사회계약설은 민주주의와 사

동판화로 제작된 《리바이어던(Leviathan)》 책 표지
(1651)

회주의의 이론 토대를 구축함으로써 그 의미를 지닌다.

뉴턴의 친구이던 로크는 인간을 원자와 같은 개념으로 보고 원자가 모든 물질의 기본 입자이듯이 인간을 사회조직의 기본 단위로 삼는 백지설tabula rasa을 주장하였다. 사회질서유지를 위한 자유의 핵심적 역할과 이를 토대로 등장할 자유시장의 당위성을 설명했다. 부를 위한 경제활동을 사회적으로 인정하는 관점이 인간 합리성과 이성을 믿는 계몽주의 철학과 어우러져 인간의 이성을 통해 경제질서도 자율적으로 형성되고 통제될 것이라고 주장했다.

대항해 시대의 시작과 영국의 부상

포르투갈의 항해가들은 15세기에 인도로 가는 항로를 개척했다. 1492년 크리스토퍼 콜럼버스Christopher Columbus, 1451~1506는 아메리카

대륙의 카리브해에 있는 전초기지들을 발견했다. 콜럼버스가 탐험을 시작한 이유는 각종 향신료의 수입을 위한 인도의 교역으로 얻을 수 있는 금과 보물 때문이었다. 스페인은 1494년에 중앙아메리카와 남아메리카를 정복하기 시작했다. 이때부터 유럽 해양 국가들의 식민지 개척이 본격화된다. 하지만 영국의 산업혁명이 시작되려면, 아직 200년이라는 세월이 더 필요했다.

스페인의 마젤란Ferdinand Magellan, 1480~1521이 서쪽으로 돌아 지구를 일주하는 항해에 나선 1519년에 에르난 코르테스Hernán Cortés, 1485~1547는 지금의 멕시코 지역에 있던 아즈텍 왕국을 정복했다. 정복을 위한 침략들은 16세기 중엽 이후 식민지시대를 만들었다. 식민지 건설은 귀금속과 목축 및 농장 경제에 바탕을 두고 있었다. 인디언 노동력을 이용해 귀금속을 손에 넣었고, 목축 및 농장 경제에는 아프리카에서 수입한 노예들을 이용했다.

해외 팽창의 조직화에는 유럽 국가들의 정치적 민족주의가 반영되었다. 이 변화는 세습 군주국의 중앙집권화한 힘이 국내를 통일하고 지방의 특권을 폐지하는 과정이 이루어졌다. 펠리페 2세 시대에 스페인은 네덜란드, 밀라노, 나폴리, 시칠리아 등을 영유하고, 남미의 브라질과 아시아의 필리핀까지 식민지로 두는 유럽 최강의 패자霸者였다. 이러한 배경 속에서 스페인은 해외 식민지의 유지와 금과 은을 수송하는 상선을 보호하며, 동시에 지중해에서는 오스만제국Ottoman Empire 세력을 막기 위해 그 유명한 무적함대Invincible Armada를 건설하게 되었다.

잉글랜드와 프랑스에서는 백년전쟁1337~1453으로 말미암아 군주의 권력을 견제해온 귀족 세력이 약해졌다. 잉글랜드의 튜더 왕조는 강력하고 효율적인 정부를 추구했으며 프랑스에서는 루이 11세와 프랑수아 1세가 그런 정부를 추구했다. 해양패권을 장악하고 아메리카 식민지에서 부를 축적하던 스페인과 새로이 해양패권 자리에 도전하려는 영국은 1585년 결국 충돌하게 되었다. 스페인의 아르마다를 칼레해전Naval Battle of Calais, 1588에서 승리한 영국이 급격히 성장했고 신생 독립국가인 네덜란드와 치열한 다툼을 벌이게 된다.

조각가 테오도르 드 브리Theodore de Bry에 의해 1592년 인쇄된 동판화를 살펴보면, 원주민들은 목걸이와 귀중품 들을 전달하기 위해 콜럼버스에게 다가서 있고 오른쪽 위에 일부는 도망을 치고 있지만 왼쪽 아래에는 십자가를 세우고 있는 선교사 또는 병사 들이 보인다. 드 브리는 콜럼버스와 그의 부하들을 유럽 문명과 그리스도교 신앙의 선구자로 묘사하고 있다. 그는 1594년 동판화에서 아메리카 원주민들을 스페인 사람들의 팔다리를 잘라 잡아먹고 산 채로 입에 끓는 금을 붓는 야만인들로 묘사하고 있다. 하지만 드 브리는 실제 대서양을 한 번도 건너 본 적이 없는 것으로 알려졌다. 동판화 인쇄물은 아메리카와 아프리카를 침략하여 식민지화하고 있는 유럽인들에 대한 선전 미디어로서 목적을 충실하게 수행하고 있었다.

스페인에는 구텐베르크가 개발한 인쇄기가 콜럼버스가 항해를 떠나기 23년 전에 도입되었다. 인쇄기는 콜럼버스의 항해소식을 전

파하는 데 사용되었고 콜럼버스가 스페인 왕에게 쓴 편지는 4월 1일 경 바르셀로나에 배포되었다. 그 편지는 1593년 4월 라틴어로 번역되어 5월 초에 구텐베르크 인쇄기로 인쇄되어 콜럼버스의 항해소식을 유럽에 생생하게 알리는 역할을 한다.

1592년과 1594년에 인쇄된 테오도르 드 브리의 동판화

세계 최초의 주식회사, 네덜란드 동인도회사

항해기술의 개발과 더불어 유럽 국가들은 앞 다투어 함대를 만들었고 선봉에 선 나라가 포르투갈과 스페인이었다. 1590년대 무역 항로들 중에 가장 많은 이익을 가져다준 곳은 인도, 중국, 동남아시아였다. 후추와 중국의 차와 도자기는 유럽에서 비싸게 팔리는 상

품이었다. 포르투갈은 독점 상품이던 동남아시아 향료무역에 진출했다. 후추는 인도에서, 정향丁香과 육두구肉荳蔲는 인도네시아에서 가져와야 했다. 네덜란드의 암스테르담에서 249명의 원정대가 처음 아시아로 향했는데 4년 뒤에 89명만이 돌아왔다. 큰 충격이었지만 첫 항해는 투자자들에게 무려 4배의 수익을 안겨 줄 정도였다. 8척의 선박이 떠나서 1년도 채 지나지 않아 화물을 가득 싣고 돌아왔다.

　　네덜란드의 해양화가 헨드릭 코르넬리츠 브룸Hendrick Cornelisz Vroom은 두 번째 탐험에서 깃발을 휘날리며 돌아온 함대들을 그림으로 기념했다. 커다란 선박들은 마중 나온 수많은 배들로 둘러싸인 채 암스테르담 항구를 압도하고 멀리 첨탑이 있는 교회가 보인다. 그림은 네덜란드인들의 용감함과 투자욕구를 표현하면서 범선을 통해 대양을 지배하려는 네덜란드의 힘을 드러내고 있다.

두 번째 탐험을 마치고 귀환하는 장면을 표현한 브룸의 <범선의 귀환>(1623)

네덜란드의 상인들과 네덜란드 의회는 대규모 무역선단을 준비하려 했지만 재정적으로 무리가 있었다. 그러던 중 네덜란드 국민들이 조금씩 투자하여 대규모 선단을 만들어 이익을 나누자는 아이디어가 나온다. 투자를 받을 때, 이익을 나눌 표시를 어떻게 하느냐의 고민에 빠지는데, 수천 명 투자자의 몫에 대해 자금소유권을 나타내는 종이 권리증서를 만들게 되었다. 그리고 그 증서에는 동인도회사 주식이라고 적혀 있었다. 회사의 지분을 판매하는 주식이라는 개념은 이렇게 탄생되고 네덜란드 의회는 많은 무역회사들을 결속시켜 네덜란드 동인도회사Vereenigde Oost-Indische Compagnie, VOC라는 최초의 주식회사를 세웠다. 역사상 최초의 증권거래소인 암스테르담 증권거래소도 1609년 동인도회사 주식을 거래하기 위해 설립되었다.

네덜란드 동인도 회사는 후추무역으로 얻은 자산의 대부분을

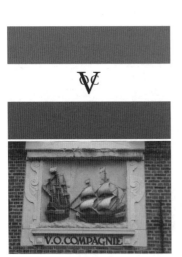
네덜란드 동인도회사 깃발과 명판

투자하여 네덜란드령 동인도 인도네시아, 말라카, 스리랑카, 일본 나가사키의 인공섬 데지마, 타이완, 중국 광저우는 물론 페르시아에까지 상공회商工會를 세웠다. 에도막부江戶幕府 시대의 일본에서는 은과 구리가 많이 나서 네덜란드의 무역적자를 상당 부분 해소해주었다. 이 무렵 동인도회사가 보급항으로

건설한 아프리카 남단의 상관이 후에 남아프리카공화국이 된다.

어떤 투자자들은 투자한 것에 대한 어느 정도의 이익을 받고 주식권리를 포기하려고 했다. 또 어떤 이들은 동인도회사의 미래를 유망하게 보고 주식권리를 새로 구입하거나 증액하려는 사람이 있어서 이 둘의 주식거래가 이루어지게 되는데 이 거래가 수월하게 이루어지게 하는 역할을 암스테르담 증권거래소Amsterdam Stock Exchange가 맡았다. 매년 2,500만 길더 이상의 수익을 얻는 등 너무 빨리 돈이 돌자 과부하를 막기 위해 1609년에 은행을 만들어 다른 사업을 펼치기도 했다. 은행 신용도를 높이기 위해 정부가 은행에 간섭할 수 없도록 법을 제정했는데, 네덜란드 공화국과 전쟁을 벌이고 있는 적대국에게도 합법적으로 돈을 빌려줬다. 전성기인 1670년대에 네덜란드 동인도회사는 150척의 상선, 40척의 군함, 50,000명의 직원과 10,000명 규모의 군대를 거느린 거대조직이 되었고, 회사의 주식은 배당금으로만 액면가의 40%를 배당하는 큰 수익을 올리게 되었다.

1798년 네덜란드 동인도회사가 해체되기까지 16세기부터 18세기 암스테르담의 창고는 유럽의 모든 식탁에 놓일 후추 알갱이가 한 번은 반드시 거쳐야 하는 통로였다. 네덜란드가 1648년 스페인에서 완전히 독립하게 되자 일본, 인도, 인도네시아 제도에서 도착한 배들은 암스테르담에서 짐을 풀고 다시 화물을 챙겨 포르투갈, 스페인, 프랑스, 독일로 떠나는 요충지였다. 네덜란드는 매년 70여 척의 배를 건조하는 나라로서 현재 미국의 허드슨 강에 1624년에 뉴암스테르담을 세웠는데, 후에 영국으로 넘어가면서 이름도 뉴욕 New York 으로 바뀌었다.

가격혁명과 절대왕권의 강화

기본 식료품인 곡물 가격이 내려가고 공산품 가격이 지속적으로 안정되는 현상으로 소득은 농촌에서 도시로 옮겨갔다. 중세의 마지막 가격변동은 농민보다 도시의 장인들에게 더 유리했고 지주보다는 도시의 상인들에게 더 유리했다. 이 변화는 땅을 가지고 있는 귀족의 지도력을 약화시킨 반면 도시의 상인 및 금융업자 들의 세력과 영향력을 강화했다. 유럽 대륙 내부의 상품거래가 늘어난 결과 적어도 몇몇 상품을 거래하기 위한 대규모 통합시장이 형성되었다. 세월이 흐름에 따라 유럽의 여러 지역에서 서로 차이를 보이던 밀값은 평준화되었고, 모든 지역의 물가가 같은 방향으로 변동하는 경향을 보였다. 넓은 지역에서 비슷한 물가동향이 나타나는 것은 하나의 통합된 곡물시장이 출현한 것을 의미한다. 일부 지역은 전문적으로 밀을 생산해 멀리 떨어져 있는 소비자들에게 그 수확물을 팔게 되었다. 특히 발트해 연안지방은 서유럽에 곡물을 공급하는 본격적인 곡물 공급지가 되었다.

16세기에 물가 수준의 변화는 모든 경제 분야에 깊은 영향을 미쳤다. 이 시기에 '가격혁명'이라고 부르는 전반적인 물가폭등이 일어났다. 이것은 부분적으로는 화폐가치의 잦은 하락에 뿌리를 두고 있었다. 더 중요한 요인은 아마 새로운 귀금속, 특히 은이 통화 공급에 혼합되어 통화가 팽창했기 때문으로 추측된다. 1550년부터 아메리카의 보물인 은이 스페인에 대량으로 흘러들어왔고, 이것은 다시 유럽의 여러 지역으로 유입되었다. 그와 동시에 먹이고 입히고 재워야 할 인구가 늘어나자 화폐가 빠른 속도로 유통되기 시작했다. 화폐이론에 따르면, 물가수준은 통화량과 그 유통속도에 직접 영향을 받는다. 따라서 새로운 자원인 은과 새로 늘어난 인구는 광범위한 물가폭등을 일으켰다. 16세기의 인구증가와 도시집중은 풍부한 식량공급을 요구했으며 16세기 전반에 걸쳐 밀 가격은 꾸준히 올라갔다. 식량, 특히 밀 가격을 치르기 위해 화폐는 다시 도시에서 농촌으로 흘러 들어갔다.

가격혁명이 일어나고 아메리카산 금, 은이 유입되고 상인 계급의 성장이 두드러졌고 이들이 절대왕정의 자금줄 역할을 하면서 17세기는 절대왕정의 전성기를 이룰 수 있었다. 하지만 17세기 중후반에 이르면 영국에서 청교도혁명과 명예혁명이 일어나는 등 절대왕정 시대가 막을 내리기 시작한다. 한편 동아시아 문명과 서양 문명의 접촉이 본격화되어 교역이 이뤄졌다.

17세기 중반 왕권신수설을 믿던 태양왕 루이 14세가 즉위하여 18세기 초반까지 프랑스-네덜란드 전쟁, 아우크스부르크 동맹전쟁과 스페인 왕위계승 전쟁 등을 거치며 프랑스를 이끌면서 절대 군주자리를 다졌다. 그의 치세에 귀족문화를 비롯해 바로크 문화가 꽃피었으나 30년 전쟁 등에 과도한 재정을 쏟아 붓는 바람에 프랑스는 경제적으로 어려움을 겪는다. 1685년 개신교 신자에 대한 차별을 금지한 낭트칙령Edict of Nantes을 폐지하면서 개신교를 탄압했다. 낭트칙령은 프랑스 내 개신교 신자들을 공직자 취임제한 등의 차별로부터 보호하는 차별금지정책이었는데, 이를 폐지함으로써 탄압을 받게 된 위그노 25만 명이 종교의 자유를 인정하는 네덜란드와 영국 등 세계 각국으로 망명했다. 그런데 이들의 대부분은 숙련된 상공업 기술자들이어서, 이후 프랑스의 수공업은 거의 마비되다시피 했다. 프랑스는 당시 유럽의 흐름인 신항로 개척에도 적극적으로 뛰어들지 못하게 되어 영국과의 국력 차이가 벌어지기 시작했다.

챕북의 인기와 소책자 출판의 확산

챕북chapbook은 8페이지에서 24페이지 정도의 책으로 아동문학, 설화, 민요, 동요, 시, 종교, 정치 등의 내용을 다루고 있는 소책자로서, 구텐베르크 인쇄기가 확산되던 16세기부터 저렴하게 인쇄되어 큰 인기를 끌었다. 사전에서도 챕북은 행상인들이 팔고 다닌 소설, 속요俗謠 등이 담긴 소책자로 설명하고 있다. 챕북이 처음 등장한 것은 인쇄기술이 개발되기 이전이던 14세기였으며, 신화적이며 환상적이며 역사적인 이야기로 가득한 《햄프턴의 베비스Bevis of Hampton》을 기원으로 한다.

챕북인《자이언트 킬
러 영웅Gient Killer, A
Hero》과 루터 설교을
반박하는 종교 선전
팸플릿

챕북은 시골 지역의 대중에게 중요한 미디어였다고 전해지는
데 일상적이지 않으며 모험을 강조한 이야기들을 자주 담았다고 한
다. 영국에서만도 1696년에 2,500여명의 허가받은 사업자들이 활동
하고 있었으며 프랑스에서는 1848년에 3,500여명의 사업자들이 매
년 4천만 권을 판매했다는 기록이 있다. 챕북은 문맹률을 낮추는 데
도 큰 기여를 했을 것이다. 1694년에 영국 남자들의 글을 읽을 수
있는 비율이 약 30% 정도였는데 18세기 중반에는 60%에 이른다.
1597년에는 의류 노동자, 직조공, 신발 제조업자들에 대한 이야기
도 등장한다. 독일에서는 인쇄술의 보급과 함께 종교개혁가들이 포
교와 선전 수단으로 인쇄물을 사용하였다. 프랑스에서는 독일과 달
리 운문이나 산문으로 쓴 황당무계한 읽을거리가 주로 인쇄되어 일
반인에게 보급되었다.

인쇄기가 확산되면서 원래 대중의 교화를 위한 종교적인 선전
물로 시작되었으나 차츰 일반 대중의 읽을거리로 발전하였다는 설
명도 있다. 1521년에 로제스터의 한 주교가 마르틴 루터의 설교를
반박하여 작은 책자를 펴냈는데, 이는 종교선전을 위한 팸플릿 인

쇄물로 볼 수 있다. 팸플릿은 빠르고 넓게 내용을 전달하기 위한 인쇄물을 가리키는 용어로 사용된다. 챕북이라는 용어는 현재까지 40페이지 정도의 출판물을 가리키는 용어로 사용되고 있다.

마르틴 루터에 의해 촉발된 종교개혁운동은 구텐베르크의 인쇄기와 시각적 인쇄 동판화가 선전활동에 얼마나 효과적인지를 보여준 사례이다. 루터는 당시 개발된 구텐베르크의 인쇄기술을 이용하여 플루그슈리프텐Flugschriften, 팸플릿이라고 불리는 소책자를 만들어 자신과 동료들의 주장을 확산시킨다. 하드커버나 제본이 되지 않은 소책자를 팸플릿이라고 부르는데 양면 인쇄된 낱장의 종이를 접어서 만든다. 현재 유네스코의 기준으로 팸플릿으로 구분되려면 적어도 5페이지 이상, 48페이지를 넘어서는 안 된다. 그 이상의 분량이면 책book으로 분류한다.

루터와 그의 동료들의 종교적 생각 뒤에는 정치적 내용이 자리 잡고 있다. 그들의 소책자 활동은 기록과 공개, 전달과 확산에 효율적인 미디어를 찾아낸 결과물이다. 사망할 때까지 독일어로 3,183개의 글을 썼던 루터의 소책자들은 많은 나라에서 읽혔으며 가톨릭 선전가들도 주목할 만한 글과 팸플릿들을 남긴다. 이 팸플릿들은 근대적인 신문과 잡지 같은 새로운 커뮤니케이션 미디어가 탄생하는 데 의미를 지닌다. 하지만 신문이나 잡지와 다른 점은 뉴스를 전혀 싣지 않았고, 종교와 정치 선전을 위한 미디어였다는 점이다.

15세기 후반에서 16세기 초반에 확산되던 팸플릿들은 정치 커뮤니케이션 미디어로서 중요한 역할을 수행하였고 정기간행물인 잡지magazine로 발전하는 모태가 되었다. 1640년에서 1661년 사이에 런던에서 발행된 팸플릿만도 2만여 종에 달했다고 한다. 이들 팸플릿은 정치, 외교, 경제, 종교, 예술 등 많은 방면을 다루고 있으며 당시 논쟁에 대한 찬반 등과 함께 혁명적이거나 격렬한 내용이 담겨 있다. 소수의 팸플릿이 국왕의 허락을 맡고 인쇄했지만 대부분은 비합법적인 출판이었고 필자들은 익명으로 집필하는 것이 관례였다.

종교개혁 시기 팸플릿 인쇄물들

마셜 매클루언은 인쇄를 인류의 감각확장의 과정이며 문화가 1단계라면 인쇄가 2단계의 과정으로 3단계는 전자 미디어로 보았다. 인류 역사의 핵심적 전환은 새로운 커뮤니케이션 기술의 발명과 확산에 따라 이뤄지는 것이었다. 인쇄술의 발달은 유럽에 큰 변화를 가져온다. 책을 통해 지식을 습득한 평민들이 정부 관료로 등용되기도 하고 대중도 글을 깨쳐, 성직자들이 성경을 해석하는 특권이 상실되고, 구텐베르크 인쇄술이 보급된 지 50년도 지나지 않아 유럽에 1,000만 권의 책이 인쇄된다.

Chapter 7

인쇄 뉴스와
신문 광고의 출현

책자 형태의 인쇄물, 뉴스북

구텐베르크 인쇄기의 발명은 뉴스에 즉각적인 영향을 끼치지는 못하였다. 성서부터 시작하여 라틴어 서적, 연감, 뉴스 순서로 사용되었다. 즉, 필사작업의 노력을 덜어주는 역할로서 사용되었지만, 많은 독자를 확보하고 인쇄물의 대량생산체계를 가져 왔으며, 결국 뉴스를 더 빠른 속도로 많은 독자들에게 전달하는 결과를 낳았다. 인쇄기술은 사람들의 사고방식을 바꾸고 프랜시스 베이컨의 말처럼 '세계 전체의 모습과 상태'를 바꾸었다.

15세기의 유럽 통치자들은 인쇄의 위력을 활용한 최초의 사람들로 판단된다. 1486년 영국의 헨리 7세는 자신의 왕위 정통성을 확인시키기 위해 로마 교황의 칙서를 인쇄하여 배포한다. 프랑스에서 인쇄기는 샤를 8세Charles Ⅷ의 이탈리아 침공 업적을 부정적으로 생각하는 백성들을 설득하는 역할을 했다. 샤를 군대의 침공 준비,

풍요로운 남부 이탈리아, 군대의 퇴각을 팸플릿에 상세히 다루어 인쇄하였다. 10년에 걸쳐 진행된 프랑스의 침공에 대한 기록은 41개의 팸플릿으로 남겨져 있다. 이 팸플릿을 렐라시옹relation 또는 뉴스북news book이라고 불렀는데 신문과 달리 하나의 사건을 집중적으로 다뤘다. 뉴스북은 가로 14cm 세로 22cm 정도로 4~28페이지 분량이며, 첫 글자는 활자체로 뽑은 목판화로 장식되었다. 1609년에 독일의 스트라스부르크Strasbourg와 볼펜뷔텔Wolfenbüttel에서도 뉴스북이 발행되는데, 뉴스북이라고 하는 이유는 오늘날의 전형적인 종이 신문과는 다르게 책자 형태를 갖추고 있기 때문이다.

1622년 영국의 뉴스북에서는 제임스 1세가 의회를 해산하기로 한 자신의 결정을 정당화하는 내용을 담고 있다. 정부가 여론에

영국의 내전을 다룬 뉴스북(1642)

영향을 끼치기 위한 뉴스물은 영국의 식민지였던 보스턴, 멕시코 시티 등에서 발견되며, 과테말라 태풍, 엘리자베스 여왕의 노포크 공작 체포와 갇힌 이유 등을 다양하게 다루고 있다. 16세기 유럽의 주된 뉴스는 유럽으로 영토를 확장시키려 한 터키와의 전쟁과 국내 정치적 사건과 내전 등에 대한 소식들이었다.

구두 뉴스와 결합된 뉴스 발라드

오랜 시기 인류에게 시詩는 서정과 자연풍경과 함께 전쟁과 지진 같은 재해, 민담, 도덕적 교훈, 사랑, 재미있는 이야기, 음담패설을 기록하는 용도로 활용되었다. 시의 형태를 갖춘 뉴스 발라드news ballad는 뉴스북과 함께 신문이 자리 잡던 시기 이전에 뉴스 전달의 주된 수단으로 활용되었다. 발라디스트balladist, 저널리스트가 뉴스를 시의 형식으로 기록하여 대중에게 큰 소리로 읽어주던 뉴스 발라드는 구두 뉴스와 관련되어 있다.

뉴스 발라드는 노래하기 쉬운 문체로 작성되었고 크기 또한 손으로 잡기 편하게 제작되었다. 자연스럽게 뉴스 발라드 작가는 재미있는 이야기를 담아 인기를 끄는 방향으로 출판하였을 것이다. 전해지는 뉴스 발라드 문헌자료들을 살펴보면, 1588년 영국에는 스페인 군대와의 전투내용을 담은 시가 책으로 발행되기도 했다. 하지만 뉴스 발라드는 대부분 왕실 결혼, 왕의 행차, 왕족과 유명인들의 스캔들과 사망 소식, 엽기적인 범죄 사건과 사고 등을 많이 다루고 있다. 독자들이 알고 싶어 하는 욕구의 대상으로서 왕족 같은 유명인들에 대한 이야기의 뉴스 가치가 높을 수밖에 없었다.

필립 시드니Philip Sidney 경이 31세 때 총탄을 맞고 사망했고, 헨리 왕자가 18세에 급사했다거나, 헨리 8세의 왕비 앤 볼린Anne Boleyn이 젊은 나이에 남편에게 처형당했다는 소식은 독자들의 흥미와 관심을 끌기에 충분했다. 16세기 후반에는 영국과 프랑스에서 살인 사건을 다룬 뉴스 인쇄물이 등장했다. 가정에서 부인을 살해한 사건, 프랑스에서 이민 온 여성이 자신에게 성병을 옮긴 남편을 살해한 사건, 집단살인, 토막살인 사건까지도 다루었다. 이 시대의 뉴스 발라드의 내용은 뉴스 미디어가 대중에게 감각적이면서 선정적인 관심을 끌고 자극하고 판매에까지 연결되는 옐로 저널리즘yellow journalism의 한 속성을 보여주고 있다.

유명한 발라디스트로서 토머스 들로니Thomas Deloney, 1543~1600가 있다. 그는 흥미로운 주제부터 역사적 사건, 사회적 쟁점, 시사 문제에 이르는 다양한 시를 뉴스 발라드로 짓고 출판했다. 그의 작품을 수집한 편집자는 토머스 들로니에 대해 '이 시대의 가장 훌륭한 발라드 저널리스트'였다고 설명한다.[1] 들로니의 작품 세계는 《들로니의 재미있는 역사 읽을거리Pleasant Historic of Thomas of Reading; or, The Size Worthy Yeoman of the West 》에서 엿볼 수 있다.

이 책은 들로니의 뉴스 발라드들을 모은 것으로, 우스꽝스러운 일화, 민간의 지혜, 환락, 간통, 살인, 여행, 운명적 사랑, 왕위 계승자 간의 세력싸움, 교묘하게 처벌을 피해 달아나는 도둑 등이 등장하는 내용 등으로 구성되는데, 예리한 사회 비판을 담고 있다. 잉글랜드 서부지방에서 온 여섯 명의 직조공의 운명을 따라가며, 그들의 코믹한 모험과 몰락한 귀족의 딸 마가렛의 비극적인 이야기를 함께 짜 넣는다. 그녀는 직조공들을 찬양하면서 그들보다 높은 사

———

1   Mann, F.O. (ed) The Works of Thomas Deloney Oxford Clarendon Press, 1912.

회적 지위를 가진 이들을 경멸한다. 자비와 덕성을 겸비한 직조공들은 그들만의 긴밀한 사회를 구성하고 있지만, 귀족들은 이와 동떨어진 삶을 영위한다. 상류계급 친구들이 그녀를 멀리하자 마가렛은 하층계급이 가장 본받을 만하다는 것을 깨닫는다. 마가렛은 여섯 직조공 중 한 사람의 아내와 함께 행복하게 일하며 생활하지만 왕의 동생과 사랑에 빠져 함께 도주하면서 다시 귀족사회로 돌아가게 되지만 결국 파멸을 맞는다.

뉴스 발라드는 노래하기 쉬운 문체로 쓰였고 손에 잡기 편안한 크기로 제작되었다. 문자 커뮤니케이션보다 쉽고 편리하며 구두 커뮤니케이션에 익숙한 대중을 재미있게 해주었을 것이다. 발라드를 노래하는 사람들의 절반은 뉴스 배달부newsboy였고 절반은 거리의 음악가들이었으며 거리나 진열대에서 돈을 받고 팔기도 했다고 전해진다.

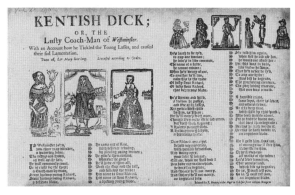

캘리포니아대학교 발라드 아카이브에 보관되어 있는 1600년대 뉴스 발라드

근대적 뉴스 신문의 시작

권력과 통상의 중심지인 도시는 뉴스의 중심지이기도 했다. 16세기에는 베네치아의 해안과 수로에서 지중해 지역의 상품과 화폐가 만났다. 베네치아는 지중해와 유럽의 중심적 정치 도시이자 16세기에 유럽과 중동 지역에 걸쳐 막강한 세력을 지녔던 오스만제국과 교역할 수 있는 유일한 국가로서 뉴스 지국 역할을 했다. 하지만 베네치아의 신문은 인쇄된 것이 아니라 한 장의 종이에 손으로 필기한 것이다. 따라서 '뉴스 시트news sheet'라고 부르기도 했다. 베네치아인들이 발명한 '가제트gazzet'라고 불리던 뉴스 시트는 매주 토요일에 배포되었다. 1550년 이후 최초로 발행되어 1554년에 대중적인 뉴스 서비스로 확대되었다.

1566년부터 베네치아에서 손으로 써서 발행된 세계 최초의 신문

베네치아의 뉴스 시트는 처음으로 연속성을 지닌 채 발행된 신문의 사례로서 근대 유럽의 뉴스 신문의 시작으로 본다. 이 가제트 신문들은 시내 중심가에서 낭독해주는 구두 뉴스 방식도 취했다고 전해진다. 청중들은 입장료나 인쇄물의 가격을 주면 들을 수 있었다고 한다. 런던에 소장되어 있는 베네치아 뉴스 시트는 특정한 날짜와 특정한 도시에서 발송된 뉴스별로 정리되

어 있다. 내용은 대부분 군사와 정치에 주되지만 다소 다양한 뉴스들로 아이템을 넓혀 갔다. 이 뉴스 시트들은 1회성 뉴스 출판물과는 중요한 차이를 지닌다. 신문이 지닌 모든 속성을 지닌다. 다양한 뉴스 아이템을 다루고 있으며 제호가 없지만 비슷하게 인식할 수 있는 형식을 갖추었으며, 1566년에 이르러서는 1주일에 한 번씩 발행되었다.[2]

영어에서 신문newspaper라는 용어는 1609년 이후에도 60년 동안 사용되지 않았다. 하지만 1605년 독일 인쇄업자 요한 카롤루스가 발간한 세계 최초의 신문 《렐라티온Relation》의 활동과 아이디어는 매우 빠르게 퍼져나가 1610년에 바젤Basel에 주간신문이 등장하고 프랑크푸르트1615, 함부르크1616, 베를린1617, 암스테르담1618, 앤트워프1620에 주간신문이 연이어 출현한다.[3]

언론 연구자들은 신문으로 인정하기 위해서 신문은 세 가지 속성을 지닌다고 설명한다. 첫째, 정기성이다. 적어도 1주일에 한 번은 발행되는 등 잦은 횟수에 걸쳐 발행되어야 한다. 1609년 스트라스부르크에서 발행되었던 뉴스북은 발행 호수와 날짜를 입력했으며 그해 52회 발행되었다. 둘째, 다양성이다. 지면을 채우는 기사수가 많고 다양해야 한다.《렐라티온》는 유럽 각지의 다양한 소식들을 담고 있었다. 셋째 일관성이다. 신문은 일관된 제호와 형식을 지닌다.

---

2   A History of Journalism Available https://melissa894.wordpress.com/project/

3   Available https://en.wikipedia.org/wiki/Johann_Carolus

17세기에 암스테르담은 유럽에서 가장 큰 해운과 통상의 중심 도시의 하나로 발전했다. 1598년 보험회의소, 1602년에 동인도회사, 1608년에 증권거래소, 1609년에 외환은행, 1914년에 대출은행, 1616년 곡식거래소, 1621년 서인도회사가 세워졌다. 암스테르담에서 활동하는 사업가들은 동인도에서 서인도까지 멀리 확대되는 자신들의 무역에 대한 뉴스가 필요했다. 1620년에 《코란토Coranto》가 발행되고 1964년까지 최소한 여덟 개의 주간신문과 격주신문이 판

1620년에 암스테르담에서 창간된
《코린토》

매되었다. 이 신문들에서는 사업가와 다른 독자 들에게 이탈리아와 독일 뉴스와 30년 전쟁현황, 해적과 조난 소식을 포함하여 아메리카, 아프리카, 아시아 뉴스를 전해주었다. 17세기 암스테르담은 종교적 자유뿐만 아니라 사상 출판의 자유가 허용되어 있었다. 어느 역사학자는 암스테르담을 '세계의 도서시장'이라고 표현하였는데 암스테르담이 '뉴스시장'이라는 별명도 가지고 있었다. 암스테르담의 《코린토》는 사실로 가득 차 있었다.

가제트 드 프랑스의 광고 활동

1631년 5월에 테오프라스트 르노도Theophraste Renadot, 1586~1653의 주간신문《가제트 드 프랑스Gazette de France》가 발행된다. 유럽에서 최초의 주간신문이 등장한 지 22년 후였지만 당시로서는 가장 영향력 있는 신문이었다. 1634년 이 신문에 실린 사건들 중 가장 중요한 것은 갈릴레이 재판과 그의 유죄 선고사건이다.《가제트 드 프랑스》는 갈릴레이가 기소되는 과정을 자세히 보도하면서 그의 죄가 '태양이 우주의 중심이다'라고 주장한 데 있다고 설명하고 있다.[4] 르노도는 국왕으로부터 지방의 빈곤문제를 해결하라는 임명을 받아 병원과

1631년 5월에 창간된 주간신문《가제트 드 프랑스》

광고국의 설립 허가를 받았다. 그는 파리에 건물을 짓고 병원과 광고국을 동시에 개업하였다. 광고국의 명칭에 '수요자와 공급자의 의논'이란 뜻을 지닌 'Rencontre'라는 단어가 사용되었다. 그는 근대 광고에서 중대의 역할을 이해한 최초의 인물로서 프랑스에서는 신문의 아버지라고도 부른다.

광고국은 여행사와 같이 여행

---

4   프랑스국립박물관 Available https://www.bnf.fr/fr

을 안내하거나 여행 일정을 짜고 교통편을 조사해서 알려주기도 했다. 그밖에도 부동산 거래. 신용 조사, 미술품 갤러리, 골동품 거래, 약방, 운송업 등 여러 거래를 알선, 중개하였고 의류나 기구 교환장소로도 이용되고 상품 거래 명세서나 품질 보증 각서를 대신 써 주거나 광고 전단을 만들어 주기도 했다.

초기의 주간신문들은 상인, 무역인, 금융가 들에게 유럽 대륙의 소식과 이들이 필요한 정보를 제공하면서 인기를 끌었다. 네덜란드의 《코란토》는 투자한 선박의 상황에 대한 구체적인 소식을 다루었다. 암스테르담을 중심으로 활동하던 사업가들은 동인도와 서인도까지 활동영역을 확장하는 과정에서 지역에 대한 자세한 뉴스가 필요했다.

배에 대한 소식은 당시 영국 등 유럽의 많은 나라에서 매우 중요한 소식이었으므로 선박 명단, 출항지, 화물 등을 자세하게 다루었다. 신문발행인과 상인들 사이의 협조적 관계는 당시 광고를 통해 드러난다. 20세기의 미디어 학자인 마셜 매클루언의 지적처럼 광고는 뉴스의 한 형태라고도 볼 수 있다. 뚜렷한 자기 목적을 가지고 있으면서도 뉴스 가치가 있는 신문들은 자신들이 광고를 전달하기에 편리한 미디어라는 사실을 스스로 깨달았을 것이다.

17세기 유럽의 30년 전쟁과 선전

구텐베르크 인쇄기는 소식을 유럽의 각지에 생생하게 전달할 수 있는 계기를 만들었고 유럽은 지리적·경제적·철학적 경계를 넘어 인쇄 뉴스news를 접할 수 있게 해주었다. 식민지 건설과 유럽에서의 전쟁은 기술에 기반으로 한 인쇄선전과 회화에 의한 절대왕권 선전 작업으로 이어진다.

16세기 중엽에 이르자 정복자들의 시대는 식민지시대로 바뀌었다. 16세기의 최강자였던 스페인은 영국에 패배한 이후 왕권다툼으로 쇠퇴해 간다. 하지만 광대한 식민지를 바탕으로 포르투갈을 압박하는 등 아직은 유럽의 강국으로 자리 잡고 있었다. 전쟁을 통해 스페인으로부터 독립한 네덜란드는 영국과 해상의 주도권 다툼을 치열하게 벌였다. 특히 네덜란드는 인도네시아를 장악하고 일본과 교역을 독점하였다.

유럽에서 로마 가톨릭교회를 지지하는 국가들과 개신교를 지지하는 국가들 사이에서 벌어진

구스타브 2세 아돌프의 브라이텐펠트 전투(1631) 와 스웨덴의 프라하 포위 공격 동판화 인쇄물(1648)

종교전쟁인 30년 전쟁1618~1648은 800만 명의 사망자를 낼 정도의 잔혹한 전쟁으로 유럽의 권력지형을 변화시켰다. 독일 전역이 기근과 질병으로 파괴되었다. 보헤미아 왕국Kingdom of Bohemia, 지금의 체코 지역과 남부 네덜란드를 비롯한 독일과 이탈리아에 위치한 국가들의 인구가 급감했다. 용병과 병사 들은 기여금과 공헌을 주장하거나 마을을 약탈했으며 점령당한 영토 거주민들의 생활고는 심해졌다. 참전국 대부분은 파산 위기에 몰렸다. 하지만 1648년 베스트팔렌 조약 이후 네덜란드 공화국은 독립을 공인받은 이후 급속히 성장했다. 잉글랜드 왕국, 프랑스, 스웨덴 제국도 전쟁 이후 상당한 영토를 보유하게 되어 신흥 강국으로 발돋움하고 17세기 후반 신성로마제국은 몰락의 길을 걷는다.

스페인은 아메리카대륙 침략으로 얻어낸 황금시대의 후반 30년 전쟁을 겪으면서 신성로마제국과 함께 몰락의 길을 걷고 독일 지역이 분열되어 갔다. 이탈리아는 르네상스가 쇠퇴한 가운데 베네치아 공화국이 부를 누리고 있었으나, 지중해 무역의 쇠퇴로 내리막길을 걷는다. 17세기 중반 태양왕 루이 14세가 즉위하여 18세기 초반까지 프랑스를 이끈다.

커피하우스와 뉴스

영국 관료이자 사업가였던 새뮤얼 피프스Samuel Pepys의 일기에 따르면, 1663년 배가 도착할 기한을 넘기자 보험을 들려고 했다. 하지만 운 좋게도 커피하우스coffee house에 들렀다가 그 배가 뉴캐슬에 도착했다는 소식을 들어서 비용을 절약할 수 있었다. 런던의 커피하우스는 편지가 교환되고 이야기를 나누면서 뉴스가 전달되는 장소였다. 뉴스가 사업과의 공생관계가 형성하고 경제적인 힘을 가지기 시작한 것은 17세기 후반이다.

16세기에서 17세기 초반 초기 신문에 등장한 선박 광고

유럽 최초의 커피하우스는 1629년 베네치아에 나타났다. 영국에서는 1650년에 런던 옥스퍼드에 커피하우스가 세워졌다. 17세기와 18세기에 영국인들이 주로 마시던 음료는 커피였다. 당시 런던에는 수많은 잡지들이 쏟아져 나오고 있었는데, 커피하우스도 특정한 주제들을 중심으로 운영되었다. 여기서 여러 가지 신문을 무료로 볼 수 있었을 뿐만 아니라 상인들을 위하여 광고의 원고를 신문에 갖다 주는 서비스도 제공했다. 1670년에서 1685년까지 런던 커피하우스의 수가 증가하기 시작했으며 토론 장소로서의 인기로 인

해 정치적 중요성이 커지기 시작했다. 17세기와 18세기 영국식 커피숍은 특히 런던에서 중요한 만남의 장소여서 1675년까지 영국에는 3,000여개가 넘는 커피하우스가 있었다. 당시 영국에서는 세계적인 해운업체들이 있었지만 선주船主와 하주荷主를 중개하는 기관은 없었기에 선술집과 여관에서 주로 상담이 진행되었다. 그러던 중 커피하우스가 생기면서 거래소를 대신하는 장소가 되었다.

프랑스에는 최초의 커피하우스인 프로코프Procope가 1686년에 열려 18세기와 19세기에 이어지는 파리의 예술과 문학의 허브가 된다. 계몽주의 사상가 볼테르Voltaire, 1964~1778와 루소Jean-Jacques Rousseau, 1712~1778가 자주 찾던 장소이다. 프로코프는 많은 배우, 작가, 음악가, 시인, 철학자, 혁명가, 정치가, 과학자, 극작가, 무대 예술가, 극작가, 문학 비평가들을 매료시켰다.

18세기 영국과 미국의 신문과 광고

청교도혁명과 명예혁명을 겪는 동안 영국에는 근대적 정당인 토리당과 휘그당이 등장하고 보수세력과 혁신세력을 대표한 이 두 정당은 서로 대립 혹은 경쟁하면서 영국 정치를 이끌어가기 시작했고, 더불어 영국의 양당제 의회민주정치의 토대를 닦아갔다. 이때 정당의 정강정책을 널리 알려 유권자들의 지지를 얻기 위한 수단으로 신문이 등장하여 발전했다.

영국의 초기 신문광고 발전에 큰 기여를 한 사람으로 존 휴튼 John Houghton, 1645~1705을 들 수 있다. 그는 영국왕립학회의 연구원으로서 농업과 무역에 관한 작가이자 약재상이었으며 일종의 광고 잡지인《농업과 상업의 개선을 위한 컬렉션A Collection for Improvement of Husbandry and Trade》1683을 간행하여 왕립협회 회원들의 우수한 경험과 지식을 널리 알리고자 시도했다. 그는 철저하게 3인칭화하여 광고를 객관화했으며 신용할 수 없는 광고는 일체 취급하지 않는 것을 신조로 삼았다. 양심적인 상인과 조제공을 만나면 자진해서 광고를 실어주었다. 휴튼 자신도 진실성 여부에 대해 판단하기 어려운 경우에는 일부러 작은 활자를 사용하여 다른 광고와 차별화했다.

1695년 신문의 독점발행권이 폐지되면서 출판의 자유가 신장되어 신문 붐이 일어나면서 일간 신문들은 새로운 전성기를 맞는다. 18세기 초기의 광고에는 대중오락에 관한 것이 많았는데 그 중에서도 목검과 곤봉 시합이 크게 인기를 끌었다.《더 포스트맨The Postman》에는 목검시합 광고가,《스펙테이터The Spectator》1711~1714에는 셰익스피어 광고, 장애인 이사 광고, 사람 찾는 광고 등이 실렸다. 18세기 초 신문광고에서 나타난 새로운 현상은 모조품 광고에 대한 중지 요구, 현미경 광고에 대한 과대광고 등을 둘러싼 광고주끼리의 싸움이 자주 생겼다. 따라서 영국에서는 1712년 6월 신문광고에 대한 법안이 의회를 통과했고 1행에 일률적으로 1실링의 세금이 매겨졌다. 납세는 신고제였으며 30일 이내에 납부하지 않으면 3배로 내야 했다.

찰스 포비(Charles Povey, 1651~1743)는 상인거래소(Traders' Exchange House)라는 기관을 만들어 1705년《무역에 관한 전반적 논평(The General Remark on Trade)》이라는 기관지를 만들었다. 그는 이 기관지에서 광고에 대한 여러 가지 아이디어를 게재하였다. 신문을 간행하면서 상품매매와 고용인 모집광고를 냈는데, 이 신문은 '문장이 그리 길지 않은' 광고에 대해 1회에 2실링의 균일 요금을 받았다. 그는 "짧은 글로도 긴 글 못지않은 목적을 달성할 수 있습니다. 긴 글은 독자들이 다 읽지 않아 오히려 불편합니다. 짧은 글은 사람들이 거의 다 읽을 뿐만 아니라 내용도 기억합니다"라는 카피라이팅의 원리가 될 만한 글을 처음 남겼다. 찰스 포비는 광고만 실린 정기간행물을 무료로 상점이나 사무실 등에 배포하였으며, 돌아가며 읽은 다음 소포용의 포장지로 두루 사용해 달라는 부탁이 덧붙여졌다. 또한 최소 3,500부 이상을 발행하지 못하면 광고주들에게 2기니를 보상하겠다고 밝혔다.[5]

18세기의 영국과 미국에서는 신문의 합병이 빈번했다. 영국 최초의 일간지이던《데일리 커런트(Daily Courant)》1702도《데일리 가제티어(Daily Gazetteer)》로 제호를 바꾸었으며 그후 4회에 걸쳐 이름을 바꾸다가 1795년《모닝 포스트(Morning Post)》로 합병되었다. 광고 모집인 출현도 광고 역사에서 주목할 만한 현상이다.《데일리 가제티어》는 1746년부터 '런던 애드버타이저'라는 부제호를 붙이면서 광고를 신

5   春山行夫(1981).《西洋広告文化史》, 講談社.

기 시작했다. 18세기 후반부터는 애드버타이저라는 명칭이 뉴스 겸 광고지의 대명사처럼 쓰여 유력한 신문일수록 이 용어를 제호나 부제호로 다투어 사용하였다. 18세기는 신문인과 광고인 들이 사회의 유명인사로 행세할 수 있었던 시대였다. 당시는 유럽 전체적으로 새로운 사회가 형성되고 계몽주의 사상이 세계를 휩쓸던 때였으며 미국의 독립혁명이 싹트고 자유노동자와 상공인이 새로운 사회계급으로 등장하면서 근대 시민사회의 기틀이 다져지고 있었다.

1730년대 영국 런던에서 발행되던 일간지《데일리 애드버타이저The Daily Advertiser》는 늘어난 지면을 채우기 위해 비즈니스 데이터를 활용하기 시작한다. 시장과 거래의 동향을 기록하는 비즈니스 데이터는 일간신문을 발행하는 명분을 만들고 상인, 무역인, 금융인 들이 업무에 관한 뉴스를 구하는 정확하고 빠른 역할을 제공한 것이다. 이 전략은 다른 신문들로 확대되었으며, 뉴스와 비즈니스와 성공적인 협업 관계를 맺게 되었다. 언론사학자 스탠리 모리슨 Stenley Morison는《데일리 애드버타이저》를 최초의 근대 신문이라고 평가한다.

아메리카대륙에서의 최초 신문인《퍼블릭 어커런시스Publick Occurrences》이 1690년 영국 식민지였던 보스턴에서 월간으로 출판된다. 이

1730년대 최초의 근대 신문 《데일리 애드버타이저》

신문은 허가를 받지 않고 간행되었다는 이유로 1회만 발행된다. 아메리카에서 발행된 두 번째 신문인 《보스턴 가제트Boston Gazette》는 식민지에서 주로 의존하고 있던 무역 분야에 관심을 가지고 1719년의 상품 가격현황을 싣기 시작한다. 이는 가격을 알리는 뉴스는 유럽과 아메리카 지역 신문의 주요 요소로 자리 잡게 된 계기가 되었다. 이 신문의 발행인이던 캠벨John Campbell, 1653~1728은 서점과 우편 사업을 함께하였는데 서점에 오는 사람들과 보스턴 항구에 들어온 선박선장을 통해 뉴스를 수집하여 뉴스레터를 보내는 방식으로 신문을 발행했다.

뉴욕에서는 1725년 11월 뉴욕에서 최초의 신문 《뉴욕 가제트 New York Gazette》가 창간되어 영국 소식을 중심으로 항구에 입출항하

18세기 신문 광고. 인쇄와 삽화 기술이 매우 발달했음을 확인할 수 있다.

는 배를 자세하게 보도하였다. 《뉴욕 가제트》는 1760년에 1면을 광고로 가득 채운 지면을 보여주기도 하는데, 이미 1753년 《뉴욕 머큐리The New-York mercury》가 신문 6면 중 5면을 광고로 채우기도 했다.

17세기와 18세기 영국 신문에는 많은 삽화 광고가 등장하는데 선박뿐만 아니라 잡화 삽화도 나타난다. 또한 식민지

경영을 하던 당시 상황을 반영하듯이 노예들이 삽화에 등장한 상품과 노예들을 사고 파는 내용부터 도망간 노예를 찾는 광고도 등장한다. 노예제도는 고대사회부터 있었지만 대항해시대가 시작되던 15세부터 유럽 국가들이 주도하기 시작한다. 포르투갈에서 시작되어 스페인과 영국으로 이어지는 노예무역은 아메리카, 아프리카, 유럽, 아시아 대륙에 걸쳐 이루어졌으며 18세기에 절정을 이루고 19세기까지 지속되었다. 1860년 미국 인구조사에 따르면, 393,975명의 사람들이 노예 3,950,528명을 소유하였다.

17세기 영국 신문에 실린 노예 관련 광고와 포드 버지니아 담배 광고.

17세기 영국 신문의 광고로 실린 이 삽화에는 담배 농장에서 고되게 일하는 흑인 또는 인디언 노예들과 칼을 들고 앉아 감독하는 백인 관리자 또는 농장주의 모습이 보인다. 담배 농사는 매우 온도가 높은 곳에서 재배되어 건조해야 하는데 연초의 심한 냄새와 액체를 온몸에 묻히는 작업이다. 멀리 바닷가에 보이는 배들은 포드 버지니아 담배가 북미에서 만들어져 영국으로 유통되고 있다는 사실을 알려준다. 작은 광고 하나에 17세기말 흑인 노예들의 고된 현실과 식민지적 국제관계가 고스란히 담겨 있다.

신문은 광고를 전달하는 데 가장 매력적인 미디어였다. 신문은 가장 열성적인 독자이던 상인계층이 필요로 하는 뉴스에 초점을 맞춘 기사를 제공하여 신문을 팔 수 있었고, 상인 계층을 위한 광고를 실을 수 있었다. 비용을 들이면 상품과 서비스를 알리는 조용한 뉴스가 지면을 차지할 수 있었고 전쟁과 범죄 뉴스는 독자수를 늘려주었다. 신문에 광고된 상품은 시장에서 독자들의 돈을 가져가는 체계가 생겼다. 17세기 이후 광고는 신문사들의 재정적 원천이 되었다. 광고는 뉴스에 가까운 형태로 어떠한 상품이나 서비스가 있다는 사실을 알려주는 것이었는데 신문의 초기에 생겨난 형태이다. 또 하나는 독자들에게 어떠한 상품이나 서비스가 필요하다고 느끼도록 자극하는 형태이다.

붙이는 전단지 광고, 아피세

손으로 쓴 전단지는 로마시대에 서점이나 가게 등의 입구에 붙여 놓는 것으로 역사가 시작되었으며, 인쇄전단지는 제작과정이 단순하여 광고 전문가의 개입을 특별히 필요로 하지 않은 편이었다. 신문처럼 지면 제약이 있거나 어떠한 검열도 존재하지도 않기에 전단지 광고는 구텐베르크 인쇄기 개발 이후에 현재까지 오랜 기간 사용되고 있다. 1477년 인쇄사업가인 캑스턴_{William Caxton, 1422~1491}이 《솔즈 베리의 파이_{Salisbury pi}》라는 종교서를 출판할 당시 광고 전단지를 만들어 런던의 교회 여기저기에 붙여 놓은 것이 영국에서의 전단지에 대한 최초 기록이다. 정부의 허가를 받은 상업 포스터 부착에 대한 최초 기록으로는 1740년 런던의 옷가게가 광고 전단지를 게시판에 붙이도록 공무원의 허가를 받았다는 내용이다. 다양한 미디어가 폭발적으로 늘어나고 있는 지금도 도심에는 여전히 전단지 광고가 뿌려지고 길거리에 광고 포스터가 붙여지는 현상도 같은 맥락이다.

18세기 프랑스에서는 전단지 광고를 아피셰_{affiche}라고 불렀다. 1718년에는 파리 시내의 길거리에 붙은 다양한 전단지를 지면에 실어 《파리 및 외국의 아피셰》라는 소책자로 출판했다. 그후 1748년 즈음에 《파리 아피셰_{Affiche de Pari}》라는 광고 신문이 창간되어 주 2회 발간되는데 경매, 주택, 상품목록, 흥행 프로그램, 장례식 등의 광고를 가지고 6년 정도 간행된다. 1734년 7월에는 도매업자와 소매업자를 보호한다는 명분으로 상품 안내 전단지를 금하는 금지령이 행해지고 위

지구상에서 가장 강한 남자 포스터(1889),
왕실의 마법사쇼를 홍보한 1890년대 포스터,
코끼리 서커스 포스터(1881)

반자들에게는 벌금을 부과하였다.

이들 전단지들을 살펴보면 프랑스와 영국에서도 매우 다양한 분야의 광고가 실린 것을 알 수 있다. 사업취지를 소개하는 상업 광고부터 의약품, 발명품, 출판, 공연, 미술 광고가 많으며 국왕 근위대를 모집하는 전단지도 있었다. 영국에서는 대중들이 좋아하는 엔터테인먼트로서 서커스, 마술쇼 등의 전단지 광고가 눈에 띈다.

영국의 차 거래와 광고

차의 원산지는 중국과 아시아인데 유럽에는 17세기 초엽까지 거의 알려지지 않았다. 처음 유럽의 차 수출은 1606년 네덜란드 동인도회사에 의해 이루어졌는데 영국이 1588년 스페인의 무적함대를 무너뜨린 후에 영국은 1599년 동인도회사를 설립하고 1600년에 여왕 엘리자베스 1세로부터 무역독점권을 받는다. 이 독점권이 영국이 아시아 무역에서 차를 중시하게 된 계기가 된다. 영국은 경쟁자인 네덜란드를 무너뜨리기 위해 1660년에 차 수입관세를 부과했고 1664년에는 소비세를 부과하고 그후로는 네덜란드 차의 수입을 금지했다.

영국의 차 독점은 차 가격을 비싸게 만들어 지금의 미국인 북아메리카 지역에서 주민들이 인디언 복장을 하고 차를 바다에 집어던지는 보스턴 티 파티사건Boston Tea Party을 불러일으키고 영국 식민지 정책에 대한 저항으로 이어져 미국의 독립전쟁이 벌어지는 결과를 가져온다. 영국은 국내의 반대 때문에도 1831년에 동인도회사의 차 무역독점을 해체한다. 하지만 19세기 초엽에 이르러는 중국으로 아편을 수출하고 그 비용으로 차를 수입하다 1839년~1842년의 제1차 아편전쟁, 1856년~1860년의 애로우호 사전Arrow War을 치르게 된다.

영국 상인들의 차에 대한 열정은 자국의 식민지에 새로운 차를 경작하게 했다. 인도에서 재배한 아삼Assam 차는 1838년에 런던 경매장에 첫선을 보였다. 영국인들은 중국에서 차 경작에 필요한 단계별 기술을 배워 발전시켜 판매가를 낮추고 홍차를 집중적으로 생산했다. 그 결과 영국의 식민지인 아삼과 인도 남부지방에서 생산된 차가 중국산 녹차를 몰아내게 되어 오늘날까지 유명한 트와이닝twinings과 립톤lipton 같은 기업들이 살아남을 수 있었다.

트와이닝의 홍차 광고 포스터(1787)와 오늘날까지 영업하는 트와이닝 찻집의 간판과 로고

명함과 트레이드 카드의 탄생

놀이에 사용하는 카드 크기의 명함name card은 유럽 17세기에 귀족이

171

자신의 출신 지역도시를 밝히거나 여행에서 돌아와 집에 도착했다는 사실을 알리는 용도로 사용되던 인쇄된 종이였다. 18세에 들어서는 상인들이 목판이나 동판으로 정교하게 인쇄한 카드를 지니고 다니며 자신의 직업을 표시하는 풍습이 생겼다. 거래 상대자나 고객이 자신을 잊지 않고 필요할 때 편리하게 연락하기 위해 사용되었을 것이다. 현재까지 전해지는 가장 오래된 카드는 1676년 프랑스 파리에 살던 상인의 명함으로 뒷면에 주소와 상품목록이 인쇄되어 있다. 시간이 지남에 따라 명함은 엘리트의 필수품이 되고 중산층들도 사용했던 것으로 판단된다.

17세기에는 사업체를 찾아 방문하기 위해, 그리고 사업체 소개를 위해 트레이드 카드가 사용되었다. 전해오는 트레이드 카드를 보면 양면에 인쇄되어 있었는데 한쪽에는 사업체에 대한 정보가 있고 다른 쪽에는 사업체의 위치가 지도로 표시되었다.

18세기 굴뚝을 청소하는 사람의 명함과 런던의 가구
사업체 트레이드 카드

Chapter 8

매스 커뮤니케이션의 출현과 광고

교양지, 또는 전문지로서 잡지의 탄생

최초의 잡지들은 지식인들을 위한 교양지의 성격이 강했다. 함부르
크의 신학자이자 시인인 요한 리스트Johann Rist에 의하여 《계발 월간
토론Erbauliche Monaths-Unterredungen》1663~68과 1665년 파리 고등법원 평
정관이었던 데니 드 살로Denis de Sallo에 의하여 프랑스 과학주간지 《주
르날 데 사방Journal des savants》이 창간된다. 오늘날 정기적으로 간행되
는 신문이나 잡지를 뜻하는 저널journal이 바로 이 주르날이라는 단어
에서 유래되었다. 아이작 뉴턴, 고트프리트 라이프니츠, 존 로크 같은
학자들이 주르날에 논문을 적극적으로 게재하는 활동을 펼쳤다. 주
르날은 일정한 간격을 두고 정기적으로 출판되는 저작물로서, 새로
나온 책을 알려 주고 그 책의 내용을 전해주며, 과학 분야에서 이루
어진 발견을 보존하는 역할뿐만 아니라 학문계에서 일어나는 뉴스
들을 기록하는 역할도 담당했다.

1665년에 영국에선 과학잡지《로열 소사이어티스 필로소피컬 트랜색션스Royal Society's Philosophical Transactions》가 월간으로 발행되었다. 영국의《철학회보Philosophical Transactions》1665, 이탈리아에서는 학자이자 성직자인 프란체스코 나차리Francesco Nazzari가 창간한《지식인의 잡지Giornale de'letterati》1668 등이 당시의 문예부흥과 학문적 발달에 대한 평가의 필요성 및 그 정신을 가능한 널리 전파하고자 하는 바람에서 생겨났다. 당시의 교양잡지들은 새로 출판된 주요 서적을 간략하게 요약했을뿐 평론을 주로 다루지는 않았다.

《주르날 데 사방》,《창작인들을 위한 주간 회고》

영국에서 《창작인들을 위한 주간 회고Weekly Memorials for the Ingenious》1682~1683 같은 순수 문예잡지가 등장했지만 17세기의 문예잡지들은 그 수명이 매우 짧았다. 그중 학자들에게 원고를 청탁했던《세계 역사 문고Universal Historical Bibliothéque 1686.1~3》는 문예평론지의 원조라 할 수 있다.

그후 가벼운 내용의 잡지들이 나오는데 수성水星이라는 뜻으로 1672년 프랑스에서 만들어진《메르퀴르 갈랑Le Mercure Galant》이 있다. 이 잡지는 작가 장 동노Jean Donneau가 궁정소식·일화·단시短詩 등을 한데 모아 출판한 것이었는데, 이러한 내용들은 언제나 독

《메르퀴르 갈랑》
《젠틀맨스 매거진》

자들로부터 인기를 끌었다. 그후 독일과 영국에서 이 잡지를 모방한 오락잡지들이 속출했는데, 대표적인 것으로 1페니짜리 잡지 《아테니언 가제트Athenian Gazette》 1690~97, 《젠틀맨스 저널Gentleman's Journal》1692~94, 《런던 스파이London Spy》1698~1700 등이 있다. 1731년에 창간된 《젠틀맨스 매거진Gentleman's Magazine》1731~1914은 당시 영향력이 매우 커서 영국 상류층의 상징이 될 정도였다. 매거진magazine은 원래 군대의 무기고 또는 총의 탄창을 가리키는 말이었는데 '지식의 창고'라는 의미로서 잡지를 매거진이라고 부르는 유래는 《젠틀맨스 매거진》에서 비롯된다.

18세기 들어 독일에서는 프레드리히 3세와 프리드리히 빌헬름 1세 등 역대 전제군주들이 언론에 대해 가혹한 탄압을 가하면서 잡지들이 새로운 활로를 찾는다. 처음에는 문학적 비판과 해석에서 출발하여 정치평론으로 발전하고 미국 독립혁명The American Revolution, 1775~1783과 프랑스혁명French Revolution, 1987~1799에도 영향을 끼친다. 독일에서는 1700년에서 1790년까지 3,494개의 잡지가 출판되었으며 종합과학지가 400개, 역사학 잡지 354개, 문학잡지 323개, 신학잡지 294개, 정치학 잡지 155개 정도가 발행되고 있었다.

시카고에서 출판된 지역잡지 《프레리 파머Prairie Farmer》의 광고(1852)

영국 식민지시대 미국에는 1741년에 벤자민 플랭클린Benjamin Franklin이 창간한 《제너럴 매거진General Magazine》,《엔드류 브래포드Adfrew Bradford》,《아메리칸 매거진Americian Magazine》 등이 있었다. 《아메리칸 매거진》은 주로 정치적인 내용으로 《제너럴 매거진》은 종교, 금융, 역사, 시 등의 다양한 주제를 다루었다.

매스 미디어로서 잡지와 잡지 광고

잡지라는 미디어는 지식인 교양과 전문 지식, 그리고 부유층이나 지식층 대상의 값비싼 논평집이나 문학집 등으로 출판되었다. 이들은 상업적이라기보다는 취미나 출판의 연장선상에서 나온 것이었다. 19세기 초까지 미국 잡지의 편집자나 작가 들은 아주 적은 돈을 받거나 전혀 돈을 받지 못했다. 잡지라는 것은 적은 독자를 대상으로 하는 '좋아서 하는 사랑의 작업'이었다. 따라서 잡지에 광고를 게재하는 것에 대해 초기에는 반대 의견이 지배적이었는데, 특히 이런 경향은 문학잡지의 경우 더욱 두드러졌다. 그러나 1853년 영국에서 광고세가 폐지되면서 점차 광고를 게재하는 잡지가 크게 늘어나기 시작했다. 반면 미국에서는 1880년대까지도 대부분의 잡지들이 광고 유치에 주력하지 않았다.

그러나 1880년대와 1890년대에 걸쳐 잡지들의 내용이 다양

《레이디스 홈 저널》 1면과 14면(1889)

해지고 깊이를 갖기 시작하고 여성 잡지들이 인기를 끌기 시작하면서 변화가 일어난다. 1883년에 사이러스 커티스Cyrus HK Curtis가 창간한《레이디스 홈 저널The Ladies' Home Journal》은 6년 만에 44만 부를 돌파하고 20세기가 되기 전에 100만 부 이상이 판매되기 시작한다. 커티스는 1897년 파산 직전에 놓인《새터데이 이브닝 포스트Saturday Evening Post》를 매입하여 많은 투자를 했는데, 이 잡지는 경제계에 관한 짜임새 있는 기사를 바탕으로 1922년에는 발행부수 200만 부 이상에 광고수입 2,800만 달러를 넘는 기록을 세워 큰 성공을 거두었다. 이것은 현대의 잡지업계에 전형적인 경영전략을 제시해주었다. 광고비가 낮은 초기단계에서 발행부수를 올리기 위해서는 먼저 과감하게 자본을 투자하여 많은 기사가 실리도록 하면 발행부수가 올라 광고비가 인

상되면 수익은 보장된다는 전략이었다.

1825~1950년 사이에 미국에서는 4,000~5,000종이 넘는 잡지가 발간되면서 산업화에 들어섰다. 1900년 경 광고는 잡지 내용의 50%를 차지하게 되었고, 1947년에는 65% 이상을 차지했다. 대중적 잡지와 광고가 미국에서 꽃을 피운 데는 국토가 넓어서 일간지들이 전국을 수용하기 힘들었고 기차의 발달로 우송료가 낮아져 가격을 낮출 수 있었고 더 많은 독자를 수용하게 되면서 광고료 수익을 크게 올릴 수 있었기 때문이다.

일반적으로 광고는 잡지의 외형을 발달시키는 데 크게 기여했는데, 지면의 판매자에서 광고제작자로 발전한 광고대행자들은 시각적으로 우수한 광고를 만들기 위해 잡지 편집자들에게 독자적인 활자체나 보기 좋은 지면배치를 하도록 강요하기도 했다. 또한 광고주들은 재정적인 압력을 행사하여 잡지의 편집방침이나 기사의 선정에까지도 개입하게 되었다. 광고가 콘텐츠보다 더 많은 양을 차지하며 독자 타깃이 매우 분명하여 광고가 세분화되고 전문화되었다. 이러한 잡지 광고의 특성이 탄생에서부터 지닌 잡지 미디어의 특성에서 시작된 셈이다.

산업혁명의 시작과 사회변화

산업혁명industrial revolution은 18세기 중엽에서 19세기까지1760년~1830년

영국에서 시작된 기술혁신과 정치, 사회, 경제, 산업, 문화, 예술, 생활 등에 걸친 큰 변혁을 일컫는다. 산업혁명은 후에 유럽부터 시작되어 확산되면서 세계 지형도를 크게 바꾸어 놓게 된다. 산업혁명이란 용어는 아놀드 토인비Arnold Joseph Toynbee가 《영국산업혁명 강의 Lectures on the Industrial Revolution of the Eighteenth Century in England》서 처음으로 사용했다.

영국에서는 다른 국가보다 일찍 여러 혁명을 거치고, 봉건제가 해체되어 정치적인 성숙과 안정이 이루어지면서 이전보다 자유로운 농민층이 나타났다. 이들을 주축으로 하여 농촌에서는 모직물 공업이 많이 발달하게 되고, 이를 중심으로 하여 근대적인 산업이 발전했다. 또한 영국에서는 풍부한 지하자원과 노동력을 보유하고 있었으며, 식민지 지배 등을 통해 자본도 많이 확보하고 있는 상태였다.

18세기에 들어서 영국 내외에서는 면직물의 수요가 급증하자 제임스 와트James Watt가 증기기관을 개량한 자동방적기를 통해 대량생산이 시작되었는데, 이를 산업혁명의 출발점으로 본다. 그 후 면직물 공업이 산업혁명을 주도하게 된다. 산업혁명 중에 기계들과 제련 기술들이 무수히 발명되었다. 이때부터 기계는 생산력을 지탱하는 중요한 역할을 하게 된다.

증기기관은 외연 열기관으로, 수증기의 열에너지를 기계적인 동력으로 바꾸는 장치이다. 1705년 영국의 발명가 토머스 뉴커먼 Thomas Newcomen이 발명했고, 1769년에 제임스 와트가 개량했다. 기

1850년대 맨체스터 증기기관차 제조업체 광고

계작동을 위해 끓는 물을 이용하는 아이디어는 2000년 이상의 오랜 역사를 가지고 있다. 초기 장치들은 실용적인 동력 발생 장치는 아니었지만 설계가 진보함에 따라 유용한 동력을 발생할 수 있게 되어 지난 300년 동안 기계 동력의 주요한 근원이 되었는데, 최초의 응용한 예는 진공 엔진을 이용한 갱내 배수였다.

산업혁명은 경제구조의 혁명적 변화를 가져왔을 뿐만 아니라 정치구조도 크게 바꾸어 놓았다. 귀족과 지주 지배 체제가 무너지고, 신흥 부르주아 계급이 선거법 개정을 달성하면서 정치권력을 주도하기 시작했다. 이러한 변화는 영국에서 노동자의 성년 남성들이 선거권을 요구한 차티스트Chartism 운동이 벌어지게 했다. 규제가 폐지되면서 영국은 점차 자유주의적인 경제 체제가 되었다.

18세기 후반 미국 면방직기 광고

공업화로 농촌 인구 대부분은 도시로 갔으며, 도시 인구의 폭발적인 증가세를 보였다. 하지만 결국 산업혁명 때 도시는 석탄 연기로 공기가 나빠졌고, 비위생적이고 악취가 심하며, 사람이 북적대는 불결한 도시로 변했다. 노동자 인권유린도 산업혁명 때부터 시작되었다. 공장주들은 노동자들에게 장시간 노동을 강요했고, 노동자들은 소비와 휴식도 제한받았다.

어린이 노동이라는 비상식적인 일이 벌어지기도 했다. 당시 자본가들은 고아들을 고아원에서 감언이설로 유혹해서 데려와서 일을 시켰으며, 1833년 영국 의회조사에 따르면 지각을 했다고 해서 임금을 깎는 일까지 발생되면 영국에서는 어린이 노동을 금지시켰다. 또한 야간근무를 금지하는 등의 법이 제정되기도 했다. 미국에서는 정부의 탄압과 언론들의 왜곡 보도에도 불구하고, 임금 감축과 장시간 노동에 반대하는 노동자들의 8시간 노동을 요구하는 노동운동이 일어났다. 식사는 빵과 감자가 거의 전부였으며, 거기에 차와 버터 등이 곁들어지는 정도였다. 산업혁명기의 사회문제 중에는 노동자들의 건강 문제도 심각했다. 노동자 수명은 비위생적인 전염병 때문에 지주 계급보다 훨씬 짧았다. 노동자들의 비참한 삶은 자본주의에 반대하는 사회주의 운동의 물결을 일으켰다.

로버트 오웬Robert Owen, 1771~1858은 스코틀랜드에 방직공장을 만들고 협동조합을 만들고 임금과 노동 조건을 좋게 고쳐 노동자에게 의욕을 북돋는 운동을 벌인다. 공동체에 대한 실험의 실패를 겪으면서도 오웬은 사회개혁 방법을 만들어 제기하였는데 여기서 사회주의socialism라는 용어를 처음 사용한다. 그를 세계협동조합운동의 아버지로 부르며 오웬의 이론을 따르는 활동가들은 직업별 노동조

18세기 후반에서 19세기 초반의 면방직기 공장 어린이들

합들을 전국노동조합대연합grand national consolidated trades union으로 조직한다. 노동조합, 협동조합, 노동자 자주경영, 대안화폐 운동은 190년 전인 1829년부터 1834년 시기에 생각되고 실천된 운동이었다.

애덤 스미스Adam Smith, 1723-1790는 자본주의에 대한 사상적 토대가 된《국부론The Wealth of Nations》을 저술한다. 신흥산업도시인 글래스고에서 산업혁명의 태동을 직접 감지한 스미스는 당시 확립되어가고 있던 자본제적 재생산 과정을 자율성의 인식 위에서 중상주의 정책으로 비판하고 자유방임사상에 대한 이론적 기초를 제공할 것을 자신의 학문적 과제로 삼았다. 스미스는《국부론》에서 경제사회에서의 조화로운 자연질서의 지배를 객관적으로 논증함으로써, 자신의 이익추구에만 여념이 없는 경제인의 주체적 행동이 '보이지 않는 손'에 이끌려 국부의 증진과 생산력 향상이라는 '각자가 의도하지 않은, 예상치 못한 사회적 결과'를 가져오게 된다는 것을 밝히려고 했다.

애덤 스미스보다 조금 늦은 시기에 태어난 칼 마르크스Karl Marx, 1818~1883는 1848년 출간된 소책자《공산당 선언Manifest der Kommunistischen Partei》과《자본론Das Kapital》을 통해 자신의 사회경제이론을 밝힌다. 이 책들은 마르크스가 프리드리히 엥겔스Friedrich Engels, 1820~1895가 함께 지은 것이다. 그는 자본주의 생산방식의 발생 과정, 자본주의적 착취의 본질, 자본주의의 기본 모순과 그 멸망의 불가피성을 설명하였으며 경제적 이해관계의 대립에 기초한 피착취계급과 착취계급의 계급투쟁이 인류 역사의 기본 내용이며 사회발전의 추동력이라 주장했다. 공산주의자들의 당면 과업이 프롤레타리아의 목적과 일치한다고 주장하며 프롤레타리아 주도의 공산사회를 만드는 것이 모든 공산주의자들의 최고 목적이라고 밝혔다.

마르크스의 이론에 따르면, 현대사회에서 생산은 분업에 의해 이루어지고 생산물은 거의 모두가 상품이라는 형태를 취한다. 상품은 인간에 유용하기 때문에 생산, 판매되며, 상품은 가격을 갖고 있다. 그 가격은 대체로 그 상품을 생산할 때 사회적으로 평균하여 어느 만큼의 노동시간이 필요했는가에 따라 결정된다. 화폐도 원래는 상품이지만 일반적으로 통용되고 누구나 구하는 상품으로서 매개 역할을 한다. 현대사회에서 생산은 분업에 의해 이루어지고 생산물은 거의 모두가 상품이라는 형태를 취한다.

산업혁명과 매스 미디어로서 신문

기계와 동력 발전 그리고 교통과 통신의 발달로 대량생산이 가능해지면서 가족은 그 자체로 하나의 경제 단위가 되었으며 저렴한 상품이 대량으로 공급되고 가내 수공업이 침식되었다. 도시 인구가 증가하면서 가정의 독립적인 생산은 불가능해지고, 대량생산된 제품의 소비가 증가하면서 제조업자들은 제품을 알려야 하는 중요성을 인식하게 되었다. 그뿐만 아니라 교통발달로 먼 거리의 장소에까지 제품을 전달하고 마케팅을 해야 하는 상황도 도래했다.

산업혁명은 백화점과 체인점 같은 새로운 형태의 소매점을 등장시켜 소비와 사회경제적 지위를 드러내고 사회 전반에 소비 열망을 확산했다. 산업혁명이 만든 변화에 알맞은 광고를 위해서는, 조직화되지 않은 일반 대중에게 대량의 정보와 이슈를 전달하는 매스 미디어가 필요했다. 최초의 매스 미디어는 신문의 형태를 띠었다. 또한 광고는 신문의 재정적 기반을 제공하여 매스 미디어가 존속할 수 있는 바탕이 되었다.

매스 미디어mass media는 매스 커뮤니케이션을 위한 수단 또는 기술을 뜻한다. 매스 커뮤니케이션이 대중전달 과정 또는 사회현상을 뜻한다면 매스 미디어는 불특정 다수인 대중에게 정보를 전달하는 매개적인 기술 수단을 말한다. 이 기술의 사용목적이나 전달내용이 공적인 성향을 띠는 경우에 한해 매스 미디어라고 한다. 매스 미디어는 산업화·도시화·근대화로 인한 사회환경의 확대와 정보량의 증가, 신속한 정보 입수를 통해 급속하게 변화하는 사회환경에 적응하려는 사회적 필요에 따라 발전해왔다.

매스 커뮤니케이션mass communication은 송신자와 수신자 간의 물리적 거리를 두고 기술적인 미디어 수단을 통해 불특정 다수의 수용자들을 대상으로 이루어지는 공적 메시지나 정보의 일방적 전달 과정 또는 그 사회현상을 의미한다. 송신자는 신문사·출판사·방송 국 등을 가리킨다. 영어로 매스mass는 '대중' 또는 '대량'을 뜻하며, 커뮤니케이션communication은 '공유하다', '전달하다'라는 뜻이다. 따라서 어의적으로 본다면 매스 커뮤니케이션은 '대중전달' 또는 '대량 전달'을 뜻한다.

인쇄기술이 신문산업과 결합되면서 뉴스의 대량생산체제를 가능하게 만들었고, 뉴스 미디어는 새로운 비즈니스로서 자리 잡게 되었다. 신문 이전의 뉴스 미디어는 말을 전달하는 또는 전달할 수 있는 사람의 영향력에서 벗어나기 힘들었다. 하지만 신문은 이들의 영향력으로부터 벗어날 수 있게 되었으며 뉴스와 비즈니스 사이의 공생관계를 형성하게 만들었다.

뉴스는 사회를 결속시키는 기능도 수행했다. 미국의 독립혁명 시기 영국의 인지조례印紙條例에 저항하여 미국의 모든 신문은 인지세를 납부하느니 차라리 신문을 폐간하겠다고 선언하면서 '폐간 임박'이라는 기사를 내보낸다. 영국의 식민지이던 시대, 미국에서 신문을 발행하기 위해서는 인지를 붙여야 했다. 영국의 허가가 없이는 발행할 수 없었다는 뜻이다. 미국이 영국으로부

《램스 혼》의 편집인 역할을 맡았던 노예 출신인 프레더릭 더글러스

터 독립한 1787년 이전이던 1765년 즈음부터는 인지를 붙이지 않고 발행하는 신문들이 늘어났다. 불법으로 발행된 신문들은 자연스럽게 급진적인 성격을 띠었다. 이 신문들에서는 부자들이 가난한 사람들에 대한 지배를 종식시켜야 한다는 주장들이 실렸다.

흑인 윌리엄 호지스Willis A. Hodges는 흑인 목소리를 담기 위한 신문으로서 《램스 혼The Ram's Horn》을 창간했으며 노예 출신인 프레더릭 더글러스Frederick Douglass가 편집인 역할을 맡았다. 도망친 노예였던 더글러스는 노예로서의 경험과 집회에서의 연설을 계기로 노예폐지운동에 뛰어든 활동가였다. 물론 1년에 2,500부 정도 판매되었지만 소수 집단을 위한 신문으로서 의미 있는 출발로 볼 수 있다.

유럽의 혁명운동의 도화선이 된 1830년 프랑스 7월 혁명 직후인 1842년에 마르크스가 《라인신문Rheinische Zeitung》을 창간하여 편집에 참가한 뒤 주필이 되어 이 신문을 혁명적 민주주의의 기관지로

프러시아 신문의 정치 삽화(1843)

바꾸어 놓았다. 마르크스는 이 신문을 통해 유럽 전역의 사건들에 대한 논평을 내놓았다. 이 활동은 정치신문의 확산과 뉴스 미디어를 통한 혁명운동의 선전, 선동방식의 전형이 된다. 1843년 프러시아의 국가검열에 의해 폐간된 당시 신문의 정치삽화에는 마르크스를 신에게서 불을 훔쳐 인간에

게 주어 독수리에게 영원히 심장을 쪼아 먹히는 그리스 신 프로메테우스로 묘사한 장면이 나온다. 마르크스는 독일과 프랑스에서 추방되어 런던으로 망명했다.

교통 발달과 근대 저널리즘

특파원을 파견시켜 뉴스원으로 삼던 1815년에는 브뤼셀 부근 사건을 런던에 전달하는 데 보통 4일이 걸렸다. 철도와 전보 같은 다른 통신수단의 개선은 취재기자의 시공간 개념을 혁명적으로 변화시켰다. 철도망 발달로 기자들이 목적지로 빠르게 이동할 수 있었다, 신문배달도 원활하게 되자 신문은 대중적인 일상 필수품으로 자리 잡았다. 영국이나 프랑스에서는 수도에 본부를 둔 거대 신문들이 교통발달에 광범위한 지역에 신속한 배포·배달이 가능해지면서 전국지로 성장하였다.

　　19세기에 들어서면서 교통발달에 힘입어 신문기자 직업이 훨씬 더 전문적인 직업으로 자리 잡게 되었다. 초창기의 언론인은 혼자서 기사를 작성·편집·인쇄했으나 신문이 성장함에 따라, 기사 취재를 주업무로 하는 전업기자가 대거 채용되었다. 최초의 종군기자 가운데 1명이었던 《타임스The Times》의 윌리엄 러셀William Russell 은 크림전쟁Crimean War, 1853~56에 파견되었는데 백의의 천사라고 불리는 나이팅게일이 크림 반도에서 간호를 하기로 결심했던 계기는

크림전쟁을 다룬 《더 일러스트레이티드 런던 뉴스》

바로 그의 기사를 읽고 나서였다고 한다. 미국의 남북전쟁1861~65에는 150명이 넘는 종군기자가 파견되었다. 종군기자들은 전쟁터에서 열띤 취재경쟁을 벌여 전쟁의 참혹성을 고발했으며, 평화 시기에는 현장기자들이 과감한 특종기사로 영웅이나 유명인사가 되기도 했다.

19세기 초 유럽이나 미국의 교육받은 시민계층은 비밀신문의 형태지만, 객관적 뉴스 보도와 정치논평을 접할 수 있었다. 이 시기에 작가나 편집인에 의해 정론지의 기본형태가 갖추어졌고, 선정적이기는 하지만 상업적으로 성공한 대중지가 탄생했다. 19세기말 미국과 영국에서는 근대적 형태의 신문사와 제작양식이 확립되었다.

통신사의 출현

여러 달 동안의 기자를 파견해야 하는 비용은 작은 신문사로서는 감당하기에 벅찼다. 이 해결방법으로 생긴 것이 바로 통신사였다. 프랑스의 사업가인 샤를 아바스Charles Havas, 1783~1858는 1835년 주요 유럽 신문의 기사를 번역하여 프랑스 언론에 공급하는 회사를 설립했다. 그후 이 회사는 훈련된 비둘기를 오가게 하여 런던·파리·브뤼셀 등의 도시를 연결하는 전서구傳書鳩 업무를 개시하여, 뉴스를 판매하고 광고를 다루는 국제적 통신사news agency로 성장했다. 처음에는 일정한 요금을 받고 외국 신문에 난 기사를 영어로 요약하여 신문사에 공급하기 시작했다.

독일인 파울 율리우스 로이터Paul Julius Baron von Reuter, 1816~1899는 아바스의 고용인으로 있었다. 1848년 프랑스 2월 혁명에 급진적 팸플릿을 배포하는 일에도 참여한 바 있는 로이터는 아바스와 일을 하면서 비둘기를 사용하여 파리 증권거래소와 금융 뉴스를 전담하는 통신사사업을 배웠다. 그후 로이터는 1851년에 해외의 상업정보를 제공하는 회사인 로이터Reuters를 런던에 설립했다. 로이터 통신사는 영불해협에 있는 해저 케이블을 사용해서 파리의 주식시장 정보, 런던의 금융정보를 각지 언론사에 외신을 공급하며, 급성장했고, 대영제국의 영토가 확장되면서 이 회사의 취재 영역 또한 확대되었다. 1870년에는 당시 유럽의 통신사인 아바스프랑스, 볼프독일와 시장 분할 협정을 맺고, 미국을 제외한 세계 뉴스를 3사가 독점했다. 이 동맹은 후일 AP 등

파울 로이터를 풍자한 삽화(1872)

에 의해 깨질 때까지 로이터의 세계 지배의 기반이 됐다.

미국 통신사는 유럽과 매우 다른 방법으로 설립되었다. 뉴욕의 6개 신문사가 평소의 경쟁관계를 유보하고, 멕시코 전쟁1846~48의 취재경비를 절감할 목적으로 공동취재를 위한 뉴욕연합통신사New York Associated Press를 만들었다. 통신사들은 세계 곳곳의 '현장 뉴스'를 있는 그대로 공급하여 객관적 뉴스 보도의 기준을 확립하는 데 기여했다. 미국에는 외신을 주로 취급하는 통신사 이외에도 특집기사를 제공하는 통신사가 있어서 의학 칼럼이나 서평부터 별자리점, 낱말풀이 퀴즈에 이르기까지 다양한 기사를 공급했다.

19세기 영국의 전단지 광고

전단지傳單紙, flyer는 공공장소에 게시하거나 뿌려서 배포하는 종이광고로서 광고지, 리플릿 등으로 불리며 오랫동안 애용되었다. 19세기 전반기에는 신문의 광고세를 피하기 위해 광고수단으로서 전단지, 간판, 샌드위치맨, 광고 마차, 광고 행렬 등 여러 가지 형태가 유행하였다. 전단지는 담벼락, 주택의 현관문, 번화한 거리와 광장 등을 가리지 않고 프라이버시를 무시한 채 붙여졌고, 1839년에는 런던에 최초로 전단지를 붙이는 회사가 생기고 이 회사에서는 각지의 전단지 판을 빌려 영업했다.

《더 일러스트레이티드 런던 뉴스The Illustrated London News》의

1842년 5월 14일 기사에는 200명의 샌드위치맨을 고용하여 시내
를 행진하여 신문 창간을 광고한 삽화가 실려 있다. 배우이자 피
아니스트이며, 코미디언이자 가수였던 존 올랜도 패리John Orlando
Parry, 1810~1879의 1835년의 수채화 작품 〈런던 거리 풍경A London Street
Scene〉에는 전단지 광고가 런던에서 얼마나 광범하게 사용되었는지
를 보여준다.

존 올랜도 패리의 작품,
〈런던 거리 풍경〉(1835)

Chapter 9

19세기 기술의 혁신과 사회 변화

산업혁명과 브랜드 시대의 본격화

브랜드brand는 제품 생산자나 판매하려는 제품과 서비스가 경쟁자들의 것과 구별되기 위해 사용되는 이름이나 이미지 등의 집합체로서 좁은 의미에서는 상품이나 회사를 나타내는 상표, 표시 등을 뜻한다. 이름, 캐치프레이즈Catchphrase, 그래픽, 모양새, 색, 향, 소리, 글자, 숫자, 글자체, 로고, 색상, 구호를 포함한다. 브랜드라는 단어는 노르웨이 고어 'brandr'에서 나온 것으로 추정된다. 이 단어는 '태운다to burn'는 뜻을 지니고 있다. 고대 시대에 가축의 주인이 자기 가축에 낙인을 찍어 소유주를 표시하거나 고대 이집트에서 벽돌에 제조자의 이름을 표기하여 품질을 보증하거나, 영국의 위스키 제조업자들이 나무통에 인두를 사용하여 불도장을 찍은 것 등이 '브랜드' 단어의 오랜 역사라고 판단된다.

　현대의 경영학에서는 브랜드를 기업의 무형자산으로 간주하여 소비자와 시장에서 그 기업의 가치를 상징한다고 설명한다. 따라서 브랜드는 마케팅, 광고, 홍보, 제품 디자인 등에 직접 사용되며, 문화나 경제에 있어도 중요한 요소이다. 브랜드라는 개념이 본격화된 계기는 산업혁명이다. 산업혁명이 가져온 기술적 진보가 생산공정을 표준화하면서 성분이나 기능에서 근본적인 차이가 없는 제품들이 시장에 공급되기 시작한다. 대량생산된 제품들 중에서 살아남기 위해서는 다른 제품들과의 차별성과 개성을 만드는 작업이 필요했다. 값싼 제품이 증가하면서 소비자들은 가격 이외의 측면을 고려하면서 상품의 고유한 가치와 개성을 중요시하게 된다.

1777년에 설립된 영국 양조장인 배스 양조장Bass Brewery은 브랜드 마케팅의 선구자로 볼 수 있다. 1877년 배스 양조장은 세계에서 가장 큰 양조장이 되었으며 연간 생산량은 백만 배럴이었는데 이곳에서 만들어지던 페일 에일Pale Ale은 대영제국 전역으로 수출되었다. 병과 포장지에 인쇄된 페일 에일의 독특한 빨간 삼각형은 영국 최초의 등록 상표가 되었다.

에두아르 마네의 <폴리 베르제르의 술집>(1882)에 나오는 페일 에일 맥주병(오른쪽 아래)

제품의 높은 순도를 브랜드화한 아이보리 비누

동서지간인 윌리엄 프록터와 제임스 갬블이 1837년에 세운 회사인 피앤지P&G는 남북전쟁에 비누와 양초를 군수품으로 공급하면서 급성장한다. 윌리엄의 아들 할리 프록터는 새로운 비누 제품에 단순명료하지만 평범하기 이를 데 없는 아이보리Ivory라는 이름을 붙여 개성을 부여한다. 상아처럼 단단한 지속력과 우윳빛 색감을 내세워 소비자들에게 순수하고 고급스러운 이미지를 주기 위한 것이었다.

하지만 아이보리 비누를 만들어낸 계기는 실수 때문에 생겨난 우연이었다. 제조 과정에서 실수로 열을 지나치게 가하는 바람에 밀도 높은 공기층이 생겨 물에 뜨는 비누가 탄생한 것이다. 피앤지는 이런 실수를 제품의 특징으로 삼았고 광고에 활용하였다. 지금까지도 아이보리 비누는 '물에 뜨는 비누'와 동의어로 여겨질 정도이다. 또한 실험을 통해 비누의 순도가 다른 어떤 제품보다 높다는 것을 밝혀냈는데 '순도 99.44%'라는 실험 결과는 곧바로 광고 문구로 활용되었다.

'물에 뜨는 비누'를 강조하고 있는 아이보리 비누
광고 포스터(1898)

포장 혁명과 광고대행사의 발전

대량생산된 제품을 오랫동안 보관하고 먼 곳까지 유통시키는 데는 포장의 역할이 중요하고 포장 기계의 발명도 이어진다. 포장 기계의 발명은 산업혁명 시기부터 시작된다. 최초의 종이봉투 생산 기계의 특허는 1852년에, 그리고 사각상자의 제조기술 특허는 1860년에 이루어졌다. 영국의 인쇄업자들은 금속에 인쇄하는 방법을 개발하여 양철 재료의 포장에 인쇄를 시작하여, 1883년에는 시간당 3,000개의 깡통을 만들 수 있는 통조임 공장이 설립되기도 했다.

포장은 제품의 이름과 정보와 내용을 디자인적 구성을 통해 제공하는 광고의 기능을 수행하며 소비자의 신뢰를 확보하는 데, 즉 브랜드 이미지를 소비자 영역으로 자리 잡게 하는 중요한 역할을 한다. 상품 디자인의 출발점이자 디자인과 광고의 결합이 본격화되는 과정이었다. 포장지와 포장 제품의 레이블이 시장에서 상품의 특징을 보여주고 차별화하여 소비자들의 선택에 영향을 끼치는 것이다.

1879년에 상품 포장에 캐릭터와 로고를 사용하고, 포장용지를 자동화된 방식으로 인쇄하고 접고 내용물을 채우는 공정을 만들어낸 업체로는 퀘이커 오츠 회사가 대표적이다. 1877년 헨리 세이모어와 윌리엄 헤스톤에 의해 설립된 이 회사는 설립과 동시에 상품명인 '퀘이커 오츠Quaker Oats'와 대표 캐릭터인 '퀘이커 맨Quaker man'을 상표로 등록하였다. 창립자들에 의하면 실제 상품이 퀘이커 교

A Light,
Well=Balanced Food
In these hurry days we need easily digested food. Avoid an ill-balanced or one-sided diet. Your food should contain carbon for heat and action; nitrogen for blood, nerves and tissues, and phosphates for bones, hair and teeth. Quaker Oats contains all.

THE EASY FOOD
Quaker Oats
THE WORLD'S BREAKFAST
ACCEPT NO SUBSTITUTE

퀘이커 맨이 등장하는 퀘이커 오트밀 광고(1897)

도와는 관련이 없지만 좋은 품질과 정직한 가치의 상징으로 퀘이커 맨을 선택했다고 주장한다.[1] 퀘이커 맨 캐릭터가 정직, 성실, 순결, 힘의 가치를 담고 있기 때문이며, 실제로 회사가 설립될 당시 이 회사의 사업가들은 정직한 것으로 평판이 나 있었다. 퀘이커 맨은 지금까지도 이 회사와 상품의 브랜드 이미지로서 사용되고 있다.

포장은 보호성, 편리성, 쾌적성 등을 주요 목적으로 하지만 제품의 외형을 표현하는 중요한 미디어 역할도 수행한다. 포장에 이용하는 주요 재료는 포장재라고 하며, 제품의 보호를 위해서 도입되었지만 브랜드 활동에도 새로운 영역을 개척하였다. 포장이 보편화되었다는 것은 기차와 우편을 통해 상품이 먼 거리까지 유통될 수 있는 기술적 변화가 자리 잡았다는 뜻이기도 하다. 이 과정은 매스 미디어로 성장하고 있는 신문과 잡지 광고, 전단지 광고 등과 함께 중요한 시너지 효과를 발생시켰다.

---

1   https://www.quakeroats.com/about-quaker-oats/quaker-history

새로운 포장을 광고 수
단으로 삼은 에이어앤
선 광고대행사가 만든
우비 입은 소년

상품 포장과 캐릭터, 로고를 브랜드 전략과 결합한 사례로서
유니더비스킷과 모튼 솔트 광고를 들 수 있다. 1898년 미국의 제과
회사 나비스코Nabisco는 '당신이 원하는 비스킷'이라는 문구를 발음
그대로 옮긴 '유니더비스킷Uneeda Biscuits'을 내놓는다. 유니더비스킷
은 부서지기 쉬운 봉지 포장을 개선하여 박스 포장을 도입하였는
데, 나비스코는 이 비스킷의 광고를 미국 최초의 광고대행사인 에
이어앤선N. W. Ayer & Son에 맡긴다. 에이어앤선은 유니더비스킷의 새
로운 포장 방식을 광고 도구로 적극 활용하여 '우비 입은 소년'의
모습으로 표현한다. 나비스코는 신문, 잡지, 사인물, 포스터, 엽서 등
가능한 모든 미디어를 동원하여 캠페인 활동을 펼쳤다. 유니더비스
킷은 광고대행사가 광고 기획을 기획하여 성공한 사례이자 광고대
행사가 발전하는 과정에서 나타난 상징적 사례이다.

에이어앤선은 2002년에 회사가 매각될 때까지 광고 역사에
길이 남을 만한 카피들을 개발하는데 그중 하나가 1912년의 모튼

솔트Morton Salt의 광고로서, '비는 왔다 하면 퍼붓기 마련When it rains it pours'이라는 카피를 사용하였다. 나쁜 일은 한꺼번에 닥친다는 뜻의 미국 속담을 인용한 이 카피는 우산을 쓴 어린 소녀 캐릭터와 완벽하게 짝을 이루며 브랜드를 차별화시켰다. 빗속에 우산을 받쳐 든 소녀는 소금을 땅에 쏟아 붓는 모

에이어앤선이 개발한 모튼 솔트의 우산을 쓴 소녀 광고

습으로 등장하는데, 모튼 솔트가 습기에 강하다는 의미를 시각적으로 표현하고 있다.

광고대행사의 출현

광고대행사advertising agency는 광고주를 위해 광고에 관한 업무를 전문적으로 다루는 기업을 말한다. 광고를 창작·계획하고, 제작하여 미디어를 이용해 게재하거나 방송하며, 요금지불의 책임도 진다. 광고대행사 수입은 갖가지 서비스의 대가로 받는 광고료의 15%선의 수수료가 국제적 통례로 되어 있다.

　　세계 최초의 광고대행업자는 17세기 프랑스의 르노도Renaudot

로 알려져 있으며, 영국 최초의 광고대행업자는 1786년 런던에 사무실을 내고 신문광고 판매대행업을 수행한 윌리엄 테일러William Taylor라고 알려져 있다. 그렇지만 오늘날과 같은 광고대행사의 형태를 띠게 된 것은 19세기 미국에서였다.

광고대행사의 효시는 1842년 미국의 볼니 파머Volney Palmer가 필라델피아에 세운 사무실이라는 것이 정설이다. 파머는 1840년대에 보스턴·뉴욕·필라델피아에 사무소를 두었으며, 주로 신문과 잡지의 지면을 도매로 사서 광고주들에게 쪼개어 판매하였으며, 에이전시agency라는 용어를 미국에서 처음 사용한다. 볼니 파머의 사무실은 사후에 여러 차례의 합병 과정을 거쳐 오늘날 다국적 광고대행사인 에이어앤선N. W. Ayer & Son의 전신이 되었다.

비슷한 시기의 광고대행업자로 활동하던 존 후퍼John L. Hooper는 광고를 낼 만한 유명 상점이나 기업을 방문하여 광고의 필요성을 설득하여 무료견적을 내주는 방식의 광고영업을 시작한다. 견적에 동의하면 자신이 추천하는 신문사 지면을 제시하며 세부 가격을 협상하는 방법을 취했다. 1860년대 초부터 광고대행사를 설립하여 활동하던 조지 로웰George Rowell은 공개계약제를 도입한다. 지면을 싸게 사서 비싸게 팔던 방식에서 벗어나 신문사와 광고주에게 지면 구매 가격과 판매 가격을 공개하여 대행사가 가져가는 수수료를 15%로 책정한다.

1880년대에서 1900년대까지 미국 기업들의 광고예산은 4,000만 달러에서 9,600만 달러로 2배 이상 증가한다. 대행사들은 이 시기에 신문 지면을 중개하는 역할에서 벗어나 디자이너와 카피라이터 등을 고용하면서 시장 조사, 홍보 행사 등과 같은 서비스 영역을 확대한다. 당시 대부분의 신문에서는 광고료가 1년 단위라는 계약을 유지하고 있었다. 오늘날과 같은 광고 대행업advertising agent은 미국에서 먼저 발달했다. 개별 신문사에 소속되어 활동하던 광고영업자들이 독립한 것이 발단이었다.

광고대행사는 독립 기업으로, 광고주나 매체 또는 광고물 제조업체와는 무관한 중립성이 요구된다. 광고대행사는 몇 사람이 하는 소규모 회사부터 세계 각국에 지사를 두고 수천 명을 고용하고 있는 대규모 회사인 경우도 있다. 조직은 ① 광고주와 연락을 유지하는 어카운트 서비스account

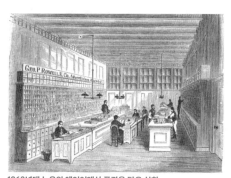

1860년대 뉴욕의 에이어앤선 풍경을 담은 삽화

service, ② 창작을 하는 크리에이티브creative, ③ 조사부문, ④ 매체 및 그밖에 경리·인사 등을 다루는 부문으로 나누어진다.

미술작품과 광고의 결합

밀레이의 작품 <비눗방울>을 사용한 피어스 비누 광고

1880년대 영국에서는 단순한 삽화와 카피를 결합한 광고에서 벗어나고자 하는 노력이 시도되었다. 이런 현상은 잡지 광고에서 나타났는데, 잡지 광고주와 독자 들의 기대수준이 높아지고 인쇄기술이 발달함에 따라 고품질의 그림에 대한 니즈가 발생한 것이다. 피어스 비누는 신동으로 널리 알려졌던 영국 화가 영국 화가 존 에버렛 밀레이John Everett Millais, 1829~96의 미술작품인 <비눗방울Bubbles>을 광고에 사용한다.

또한 이 시기에 가장 유럽에서 성행했던 예술 사조였던 아르누보Art Nouveau가 다양한 제품광고에 활용되었다. 아르누보 미술작품은 자연물, 특히 꽃이나 식물 덩굴에서 따온 장식적인 곡선을 특징으로 삼고 있다. 아르누보를 대표하는 예술가로는 체코 화가 알폰소 무하Alfons mucha를 들 수 있다. 목판화 포스터로 제작된 알폰소 무하의 작품은 연극 포스터부터 시작하여 담배, 샴페인, 자전거, 과자와 같은 제품 광고에 이르기까지 상업 디자인 분야에서 널리 사용되었다. 소비자들은 알폰소 무하의 미술작품으로 장식된 상업광고를 통하여 아르누보 미술의 아름다움을 즐길 수 있었다. 이 시절

아르누보 미술로 장식된 아름다운 상업포스터들을 뜯어가는 일이 많았다고 전해진다. 예술성을 띤 광고미술의 전통은 지금까지도 이어져 내려오고 있다.

알폰스 무하의 아르누보 미술작품을 활용한 향수, 담배, 자전거 광고

사진 기술의 발전

16세기 화가들은 사실적인 그림을 그리기 위해 카메라 옵스큐라 Camera Obscura라는 장치를 이용했다. 라틴어로 어두운 방이라는 뜻을 지닌 카메라 옵스큐라는 어두운 방의 한쪽 벽에 작은 구멍을 뚫어 그 반대편 벽에 외부 정경의 역상逆像이 맺히게 하는 장치였다. 카메라 옵스큐라는 오늘날 사용되는 카메라의 원형이지만 아직 빛을 물체에 정착시키는 기능이 없었다. 당시에 회화의 보조적인 수단으로 활발하게 사용되었는데 초기에는 지금의 핀홀 카메라처럼 렌즈가 없는 형태였다가 나중에는 보다 선명한 화질을 얻기 위해 렌즈를

부착하는 형태로 발전했다. 이처럼 빛을 통해 상을 맺히게 하여 초
상화를 그리는 것을 실루엣 초상기법profilograph라고 부른다. 카메라
루시다Camera Lucida는 프리즘을 사용하여 그리는 대상과 현재 자신이
그리는 것을 동시에 보게 하여 그림을 그릴 때 도움이 되었다.

　　자연과학의 진보가 겹쳐, 맺혀 있는 상들을 영구적으로 고
착시키는 법을 찾고자 했다. 독일인 하인리히 슐츠Heinrich Schultz,
1687~1744에 의해서 빛의 노출에 따라 질산은Silver nitrate의 색깔이 변
하는 화학적 반응이 발견되었고, 영국인 토마스 웨지우드Thomas
Wedgewood, 1771~1805는 이런 발견을 토대로 빛을 물체에 정착시킬 수
있는 가능성을 실험했다. 질산은 용액에 담근 종이나 가죽을 카메
라 옵스큐라에 장착하여 상을 물체에 일시적으로 고정시키는 것에
성공했지만 끝내 상을 영구적으로 정착시키는 방법을 찾지 못해 결
국 성공직전에 막히고 만다. 웨지우드는 실험들을 통해 카메라 개
발의 원칙을 세우게 된다.

　　카메라 옵스큐라에 투영된 영상을 감광판으로 포착해 상을 물
체에 정착시킨 최초의 사람은 프랑스의 조세프 니세포르 니에프스

최초의 사진, <르 그라의 집 창에서 본 조망>(1836)

Joseph Nicéphore Niépce, 1765~1833였
다. 니에프스는 유태의 비투
먼bituman이라는 천연 아스팔
트가 빛의 노출에 따라 굳는
성질을 이용해서 8시간의 오
랜 노출 끝에 1826년 〈르 그

라의 집 창에서 본 조망〉이라는 인류 최초의 사진을 탄생시킨다. 그는 이것을 헬리오그래피heliography라고 하였는데 헬리오그래피는 태양광선으로 그리는 그림이라는 뜻이다.

사진 연구에 큰 관심이 있던 프랑스인 루이 쟈크 망데 다게르Louis Jacques Mandé Daguerre는 니에프스의 성과를 더욱 발전시켜 은도금 동판과 요오드Iodine를 이용해 1837년 다게레오타입Daguerreotype 즉, 다게르의 은판 사진술을 완성하는 데 성공한다. 다게레오타입은 사실상 인류 최초의 카메라라고 할 수 있으며 비교적 짧은 노출시간과 선명한 결과물을 기반으로 상업화에 성공해 선풍적인 인기를 끌었다. 비교적 짧다고 하지만 여전히 사람을 찍기에는 길었고, 때문에 건축물을 주로 촬영했다. 카메라와 현상장비가 비싸기도 했고, 같은 사진을 복사할 수 없다는 단점이 있었다. 따라서 사진을 그림으로 복제한 뒤, 화가가 사람이나 마차와 같은 것들을 그려 넣고 채색을 하는 경우도 있었다. 1840년, 다게르는 새로운 카메라를 개발하였는데, 20배 밝은 개량 렌즈와 감광판 도금을 통해 선명한 명암을 표현했으며, 노출시간이 1분 정도로 축소되었다.

이후 본격적으로 카메라와 사진이 보급되기 시작하면서 관련한 연구와 성과 들이 거듭되었다. 사진의 원판plate 같은 경우에는 1851년 영국인 스코트 아처의 콜로디온 습판의 발명, 1871년 매독스의 젤라틴 건판의 발명으로 이어졌다. 1889년에는 이스트먼 코닥사에서 셀룰로이드를 두루마리처럼 말아서 제조한 롤필름roll film을 생산하여 판매하기 시작했다. 당시 코닥사는 '셔터만 누르고, 가만히 있으면 된다You press the button, we do the rest'라는 광고 카피를 앞세우며 시장에 진입했다. 사람들은 이제 사진만 찍으면 되고 현상은 코닥사에 맡기면 되었다. 이렇게 사진 현상까지 대신 해주는 기업이 등장하면서 사진 현상을 위한 복잡한 도구를 개인이 가질 필요가 없게 되었고 누구나 쉽게 사진 촬영이 가능한 시대가 되었다.

코닥 카메라 광고
(1890)

프랑스 대혁명 시기와 19세기 프랑스 신문들

1789년에 시작된 프랑스 대혁명은 봉건제를 폐기하고 인권선언을 하게 한다. 혁명이 시작되자 갑자기 많은 종류의 신문, 정기 간행물, 전단 등이 계속 등장한다. 그동안 신문을 통제해온 법률이 1792년 8월에 폐지되자, 프랑스 대혁명이 한창이던 시기에 파리에서는 4개이던 신문이 335개로 늘어났다. 제호를 보더라도《시민의 친구 L'Ami du citoyen》,《혁명의 친구L'Ami du la révolution》,《헌법의 친구L'Ami du la constitution》,《인민의 친구L'Ami du pueple》등으로서 혁명을 주도하던 세력들이 신문의 발간에 참여하고 있음을 알 수 있다.

그러나 프랑스 대혁명의 혼란에서 탁월한 군사적 재능으로 프랑스를 승리로 이끈 나폴레옹Napoleon Bonaparte, 1769~1821이 쿠데타를 일으켜 권력을 잡은 후 신문의 자유를 폐지하게 된다. 그는 반대파의 신문을 침묵시켰으며 자신의 명령 하에 놓인 신문이 여론을 이끌고 영향력을 미치게 하였다. 그 결과, 가장 급진적인 성향을 보이던《인민의 친구L'Ami du pueple》를 창간한 장 폴 마라Jean-Paul Marat는 암살되었으며, 그의 피가 묻은 신문이 지금까지 전해진다. 나폴레옹은 1804년 12월 2일에 마침내 즉위식을 거행하여 프랑스 제국의 초대 황제인 나폴레옹 1세가 되었고 자신은 부패한 부르봉 왕조를 계승하는 군주가 아닌, 위대한 로마제국의 대를 이은 후손임을 만천하에 과시했다. 그는 신문은 우둔하고 위험한 존재이므로 정치에 관여하는 것은 당치도 않다고 믿고 있었다. 1821년 나폴레옹이 모스크바에서 패전하고 파리가 함락되자 '프랑스 인민은 신문의 남용을 방지하는 법령을 준수하면 자신의 의견을 발표, 인쇄하는 것이 허용된다'는 칙령이 내려져 신문의 자유가 부활된다.

장 폴 마라의 피가 묻은 채 전해지는 신문《인민의 친구》

프랑스 대혁명 이전 프랑스 광고에는 중요한 특성이 있었다. 동업조합인 길드의 세력이 강하고 광고로 인한 자유 경쟁을 꺼려서 신문기사에 상인의 이름, 품질, 주소가 노출되기만 해도 광고로 취급하여 배포를 금지시켰다. 하지만 프랑스 대혁명은 길드의 특권을 한번에 날려버렸으며, 신문과 광고가 결합하는 계기가 마련되었다. 광고가 처음 등장한 프랑스 신문은 1789년 5월 발간된《모니퇴르 유니베르셀le Moniteur universel》이다.

에밀 드 지라르댕Emil de Girardin, 1802~81은 파리에서 《프레세La Presse》를 발행하여 파리의 각 신문을 요약하여 다이제스트 뉴스의 효시를 만들었으며, 매우 저렴한 가격에 판매하였다. 그는 '신문 요금은 독자가 아니라 광고가 지불한다'는 모토로 신문을 상인, 저널리스트, 독자의 공유물로 간주했다. 지라르댕은 신문의 문학란에 추리, 모험, 연애 소설 등을 게재하여 넓은 범위의 새로운 독자들에게 흥미를 주었다. 1830년경 모든 신문의 지면이 변하는데 1827년 12월에 신문 판형이 약간 커지고 기사의 제호가 근대화되었으며

에밀 드 지라르댕의 패션 문학잡지 《라 모드》

신선한 레이아웃이 나타났다. 1830년대 무렵에 신문 광고가 변하기 시작하였는데 처음에는 안내란 같은 것이 주였으며 입찰, 가구의 매각, 금융, 선박 적하와 출입항 공고, 보험회사가 많았고 관청의 공고도 있었다.《프레세》가 창간된 1836년에 파리에서 발간되는

일간지는 20여종이었는데 예약자 수는 7만 명이었으며 10년 후에
는 20만 명으로 늘어났다. 에밀 드 지라르댕은《라 모드La Mode》1829
라는 패션과 문학을 주제로 한 상류 계급을 대상으로 한 잡지를 만
들어 광고에 많은 지면을 할애하기도 하였다.

19세기 미국과 페니 프레스의 등장

산업혁명이 이룬 변화에 알맞은 광고가 존재하기 위해서는, 조직화
되지 않은 일반 대중을 상대로 하여 대량의 정보 및 시사내용, 당대
의 이슈를 전달하는 역할을 담당하는 매스 미디어가 존재해야 했
다. 최초의 매스 미디어는 신문이었으며, 광고는 신문의 재정적 기
반을 제공하여 매스 미디어가 존속할 수 있는 바탕이 되었다.

　　1800년 미국의 수도가 필라델피아에서 워싱턴으로 이전하면
서 뉴욕이 상업도시로 성장했다. 1830년에 루이지애나 지역을 프랑
스로부터 매입하게 되어 서부로 저널리즘이 확대된다. 1848년 멕
시코와 싸워 캘리포니아 지역을 획득한 이후, 미국의 신문 종수는
260종에서 1,200종으로 증가한다.

　　뉴욕의《데일리 애드버타이저Daily Advertiser》,《커머셜 애드버타
이저Commercial Advertiser》,《머컨틸 애드버타이저Mercantile Advertiser》등의
상업지가 지명도가 높았으며 이 시대 미국은 상업과 정치 신문의
색채가 분명했다. 보통 신문은 지면의 절반 정도가 광고였는데 상

업신문 가운데는 80~90%까지 광고로 채워진 것도 있었으며 광고에는 간단한 사진이나 삽화를 넣는 것이 일반적이었다.

미국에서는 전국적으로 알려진 광고주를 '내셔널 애드버타이저national advertiser'라고 불렀다. 1801년 창간된 뉴욕의《이브닝 포스트Evening Post》는 문예적인 성격의 신문으로서 '독자에게 신문 용지를 공급하는 것은 광고주이다'라며 신문에 광고 수입이 중요하다는 사실을 밝혔다. 하지만 종교적인 이유로 극장과 복권의 광고를 거절하거나 경영주의 원칙에 따라 사기 의약품 광고를 싣지 않는《저널 오브 커머스Journal Of Commerce》같은 잡지도 있었다.

하지만 1830년에서 1900년에 이르는 시기는 미국이 남북전쟁을 끝내고 산업혁명을 본격화하던 때이다. 산업혁명이 눈부신 약진을 이루면서, 기업들의 독점화 현상이 나타났고 산업이 발달한 결과 각지에 공업도시가 발달했다. 따라서 지방의 농업 인구들이 도시 노동자로 급속하게 유입되었다. 이후 빈부격차로 인해 슬럼가 등지에서 범죄 발생이 사회문제로 떠올랐으며 노동자들의 활동 범위도 확산되기 시작한다. 어린 소년들도 먹고 살기 위한 경쟁에 내몰렸다. 그들이 처한 현실은 가혹하기만 했다. 또한 이 시기의 미국에서는 교육받는 사람들도 급격히 늘어났으며, 이에 따라 두터운 독자층이 형성되었다.

페니 프레스penny press의 출현은 신문 근대화의 전환기로 평가된다. 미국인들은 단돈 1센트에 판매되는 신문을 페니 프레스라고 불렀는데, 이는 당시 미국이 대공황에 빠져 있었기 때문에 태어난

1883년에 창간되어 1센트 신문으로 처음 성공한 《선》

산물이다. 종이 생산과 인쇄 그리고 전보 기술의 발명 등에 힘입어 탄생되었으며 싼 가격 덕분에 보통의 사람들이 접할 수 있었다. 시민과 노동자 들이 신문을 구매할 수 있는 현실적인 가격이 형성됨에 따라 신문이 최초의 매스 미디어로서 거듭날 수 있었다. 1센트 신문의 시작은 1830년 7월 보스턴에서 창간된 린드 월터Lynde Walter의 《데일리 이브닝 트랜스크립트Daily Evening Transcript》였다.

하지만 최초로 성공한 1센트 신문은 벤자민 데이Benjamin Henry Day가 1833년에 창간한 《선The Sun》이었다. 벤자민 데이는 기묘한 범죄 뉴스와 흥미를 다룬 뉴스를 적절히 섞고 가격을 1센트로 낮추어 독자를 증가시킨다. 신문이 상업적 목적을 위한 활동에 본격적으로 뛰어든 것이다. '모든 사람들에게 빛을 비춘다'라는 모토를 가진 이 신문은 '광고가 늘어나면 지면을 늘리지만 신문 가격을 올리지 않는다'는 내용의 광고를 신문에 냈으며, '선불로 연간 계약을 하지 않는 광고를 싣지 않겠다'라는 방침을 밝혔다. 종이 생산과 인쇄 그리고 전보 기술의 발명 등에 힘입어 보통의 사람들이 접할 수 있는 저렴한 가격의 신문이 탄생할 수 있었다. 또한 그 배경에 1830년대부터 의무교육이 보편화되고 19세기 공업화가 이룬 경제적 발전을 통해 의식주가 향상되고 교육을 받은 대중이 스스로를 경제와 정치의 주체로 인식하기 시작한 현실이 자리 잡고 있다.

페니 프레스 신문을 배달하는 소년

페니 프레스의 판매에는 길거리의 신문배달부 소년들의 활약이 컸다. 《선》은 신문배달부 소년들에게 신문 100부씩 할당하였는데 신문값을 선불로 지급하면 60센트, 후불이면 75센트였다고 한다. 소년들은 더 많은 수익을 내기 위해 점차 선불을 선택하게 되었다. 소년들은 예약자에게 신문을 배달해 주고 1주에 6센트를 받았다. 사진 속의 신문팔이 소년은 5살 전후일 것으로 보인다. 100부를 받아서 팔기 시작했을 텐데 안고 있는 신문은 이제 20부도 채 남지 않은 듯하다. 소년의 미소에는 신문을 많이 판 데 대한 뿌듯함이 담겨 있다.

값싸고 대중적인 신문을 만들겠다는 벤자민 데이의 전략은 뉴욕과 다른 대도시로 확산된다. 처음에는 페니 프레스를 비웃던 이들에 의해 필라델피아의 《퍼블릭 레저Public Ledger》와 《볼티모어 선 Baltimore Sun》이 발행된다. 페니 프레스들은 도시에 살고 있는 기능공, 노동자 같은 서민층에게 정보를 전달하는 중요한 역할을 하게 된다. 증가하는 신문판매 부수 덕분에 신문편집인들은 정치인을 비롯한 투자자들로부터 독립할 수 있었고, 신문사들은 절대 다수인 서

대중 신문 시대를 연 뉴욕의 신문배달부들

민들의 입장에서 객관성을 지닌 뉴스를 다루는 중요한 분기점이 마련된다. 그리고 그 분기점을 폭발시킨 것은 바로 뉴욕의 신문배달부 소년들이었던 것이다.

《선》의 모토인 '모든 사람들에게 빛을 비춘다'처럼.

페니 프레스는 정보 발표문, 대통령 연설문, 국회의원 편지 등을 뉴스로서 수집하여 신문을 만들던 기존 방식에서 벗어나 사람을 고용하여 뉴스를 취재하고 경찰, 스포츠, 종교, 금융 등 대중이 관심을 가질 만한 주제들을 다룬다. 뉴스의 초점이 부유한 엘리트층의 관심사에서 새롭게 부상하는 중산층의 일상생활로 옮겨진다. 신문의 보급 방식도 선불 구독료를 사용하거나 거리판매를 벌이는 등의 변화가 있었다. 매스 미디어로서 신문이 경제적 기반을 구독료가 아닌 광고료로 바꾸는 과정이다.

벤자민 데이의 《선》은 다른 신문들과 같이 광고료를 받으면서도 각 광고 지면을 대폭 축소하는 방법을 통해 더 많은 이윤을 창출한다. 매스 미디어 신문의 종류가 증가하다 광고주들은 신문 선택, 광고료 협상, 인쇄업자 감독, 광고 게재 여부 확인, 비용 입금 등의 여러 과정을 대행할 광고 대행업이 시작되는 계기가 된다. 4개월 만에 《선》은 하루에 5,000부씩 판매되었고 1834년 11월에는 날마다 1

만 부를 발행하게 된다. 1836년에는 연간 2만 달러의 수익을 올렸으며 부수도 3만 부로 늘었다. 당시 영국의 한두 개 신문을 제외하고는 미국에서 최고의 보급률을 가진 신문이 되었다.

신문의 두 가지 얼굴, 수익 모델과 페니 프레스

신문에는 두 가지 수익 모델이 있다. 한 가지는 기업인들이 자신이 판매하고자 하는 상품을 널리 알리고자 신문에 광고를 싣고 비용을 지불하는 것이다. 또 다른 한 가지는 절대 다수를 차지하는 서민 독자들이 구독과 구매를 통해 신문발행 부수를 늘리는 것이다. 절대 다수의 서민 독자들이 신문을 읽기 때문에 광고 효과가 발생하는 것이다. 벤자민 데이가 페니 프레스를 통해 이룬 혁신은 바로 이 지점에 있었다.

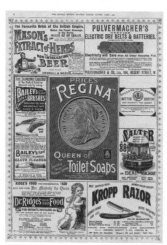
1890년대 페니 프레스 신문의 광고 지면

1센트를 지금 환율로 계산하자면 얼마일까. 당시 노동자들의 하루 임금이 75센트였고 보통 신문 한 부에 6센트 이상이었으니 서민들을 독자로 만들 수 없었다. 2019년도 국내 최저임금을 적용한 일용직 아르바이트 일당을 기준으로 한다면 신문 한

부에 5,566원에 해당한다. 1센트라면 928원 정도가 된다. 이것이 당시 신문사들이 상업신문과 페니 프레스에 관심을 갖기 시작한 배경이다. 신문이 상업적 목적을 위한 활동에 본격적으로 뛰어든 것이다.

이렇게 등장하게 된 페니 프레스들은 가격면에서는 통일성을 갖고 있었지만, 편집과 광고 정책에서는 다양한 차이점을 가졌다. 제임스 고든 베넷James Gordon Bennett, Sr.이 1835년에 창간한 《뉴욕 헤럴드New York Herald》1835~1924는 경제란의 효시라고 할 수 있는 특색을 갖추었다. 베넷은 2주간 이상의 연재 원고가 아니면 받지 않았고, 사기 의약품의 광고는 물론 광고비만 지불하면 어떤 광고라도 게재하였다. 그는 인터뷰 형식의 기사를 창시하였다. 1841년에 창간된 《뉴욕 트리뷴New York Tribune》은 1센트 신문이 보이는 부도덕하고 창피한 경찰 기사와 광고 등을 게재하지 않았다. 트리뷴은 민중의 도덕, 사회, 정치를 발전시키는 것을 목적으로 하였다.

인쇄기술의 발달이 신문에 끼친 영향

19세기 초 유럽이나 미국의 교육받은 시민계층은 합법적 신문과 비밀신문 등의 방식으로 객관적 뉴스 보도와 정치논평을 접할 수 있었다. 이 시기 작가나 편집인에 의해 정론지의 기본 형태가 갖추어졌고, 선정적이기는 하지만 상업적으로 성공한 대중지들도 탄생했다. 19세기 말 미국과 영국에서는 근대적 형태의 신문사와 제작양식이 확립되었다. 또한 이 시기에 신문은 문학의 영역에서 '사업'의 영역으로 전환되었다.

인쇄술 혁명과 교통·통신 발달로 신문은 주당 수천 부에서 수만 부로 성장했다. 수요가 늘자 필요는 곧 신문인쇄술의 발명을 낳았다. 1785년에 창간되어 현재까지 세계에서 가장 오랜 기간 발행되고 있는 런던의《타임스》는 1814년에 증기기관을 사용하는 '이중인쇄'double-press 방식을 도입하여, 시간당 5,000부를 인쇄하게 되었다. 발매능력이 증대되면서《타임스》의 발행부수는 19세기 중엽에 이르자 5,000부에서 5만 부로 급증했다. 행行들 사이의 간격을 조절하는 자동 인테르interline 활자, 저가低價의 얇은 두루마리 신문용지를 생산하는 장망초지기長網抄紙機, 곡면인쇄판, 자동잉크 주입기, 원통형 윤전인쇄기1865가 발명되면서 손작업 목판인쇄 방식은 구식이 되었다.

이때까지는 각 행과 열을 일일이 손으로 짜맞추어 정렬한 후 인쇄를 하고, 다음 사용을 위해 활자를 알파벳 순서대로 제자리에 돌려 놓았다. 오트마 메르겐탈러Ottmar Mergenthaler가 라이노타이프linotype machine를 발명하면서 자동으로 식자를 하게 되었다. 뉴욕에서《뉴욕 트리뷴》은 1886년에 최초로 라이노타이프를 도입했고 영국에서는 1889년《뉴캐슬 크로니클Newcastle Chronicle》이 최초로 사용했다. 1895년에는 당시 런던 언론계의 중심지였던 플리트가街의 모든 출판업체에서 라이노타이프를 사용했다. 라이노타이프의 오퍼레이터는 직접 손으로 작업하는 활자공보다 6배나 빨리 판版을 짤 수 있었다. 1884년에는 인쇄에 전력을 사용하게 되고, 인쇄뿐 아니라 모든 크기의 신문을 절단하

고 접고 묶을 수 있는 기계가 개발되어 관련 산업은 크게 발전했다. 통신 발달로 전화나 해저 케이블을 사용하여 도시나 국가 간의 뉴스를 신속하게 취합할 수 있게 된 것도 신문산업을 크게 발전시킨 요인이었다.

오트마 메르겐탈러이 발명한 라이노타이프

　　19세기 전반에는 제지의 기계화, 인쇄기의 발달, 증기력의 이용, 교통·통신 발달로 등 기술 진보가 신문의 발달을 촉진한 커다란 힘이 된 것은 영국, 미국, 프랑스에서 공통적인 현상이다. 신문발행 부수가 늘어나 모두가 경영에 여유가 생겼으며 신문은 주당 수천 부에서 수만 부로 성장했다. 미국《더 선》은 1835년에 윤전기의 도입으로 1만 5천 부로 약진했다.

　　미국 기계제작자 리처드 호Richard Hoe가 고속 인쇄기인 윤전기 rotary press를 개발하여 1847년 발명특허를 얻었다. 이 윤전기는 시간당 8천 장을 인쇄할 수 있게 되면서 신문산업은 큰 영향을 끼친다.

리처드 호가 개발한 윤전기(1840)

Chapter 10

매스 커뮤니케이션과 광고

쇼핑의 성전, 백화점의 탄생

프랑스의 자연주의 작가 에밀 졸라Emilie Zola, 1840~1902는 1852년 파리에 세워진 세계 최초의 백화점 봉 마르셰Bon Marche를 가리켜 고객을 위해 세워진 현대의 성전聖殿이라고 불렀다. 에밀 졸라는 봉 마르셰 백화점을 배경으로 한 《여인들의 행복 백화점》이라는 소설을 창작하기도 했다. 그는 이 소설을 통해 값싼 즐거움과 허영, 군중심리와 여성에 대한 내용을 그려내고 있는데, 백화점의 발전상에 따른 사회적 명암과 이를 통해 벌어지는 다양한 인간 군상의 모습을 그려냈다. 이 시기 봉 마르셰 백화점 매장의 면적은 2만 5천 제곱미터에 360개의 아크등arc과 3천 개의 백열전등이 밝혀졌다고 전해진다. 매장의 연간 수입은 1852년 5십 만 프랑, 1860년 5백 만 프랑, 1870년에 2억 7천 만 프랑으로 증가했다. 직원 수는 1838년에 4만 명에 달했다.

1900년대 봉 마르셰 백화점 내부

'싼 가격'이라는 뜻을 지닌 봉 마르셰. 이 백화점을 설립한 아리스티드 부시코Aristide Boucicaut, 1810~1877는 여성 의류와 옷장, 리본 등을 판매하는 작은 가게의 아들로 태어나서 18세까지 일하며 성장했다. 파리로 이주한 뒤 부시코는 프티 생 토마 Petit Saint-Thomas 상점에서 일하면서 점장까지 승진하지만 이 상점은 1848년에 문을 닫는다. 이후 부시코는 근처에 여러 상점을 운영하던 바울 비도Paul Videau에게 이전의 사업과 마케팅에 없던 많은 혁신적 방안들을 제안한다.

대량 구매, 매우 낮은 이윤 판매, 고정 가격, 고객이 의류를 찾고 만질 수 있도록 한 것, 계절 판매, 걸음을 멈추게 하는 화려한 진열장, 및 신문 광고의 가격 인하 등. 그뿐만 아니라 부인들이 쇼핑하는 동안 남편들이 있을 도서관을 제공하고 많은 비용을 들여 신문, 잡지, 포스터 광고를 하고 어린들을 위한 놀이 공간을 두었으며 고객들에게 카탈로그를 발행하였다. 1880년까지 직원의 절반 정도는 여성이었으며 미혼 여성들은 옥상 기숙사에서 생활했다. 깨끗하고 고급스러운 분위기를 제공하는 시각적 소구에 주력하여 쇼핑을 단순히 의식주를 해결하기 위한 의무가 아닌 즐거운 활동으로 바꾸어 놓았다. 백화점은 교회 갈 때처럼 옷을 잘 차려 입고 가며 상류층들이 모이는 공공장소가 되었으며 점원들도 상류층 여성을 고용하는 방식을 취하였다. 또한 정찰제를 실시하고 상품 회전율을 높여서 판매가 신속하게 이루어지도록 하였다.

19세기 후반에 등장한 백화점이라는 유통방식은 상점과 내부 공간, 상품진열창인 쇼윈도 상품이 만들어내는 시각 광고라는 새로운 영역을 탄생시킨다. 쇼윈도와 상품은 잠재적 고객의 정서에 힘을 가하며 상품과 분위기가 심리적으로 부합할 때 효율성은 극대화된다. 지나가는 사람들의 시선을 끌어 구매욕을 복돋움으로써 점포 안으로 손님을 유도하는 것이 목적이기 때문에, 단순히 상품을 늘어놓는 것이 아니라 다양한 상품 진열에 대한 연구를 해야 한다. 백화점 또는 상점의 밖과 안의 쇼윈도는 하나의 무대이며 개개의 상품을 무대에 배치된다. 조명효과나 움직이는 장치를 더해지며 잠재적 고객의 눈길을 끈다. 계절감과 유행을 고려하여 상징적으로 기획, 디자인되며 종종 대담하게 실험적인 공간으로 연출되고, 공간이 광고 미디어로서 역할을 할 수 있음을 보여주었다.

대부분의 소매상인들은 상품에 가격을 붙이지 않고 손님과의 가격 흥정을 통해 거래를 성사시키지만, 그는 정찰제를 도입하여 흥정 없이 상품을 제공하여 모든 손님이 같은 가격에 물건을 살 수 있게 하였다. 아무것도 사지 않고 가게를 나가는 압박감을 덜어 손님에게 비교하여 사게 하기comparison shopping의 즐거움과 습관을 갖게 하였으며 손님이 산 물건을 교환하거나 대금을 반환받을 권리를 인정했다.

백화점은 대규모 도매상과는 달리 소량의 제품을 판매해서 짧은 시일 내에 제품을 완전히 판매하거나 재고를 극소화해 항상 새로운 제품을 진열한다. 백화점들은 신문에 광고하면서 납품업체나 제조업체에게 광고비용을 일정 부분 부담하도록 요청하는 협력 광고를 기획하여, 전국 규모의 브랜드 생산기업들에게 광고비를 공동으로 부담시키는 방식을 보편적 현상으로 정착시킨다.

미국에는 1858년에 메이시Macy, 영국에는 1863년 휘틀리 W.Whiteley, 독일에는 1870년 베르트하임 A.Wertheim이 백화점으로 설립된다. 백화점의 등장은 19세기에 들어선 소비자 사회덕분이다.

백화점은 산업혁명으로 인해 가속화함에 따라 부유한 중산층의 규모와 부가 증가했다. 중요하게는 대량판매를 가능하게 만든 대도시, 교통, 통신, 광고, 주식회사 제도, 은행 자본, 대량생산 체제의 발달에 기반으로 한다.

1870년대 봉 마르셰 백화점 신문광고와 포스터

'손님은 왕이다'의 존 워너메이커

유행을 선도하는 공간이 된 백화점은 상품이 개인의 가치와 수입의 지표가 된다는 사실에 근거하여 유행하는 제품에 민감하게 반응하는 사람들의 열망을 이용하기 시작한다. 그 결과, 신분이 수직적으로 상승하는 게 가능한 중산층에 큰 영향을 끼치게 되며, 백화점은 매우 중요한 광고주가 될 수 있었다.

백화점은 1910년경에 전국적인 체계를 갖춘 소매업으로서 성장한다. 백화점을 화려하게 하는 쇼윈도, 거울, 조명, 색색의 천 등은 에디슨의 전기 발명과도 관련된다. 소비를 상품 구입활동을 넘어선 즐거운 활동이라는 인식하게 하는 역할을 한다. 주요한 고객은 상류층과 중산층이며 사회 전반에 소비를 가사노동에서 벗어나 여가와 오락의 영역으로 변화시키는 역할을 한다.

미국의 존 워너메이커John Wanamaker, 1838~1922는 상점 점원으로 일하면서 주인을 설득하여 손님들에게 판매되는 물품의 장단점을 정직하게 설명하는 신뢰를 바탕으로하는 마케팅 기법으로 상점을 성공시킨다. 주인은 상점을 워너메이커에게 물려주었고 그는 남성 의류상점을 열어 발전시켜서 1869년에 필라델피아에 그랜드코트The Grand Court 백화점을 열었으며, 1896년에는 뉴욕에도 백화점을 연다. 최초로 백화점 광고를 실었고 손님들은 광고를 보고 모여들어 신뢰를 가지고 상품을 샀다. 정찰제를 시행하여 가격표를 붙였으며, 백화점의 환불제도를 처음 정착시킨다. "고객은 왕이다, 고객은 항

New Shirt Waists

THE styles were never before so beautiful as they are this Spring. Smartly tailored effects are most stylish. From hundreds of styles, we choose these five beautiful models for illustration:

No. 1. (Top of picture, at the left.) Shirt Waist of lawn, in neat stripes ; Gibson front, inlaid with white figured vest and trimmed with pearl buttons. French back, bishop sleeves ; stock collar of same material. **Price, $2.50.**

No. 2. (To right of No. 1.) Shirt Waist of canvas cloth in light colors ; yoke front in two points ; lower part of waist with plaits, plaited back with pointed yoke ; pique stock collar finished with canvas tie. **Price, $3.23.**

No. 3. (Immediately below No. 2.) Shirt Waist of Silk Basket cloth, in solid colors, with black dots ; plaited front ; waist buttoned in the back ; bishop sleeves ; stock collar, trimmed with black taffeta silk. **Price, $5.50.**

No. 4. (Next to the last figure.) Shirt Waist of Linen, with plaited front ; waist buttoned at the side with pearl buttons ; plaited back, bishop sleeves ; stock collar trimmed with embroidered turnover. **Price, $2.75.**

No. 5. (At bottom of picture.) Shirt Waist of Silk Canvas in solid colors ; front of cluster plaits and stitched box plaits ; back with three stitched straps ; bishop sleeves ; stock collar of white lawn, finished with hemstitched canvas cloth of same. **Price, $3.23.**

John Wanamaker
NEW YORK

19세기 말, 워너메이커의 새로운 셔츠 광고

상 옳다"라는 말을 처음 사용한 사람이 워너메이커이다.

워너메이커는 광고를 중요한 매스 커뮤니케이션 수단으로 활용하였다. 그는 광고는 단지 무엇을 팔기 위해 알리는 것이 아니라 광고 자체와 광고를 통해 알리는 물건들을 세상 사람들이 화제로 삼도록 해야 한다고 생각했다. 기차 여행을 하면서 지나치게 되는 철길 주변에 100피트짜리 대형 입간판을 만든다든지, 6마리의 말이 끄는 대형 마차에 피리를 부는 한 남자를 태운다든지, 아무도 광고 영역으로 생각하지 않던 철도문 위나 천장에 광고를 내거나 하는 방식을 선택하였다.

게시판 광고 또는 옥외 광고

워너메이커가 시도했던 것과 같이, 신문과 잡지를 정기적으로 읽는 습관이 없던 대중에게 호소하는 광고 수단으로서 옥외 광고가 주요한 위치를 차지하여 1870년대까지 미국의 모든 상업 광고의 30%를 차지했다. 미국의 옥외 광고는 17세기 여관의 간판에서 시작되는데 복권 전단이 장소에 상관없이 벽이나 거리에 부착된다. 또한 지붕 있는 마차에 광고 문장을 써서 마을 전체를 달리게 하는 광고가 영국에서 미국으로 들어온다. 영국에서 전단은 철도 대합실 안쪽이나 플랫폼 벽에 붙이는 방법이 일반적이었다. 미국에는 1891년에 포스터 광고협회Bill Posters' Association가 형성되고 선로변 농가 창고의 외벽에 방부제를 칠해주거나 담배, 또는 광고하는 물건을 주는 조건으로 광고를 게시하였다고 전해진다. 이 협회는 후에 미국옥외광고연합회OAAA, Outdoor Advertising Association of America로 이름을 바꾼다.

사진으로 전해지는 19세기 후반 옥외 광고

텔레 커뮤니케이션의 탄생

전신 기술의 개발은 "뉴스news가 뉴스news인 동안에 읽게 한다"라는 저널리즘의 새로운 패턴이 탄생하는 과정이다. 이는 증기기관 인쇄기의 개발이라는 기술적 혁신이 페니 프레스가 성공할 수 있는 배경으로 작용한 것과 마찬가지 맥락이다. 구텐베르크 인쇄기로는 시간당 125장밖에 인쇄할 수 없었지만 1851년에 등장한 증기기관 인쇄기는 시간당 1만 8,000부를 인쇄할 수 있었기 때문이다.

통신은 우편, 전신, 전화 등의 미디어를 사용하여 정보나 의사를 전달하는 것을 말한다. 통신은 서로 떨어진 장소에서 이루어지는 경우가 많으며 우편이나 이메일처럼 실시간이 아닌 채로 이루어지는 경우가 많다. 따라서 통신의 발달은 산업혁명이 만들어낸 과학기술의 성과를 바탕으로 이루어진 것이면서도 영화와 같은 새로운 미디어를 탄생시키기도 했고, 멀리는 1960년대에 발명된 인터넷 기술과도 관련 있다.

1835년부터 사무엘 모스S. Morse는 전선을 통해 메시지를 전달하는 것을 연구하기 시작하였다. 1837년에는 모스 전신기를 만들었으며, 1838년에는 점과 선으로 모든 알파벳과 숫자, 구두점을 표시할 수 있는 모스 부호Morse code를 만든다. 드디어 1844년 5월 24일 워싱턴과 볼티모어 간의 전보통신에 성공한다. "신은 뭐라고 썼을까What hath God wrought"라는 내용의 메시지였다. 그의 전신 방식과 모스 부호는 세계적으로 채택되었는데, 당장 신문에 이용되지 않았지만 빠른 속도로 영향을 끼치기 시작하였다. 전신 기술에 의해 신문사들 간에 뉴스 교환이 이루어지고 지리적으로 먼 곳의 소식을 빠르게 신문이 담아낼 수 있는 방법이 생긴 것이다. 전신 기술이 개발되기 이전까지 통신사들이 사용한 방식은 비둘기를 이용하는 것이었다.

1843년에 스코틀랜드의 알렉산더 베인Alexander Bain이 영상을 전기 신호로 바꾸어 전송하는 기술을 발표했다. 이 기술은 후에 팩스 개발로 이어졌고, 텔레비전 개발에도 영향을 미친다. 다만 전기 신호를 전달할 수는 있어도 이를 다시 영상으로 변환하는 일은 어려운 일이었으며, 정지된 이미지가 아닌 움직이는 영상을 표현하는 것은 더욱 어려운 일이었다.

그레이엄 벨이 전화를 송수신하는 장면(1892)

청각장애아 교사였던 미국의 알렉산더 그레이엄 벨Alexander Graham Bell은 소리에 대해 연구하면서 전기 신호가 소리 파장의 물결치는 형태를 재생할 수 있다는 사실을 알게 되었다. 어린 직공인 토마스 왓슨Thomas Watson과의 연구 끝에 벨은 1876년 '전기 파동을 이용해 목소리나 다른 소리를 전신으로 옮기는 장치'의 특허를 낸다. 최초의 상업용 전화가 1878년에 설치된 이후, 불과 10년 후인 1887년에 미국에는 15만 대의 전화기가 사용되고 있었으며 영국은 2만 6,000대, 프랑스는 9,000대, 러시아에는 7,000대가 있었다.

전자기파는 1888년 독일 물리학자 하인리히 루돌프 헤르츠

일리노이터널 회사의 전화기 광고(1910)

Heinrich Rudolf Hertz, 1857~1894가 눈에 보이지 않는 파동을 연구하면서 처음으로 발견된다. 주기적으로 세기가 변화하는 전자기장이 공간 속으로 전파해 나가는 현상이다. 전자기파의 발견과 활용은 무선 통신과 현재의 스마트폰 통신기술의 시작이 된다.

헤르츠의 발견을 기초로 이탈리아의 물리학자 굴리엘모 마르코니Guglielmo Marconi, 1874~1937가 1897년 모스 부호를 이용하여 무선 전신기를 발명하여 장거리 무선통신의 기초를 이루었다. 마르코니는 1890년 불꽃 방전으로 전자파를 발생시키고 이를 2.5킬로미터 떨어진 지점에서 모스 부호 방식으로 보내 무선 송수신 실험에 성공하였다. 이 전신기는 전압을 높이는 유도 코일과 불꽃 방전기 등을 이용한 단절적 신호전송이라는 한계점이 있었다. 무선 전신이

1890년대에 장거리 무선 장비를 처음시연하고 있는 마르코니

실현된 이후 사람들은 전신을 통한 메시지의 암호화, 해독화를 거치지 않고 음성을 직접 전달하려는 생각을 하였다. 음성은 매우 복잡한

전자기파의 변동으로 이뤄지는 것이므로 공기가 아닌 전류를 통해 전달할 수 있는 변조장치의 개발이 선결과제였다. 무선 전신은 당시의 최대 교통수단이었던 선박에 있어 중요한 통신수단이 되었으며, 1901년 12월 대서양 횡단 실험에 성공하였다.

토머스 쿡의 여행 광고

토머스 쿡Thomas Cook은 1841년 런던에 세계 최초의 여행사를 차렸다. 당시로서는 부유한 상류층들만이 할 수 있던 여행을 대중화시키는 데 큰 역할을 하였는데 이 과정에서 독특한 삽화와 카피로 기획된 신문광고를 한 것으로도 유명하다. 이 회사는 그의 아들이 합류하면서 토머스 쿡 앤 선Thomas Cook and Son이 된다. 회사는 1865년에 미국 여행 패키지 상품을 만들었고, 1872년에는 최초의 세계일주 패키지 상품을 만들었다. 1880년에 5개 국어로 된 관광여행 안내지 '유람객'을 발행했다. 1888년까지 회사는 호주에 3개, 뉴질랜드의 오클랜드에 1개를 포함하여 세계 각국에 60개 이상의 사무실을 오픈했다. 1890

토머스 쿡 앤 선의 시카고 여행 광고(1893)

년에 325만 장의 여행 티켓을 판매했다. 이 회사는 2019년 9월까지 여행사로 운영되어 왔으나 파산하였다.

리디아 핀컴의 의약품 광고

대중신문 등장 시기인 1800년대 중반의 광고시장에서 가장 적극적으로 활동한 것은 약품 광고였다. 당시 광고에 대한 인식은 매우 부정적이었으며 신문사조차도 재정적 수입을 위한 필요악이라고 보는 시각이 강했다. 이런 인식에 결정적인 역할을 한 것은 알코올과 마약 성분을 통해 만든 만병통치약 표방 특허약품 광고이다. 한번 복용하면 끊을 수 없는 이 약품에 대해 일부 신문과 잡지가 광고 게재를 거부하면서 광고의 윤리성 문제가 제기되기도 한다.

이와 같이 의약품 광고에 대한 거부감이 있는 상황에서 리디아 핀컴Lydia Pinkham은 의약품 광고로 큰 성공을 거둔다. 리디아 핀컴은 교육을 받은 여성이었지만 돈벌이가 될 만한 직업을 갖지 못하였으며, 남편은 휠체어를 타는 처지였고 다섯 아이를 둔 상태였다. 1875년 공황으로 인해 더욱 생계를 이어나가기 힘들어지자 리디아 핀컴은 채소를 재료로 한 부인병 특효약을 직접 개발하여 판매하게 된다. 핀컴 부부와 가족들은 약에 '리디아 핀컴의 채소 화합물'이라는 이름을 붙였으며, 트레이드 카드, 팸플릿 배부, 신문광고, 포장용기 레이블 등 모든 도구를 활용하여 약을 알리는 데에 힘쓴다. 그 결과 엄청난 판매신장을 기록하게 되는데, 비록 전문 광고인은 아니었지만 소비자 대상을 선정하고 미디어를 선택하고 광고 슬로건을 개발하는 데 탁월한 역량을 발휘한다.

리디아 핀컴은 넉넉하게 광고료를 지급한다는 조건을 걸고 '리디아 핀컴의 채소화합물'에 대해 우호적인 기사를 싣도록 유도하고 심지어 사설을 쓰도록 했다. 신문과 잡지 등의 미디어에서 뉴스 기사로 기업과 상품에 대해 자연스럽게 다루게 하는 기업의 PR 전략인 퍼블리시티publicity 방식, 그대로이다. 광고주가 누구인지 모두에게 널리 알리는 PR 방법이다.

당시 리디아 핀컴이 사용한 카피들은 다음과 같다. "식물성 화합물은 최고의 여성 인구에 공통적으로 나타나는 모든 고통스러운

불만과 약점에 대한 긍정적인 치료법입니다", "여성의 마음은 여성이 압니다", "여성의 건강은 인류의 희망입니다", "남성은 여성의 고통을 이해하지 못한다".

리디아 핀컴의 얼굴을 트레이드 마크로 제시한 광고(1888)

트레이드 카드 광고의 활성화

19세기 중반 트레이드 카드

트레이드 카드는 자신의 사업을 널리 알리기 위해 사용되었는데 현재의 명함의 초기 형태라고 볼 수 있다. 17세기 후반부터 파리, 리옹, 런던의 소매상과 소매상들이 트레이드 카드를 널리 사용했다. 트레이드 카드에는 상인의 이름과 주소가 적혀 있었으며, 상점이나 건물을 찾는 방법에 대한 길잡이 지침도 포함되었다. 18세기부터 트레이드 카드는 영향력과 정교함을 갖추기 시작하였는데, 종종 유명 디자이너나 화가들에 의해 만들어지기도 했다. 19세기 후반들어 컬러 인쇄가 가능해지면서 트레이드 카드 전성시대를 맞이한다.

1850년대의 대행사들은 신문광고의 한계를 극복하기 위한 다양한 광고방식으로 포스터나 전단지, 팸플릿, 보조 인쇄물, 간판, 밴드, 퍼레이드 등이 등장한다. 또한 다중 색상 인쇄 방식인 크로모리토그라피Chromolitograph라는 인쇄술이 발달하면서 트레이드 카드trade card라는 두꺼운 종이에 제품과 인물, 정보, 슬로건, 일화 등을 인쇄한 카드가 유행한다.

19세기 후기 광고의 개척자, 토머스 립톤

립톤Lipton은 홍차를 비롯해 녹차Green Tea, 아이스티Iced Tea, 허브티Herb Tea 등을 제조·판매하는 영국의 차茶 브랜드이다. 1890년 영국 식민지 실론Ceylon 섬에서 대규모 차 농장을 시작한 토마스 립톤Thomas Lipton, 1850~1931은 차 생산과 거래에 성공하여 비싼 가격 때문에 상류층의 전유물이었던 홍차를 1890년 합리적인 가격으로 시장에 출시해 홍차의 대중화를 이끌었다. 덕분에 립톤은 1902년에 귀족 신분을 얻기까지 하는데, 그의 차는 저렴하고 품질이 우수하여 영국, 미국, 캐나다 등에서 큰 인기를 얻었다.

1895년과 1896년의 립톤 신문광고

토머스 립톤의 부모는 스코틀랜드 중부의 공업 도시 글라스고우Glasgow의 번화가에서 버터와 햄을 파는 작은 상점을 경영했다. 13살이던 토머스 립톤은 학교를 그만두고 부모님을 도와 매장의 잔심부름을 했으며 이후 야간학교에 진학해 학업을 이어갔다. 어려서부터 담배를 사러 온 손님들을 어머니에게 보내서 작은 손 때문에 담배가 커 보이게 하는 방법을 사용했으며, 스코틀랜드 손님에게는 스코틀랜드 사투리로, 아일랜드 손님에게는 아일랜드 사투리를 사용했다는 일화가 전해온다.

그는 1871년 자신의 이름을 딴 '토마스 J. 립톤 컴퍼니Thomas J. Lipton Co.'를 설립한 후 립톤 마켓Lipton's Market을 오픈한다. 장사의 자본은 신체와 광고라는 신념으로 혼자 상점의 모든 일을 다 하며, 당시 만화가 윌리 록하트Willie Lockhart에게 포스터를 의뢰한다. 새로운 지점을 열 때마다 "립톤이 왔다"라는 카피를 전단지나 신문광고를

립톤의 첫 번째 상점을 알리던 포스터(1871)

통해 크게 알렸으며, 샌드위치맨을 행진시키고 선두에는 승마 기수가 행진하는 등의 가두행렬을 했다. 세계 최대의 치즈, 코끼리를 빌린 치즈의 이동, 푸딩이나 치즈에 동전과 금화 넣어 팔기 등 그는 매일 새로운 광고 수단을 생각하며 지냈다고 한다.

1880년대 이후 유럽에서는 홍차 수요가 꾸준히 증가하고 있었다. 이것을 눈여겨 본 토마스 립톤은 1890년부터 '립톤'이라는 이름으로 홍차를 생산해 립톤 마켓에서 판매했는데, 이것이 차 브랜드 '립톤'의 시작이었다. 립톤의 홍차는 영국의 식민지에서 생산되지 않던 상황에서 스리랑카의 실론 섬의 농장을 인수하며 시작된

1890년대 립톤 신문광고

다. 1890년대까지 홍차는 수입유통 절차가 까다로워 이 업무를 대행하는 '중개상'이 활개를 치고 있었다. 홍차와 같은 식품은 맛과 질을 유지하기 위해 보관에도 신경을 써야 했는데, 중간 수수료가 특히 비쌌다. 당시 홍차의 시중 가격은 원산지 가격의 두 배 가량이 되었다. 이 때문에 홍차는 일부 상류층만 즐길 수 있는 기호품으로 받아들여지고 있었다. 1890년대 저렴한 인도산 홍차가 유럽 및 영국에 대거 유입되었지만 중개상을 통해 들어온 홍차는 일반 노동자층이 구입하기에는 비쌌다.

립톤은 업계 최초로 '유통'뿐만 아니라 '재배'까지 직접 관여해 유통 경로를 통합함으로써 중개상들의 수수료를 뺀 가격으로 차를 판매할 수 있었다. 차의 가격이 그 전보다 훨씬 저렴해지자 그 전에는 여유가 없던 사람들도 차를 즐길 수 있게 되었다. 그는 차를 1파운드, 반 파운드, 1/4파운드를 한 봉지에 담아 판매함으로써, 상류층에서 소비되던 홍차를 대중적 상품으로 판매하였다. 200명의 샌드위치맨에게 중국 의상을 입혀 립톤 차를 광고하게 하며 자사의 인쇄소를 통해 20개 국가의 언어로 광고문과 포스터를 만들어 보냈다.

중국에서 종이에 포장하여 바느질한 채 사용하던 방법이 티백Tea bag으로 개발되자, 립톤은 1910년 세계 최초로 프린트된 티백 태그Teabag Tag를 도입하였다. 티백 태그는 티백에 끈으로 연결된 종이 손잡이를 말하는데, 립톤은 티백 태그에 차를 우려내는 방법과 브랜드 이름 등을 프린트해서 판매하였다. 1952년 립톤은 '더블챔버 티백Double-Chamber Teabag, 챔버는 '공간'을 의미'을 발명해 특허를 받았다. 더블챔버 티백은 긴 티백 종이를 반으로 접은 형태로 되어 있고 4면을 통해 차를 우려내기 때문에 2면의 티백 보다 빠르게 풍부한 맛을 느낄 수 있다고 한다.

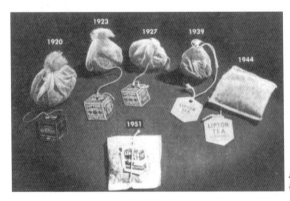

세계 최초로 티백 태그를 활용한 립톤의 광고

Chapter 11

제2차 산업혁명 시대와 광고

제2차 산업혁명의 시대

제2차 산업혁명은 산업혁명의 두 번째 단계를 표현하기 위해 역사학자에 의해 사용되는 단어로서 1865년부터 1900년까지로 정의된다. 이 기간에는 영국 외에도 독일, 미국의 공업 생산력이 올랐기 때문에 영국과의 상대적인 개념으로 이들 국가의 기술혁신을 강조할 때 특히 사용된다. 이 시대에는 화학, 전기, 석유 및 철강 분야에서 기술혁신이 진행되었다.

소비재를 대량생산하는 구조적 측면의 발전도 있었고, 식료품 및 음료, 의류 등의 제조기계와 더불어 가공, 운송 수단의 혁신, 심지어 오락 분야에서도 영화, 라디오와 축음기가 개발되어 대중의 요구에 부응했을 뿐만 아니라 고용의 측면에서도 크게 기여했다. 그러나 생산확대는 영국 빅토리아 시대 후반기의 대불황Long Depression, 1873~1896과 제국주의 국가들의 전쟁인 세계대전과 연결된다.

이 시대의 주목할 만한 발명은 증기동력으로 회전하는 인쇄기, 테슬라 코일, 백열전구, 교류 전기, 석유와 내연기관 기술 등이 있다. 18세기에 영국에서 개발된 증기기관은 유럽이나 기타 국가에서 산업혁명의 진행과 함께 19세기에 걸쳐 천천히 수출되었다. 1870년대 프랑스는 초기 자동차의 원동력으로 내연기관을 적용하는 시도가 이루어졌다. 연료로 석탄 가스 대신 석유를 사용하여 혁신을 이룬 것은 독일 고틀리프 다임러Gottlieb Daimler, 1834~1900이다. 그

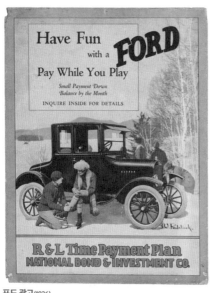

포드 광고(1926)

는 네 바퀴 자동차를 처음 개발하여 석유 내연기관을 자동차에 적용하였다. 이후 미국의 헨리 포드Henry Ford, 1863~1947가 내연기관을 완성하고 1892년 자동차를 만들고 1903년 세계 최초의 양산 대중차 포드 모델 TFord Model T의 제작을 시작하였다.

광고의 근대성과 새로운 기술들의 등장

20세기 초, 근대성은 그 시대를 살아가는 소비자가 지향해야 하며 바람직한 것으로 인식된다. 이 시기에 다양한 슬로건과 이미지를 통해 나타나는 근대적인 것들 중에 두드러진 것은 대량생산, 합리성, 남성중심주의이다. 산업혁명은 인간의 합리성으로 자연을 통제하며 기계화를 통해 인류의 발전을 이룰 수 있다는 세계관을 전제로 한다. 광고는 대량생산과 기계화로 대표되는 근대성을 강조하면서, 공장의 열악한 환경이나 노동자 현실은 배제시킨 채 소비의 즐거움을 부각하고, 대량생산에 우호적 태도를 형성하는 물질주의 문화에 중요 역할을 한다.

그렇지만, 이 시기의 광고는 겉으로는 혁신적 생산방식과 새로운 삶을 강조하면서도 내면에는 전통적·보수적 가치관을 담고 있었다. 전통과 보수적인 가치를 상징하는 할머니를 신제품과 함께 등장시킨다든지, 여성을 "분홍색 거품 같은 비합리성으로 가득찬 통"으로 설명하며, 남성은 외부활동을 하고 여성은 가정을 지키며 자녀를 양육하며 남성의 매력을 이끌어내야 하는 성적 대상으로 광고에 투영된다.

또한 이 시기의 광고는 근대적인 가치를 소비자들에게 계몽하는 역할을 수행하였다. 공장에서 생산되는 비누를 광고하면서 가정에서 만들던 비누와 비교하여 더욱 청결하다는 가치를 인식시킨다. 치약이 상품화되면서 광고는 사람들에게 양치 방법을 교육시킨다.

이런 광고들은 마치 청결을 합리적인 근대성 개념으로 소비자들을 설득하는 것처럼 보였지만, 본질은 공장에서 대량생산된 비누와 칫솔을 판매함으로써 막대한 이윤을 창출하는 데에 있었다.

킹 질레트King C. Gillette, 1855~1932는 면도기라는 물건을 만들어 질레트사The Gillette Company를 세우고 면도기 시장을 새로 만든다. 그는 팸플릿으로 면도 방법을 홍보하고, 광고를 통해 면도를 남성의 일상으로 자리 잡게 만들었으며, 여성의 겨드랑이털을 부끄러운 것이라는 관념을 고정화시켰다. 하지만 본질은 대량생산된 면도기의 판매와 이윤에 있었다.

1900년대 초 남녀 질레트 면도기 광고

기술을 기반으로 하는 카메라, 망원경, 음반 등 수많은 물건들이 발명되고 상품화된다. 전기와 자동차가 도입되어 확산되었고, 1908년에는 전기다리미, 1909년에 청소기와 식기 세척기 등이 발명되었다. 연이어 토스터기, 커피 주전자, 전구 등이 등장한다. 그때마다 광고는 신제품을 더 많이 판매하고 많은 이윤을 남기기 위해 근대성의 가치를 끌어들였다.

소비자 경제와 광고 일러스트레이터의 활동

19세기 후반에서 20세기 초반인 제1차 세계대전에 이르는 시기는 기술적 진보와 시장 변화, 대중의 소비지향적인 가치관이 본격적으로 형성되는 시기였다. 19세기 말 포장 혁명과 함께 등장한 브랜드화는 소비자 경제의 성장이 가져온 물질적 풍요와 만나 소비주의적 생활방식을 확산시키는데 이 과정에서 광고가 중요한 역할을 수행한다.

소비자 경제의 성장은 산업화에 따른 노동자의 평균임금 향상과 중산층 형성에서 비롯된다. 산업화가 진전되면서 노동자의 평균임금이 증가하고 중산층과 노동자 계층에서도 소비 제품에 대한 수요가 증가한다. 전국적인 체인점이 등장하여 확대되는 현상과도 관련된다. 체인점들은 대량주문과 대량판매를 통해 가격이나 다양성에서 중소 소매상을 제치고 빠른 속도로 성장할 수 있었다.

1900년대 들어 두드러진 현상은 기업들이 합병을 통해 규모가 거대해지고 철도, 석탄, 구리, 철강, 원유, 설탕, 담배 등에서 대기업들의 과점시대가 열렸다는 사실이다. 따라서 거대한 자본력과 높은 시장 점유율을 바탕으로 한 소수 브랜드 간의 치열한 경쟁이 시작된다.

20세기에 들어서면서 광고 포스터를 화가들이 그리던 유럽과 달리 미국은 전문 삽화가, 조셉 레이엔데커Joseph Christian Leyendecker, 1872~1951 같은 일러스트레이터들의 활동이 왕성했다. 1896년과

1950년 사이, 레이엔데커는 400여 컷 이상의 잡지 표지를 그렸다. 레이엔데커는 미국 일러스트레이션의 황금시대에《새터데이 이브닝 포스트》잡지 하나에만 322개의 표지를 그렸으며, 내지에도 많은 광고 일러스트 작업을 하였다. 레이엔데커는 "사실상 현대 잡지 디자인의 모든 아이디어를 창안했다"고 평가받는다.

레이언데커의 광고 일러스트 <애로우 칼라 & 셔츠>(1925)

이 광고의 애로우 칼라맨은 1905년부터 1931년까지 애로우 제품 광고에 등장한 남성 모델의 애칭으로서 레이엔데커가 만든 가공의 캐릭터이다. 광고주인 클루에트 피바디Cluett Peabody는 매일 세탁할 필요 없이 칼라만 떼고 붙이는 상품을 1825년에 내놓고 1905년부터 애로우맨을 광고에 등장시킨다. 빳빳한 셔츠 칼라 위로 세속에 무관심한 듯한 표정을 짓는 애로우맨은 20세기를 맞이한 미국 남성들이 되고 싶은 모습이었고, 미국 여성들이 사귀고 싶어 하는 남성상이었다. 가상의 인물인 애로우맨은 한창 인기 좋은 때에는 팬레터를 하루에 1만 7천여 통 받았다고 전해진다. 광고가 소비자들이 욕망하는 캐릭터를 내세워 성공한 전략이다.

19세기 말과 20세기 초의 두 가지 유통 방식

19세기에서 20세기 초반에 걸쳐 관찰되는 유통방식에는 두 가지가 있다. 먼저, 중간 도매상을 통해 소비자나 소매상에게 상품이 도달하는 방법, 그 다음으로 기업이 자체적으로 직영점을 운영하거나 우편판매, 영업사원 고용 등을 통해 유통에 직접 참여하는 방법이다.

도매상의 발전에 가속도가 붙은 것은 철도와 기타 운송수단의 발달로 상품을 수송하기 쉬워지고 도매상의 사원들의 이동도 원활해지면서다. 도매상은 결제 현금이 부족한 소매상에게 외상으로 물건을 공급하는 등 지역 소매상의 안정 유지에 큰 영향력을 행사한다. 제조업자들은 유통 도매업자들이 자신의 이익을 충분히 실현하지 않는다는 불만과 의혹을 항상 제기한다. 브랜드 제품을 생산하는 기업은 도매상을 거치면 제품유통에는 편리하지만 상당한 위험을 안게 된다. 유통업자들이 경쟁사 제품을 더 집중적으로 판매할 수 있으며 신제품과 진열에 대한 설득에 한계를 지닌다.

따라서 스타인웨이 피아노Steinway나 재봉틀 싱어Singer와 같은 기업들은 도매업자를 통한 유통보다는 직접 유통망을 구축하는 것이 더

싱어 재봉틀 광고(1899)

번스타인웨이 광고(1915)

효율적이라고 판단한다. 그럼에도 불구하고 생산 기업이 직접 유통에 나서는 것은 우편 주문을 받거나 직영 판매점 운영에 이윤의 상당 부분을 할애해야 하는 부담을 안게 한다.

1912년에 중개상의 역할은 소매상과 외상거래에서 발생하는 위험부담을 떠안고, 배송된 상품이 손상되거나 화재 등의 이유로 소멸되었을 때 책임을 지고 유통에 필요한 경비를 지불하며, 상품을 판매할 때 자신이 취급하는 상품의 정보를 제공하는 것이었다. 하지만 생산기업이 유통업체를 제치고 상대적인 우위에 오른 것은 광고의 힘이다. 광고를 본 소비자가 제품을 알고 찾으면 유통업자들은 소비자의 요구에 부응할 수밖에 없기 때문이다.

라디오 방송의 시작

1901년에 캐나다 출신의 무선공학자 레지널드 페선던이 최초로 전파에 음성을 전달하는 기술을 개발하여 "메리 크리스마스"라는 말을 전달한다. 마이크를 통해 소리를 전기 신호로 바꾼 뒤 연속 전파와 결합시키는 방법이었다. 12월 23일 메릴랜드 주의 콥 아일랜드에 위치한 기지국에서 최초의 무선 음성 송신을 진행하였다. 당시의 송신 내용은 '눈이 오면 전보를 쳐서 알려 달라'는 것이었다. 마르코니가 1904년 파장조정기 특허를 얻어 수신자들이 원하는 주파수를 조정하는 것이 가능해졌다.

이후 미국의 리 드 포리스트Lee De Forest가 전류 증폭을 가능하게 한 3극 진공관을 발명하여 음성 전달 라디오 방송이 가능해져서, 1906년 12월 24일에 레지널드 페선던Reginald Aubrey Fessenden, 1866~1932이 진폭 변조를 이용한 최초의 라디오 방송을 진행하였다. 방송을 진행한 매사추세츠 주 지역으로부터 수 마일 떨어진 대서양의 선박을 대상으로 목소리로 녹음된 1편의 시, 짧은 이야깃거리, 2곡의 음악을 전송하였다. 이 프로그램은 당시 반경 수백 킬로미터 내의 선박 무선기사들이 청취할 수 있었다.

1909년 파리 에펠탑에서 유럽 최초로 음성 송신을 하였고, 이듬해인 1910년에는 카루소Enrico Caruso의 노래를 방송하였으며, 1911년 뉴욕의 선거결과를 방송하였다. 이후 미국에서는 새너제이의 KQW, 디트로이트의 WWJ, 피츠버그의 KDKA를 비롯한 여러 실험방송이 이어졌다. 1912년 미국 의회는 라디오 법안을 입법하여 정부의 승인 없는 전파사용을 금지하였다. 제1차 세계대전 동안 미국은 미국 해군이 방송을 독점하도록 하였다. 제1차 세계대전이 끝난 이후 방송의 성격을 어떻게 할 것인가에 대해서 격론이 벌어진 결과, 유럽에서는 방송을 공공 서비스로 취급하여 국가 독점의 방송사 설립을 추진한 한편, 미국에서는 개인 영리 사업의 목적으로 하는 것으로 정해졌다.

영국의 라디오 방송은 미국과는 매우 다른 방식으로 발전했다. 최초의 성공적인 방송은 1919년 에식스Essex주의 첼름스퍼드와 아일랜드 사이에서 이루어져, 1920년까지 하루 30분 정규 프로그램이 방송되었다. 그러나 군사적 필수통신에 지장이 생길 것을 우려한 군대가 반발하자 우정국은 이를 금지시켰다. 실험방송도 개별적으로 우정국의 허가를 받아야만 했다.

1920년대 라디오 판매는 붐을 일으켰다.

1919년에서 20년 시기에 네덜란드, 캐나다 등도 어느 정도 다른 방식으로 라디오 방송을 시작하여 방송이 탄생된다. 이 시기는 제1차 세계대전이 끝나면서 정부가 군사적인 무선 방송에 대한 제한을 완화하던 때였다. 1910년에 가족이 함께 들을 수 있는 라디오 수신기가 발명되면서 상업방송은 1920년대에 마구 쏟아져 나왔으며 라디오는 매스 미디어의 기술발달을 앞당기며 대중에게 인기 있는 배우, 정치인, 아나운서 등을 등장시켰다.

1921~22년에 라디오 수신기기 판매는 엄청난 붐을 일으켰고 이것은 곧 방송국의 기하급수적 증가를 낳았다. 1922년 11월 1일자로 미국에서 인가된 방송국은 총564개에 이르렀다. 1922년에는 장거리 유선 전화선을 이용해 뉴욕의 방송국과 시카고의 방송국을 연결한 풋볼 시합 중계가 이루어져 라디오 방송의 새 지평을 열었다. 1926년 내셔널 방송회사NBC는 뉴욕 시의 WEAF를 구입해 방송 본국으로 사용하는 한편 영구 방송망을 설립해 일상 프로그램을 송신하게 했다.

신문에 실린 라디오 판매 광고(1920)

초기 미국의 라디오 방송은 양적인 면에서 급속히 발전했으나 규제가 없었기 때문에 혼돈상태에 빠졌고, 수신기기 제조업체와 대규모 방송국 사이의 협정 등으로 독점의 폐단도 나타났다. 미국 의회는 1927년 무선통신법을 제정해 독점을 금지하는 한편 연방통신위원회FCC를 설립, 난립하는 방송국에 주파수를 할당했다. 그 결과 NBC·CBS·MBS·ABC의 거대 4개 방송국 체제로 정립되어 오늘에 이르고 있다.

프로그램 후원으로 등장한 라디오 광고

제1차 세계대전이 종결되면서 군대에 의한 전파통제가 해제되자 많은 실험방송국이 아마추어 무선기사들에 의해 설립되었다. 이러한 실험방송국들은 대부분 가청구역이 수 킬로미터에 불과했으며, 청취자들 또한 당시의 실험적인 방송인들처럼 수신장비들을 갖추고 취미의 일환으로 즐겼다. 방송이 처음 등장한 이래로 라디오 청취인구는 엄청나게 증가했고, 이에 힘입어 오락과 정보 프로그램 방송을 목적으로 한 방송국이 설립되었다. 최초의 상업방송국은 피츠버그의 KDKA로, 1920년 11월 2일 저녁에 워런 하딩과 제임스 콕스의 대통령 선거전에서 워런 하딩의 당선 발표를 첫 방송으로 하면서 방송업무를 개시했다.

KDKA 방송과 음악방송 프로그램 등의 성공으로 이와 유사한 여러 방송국이 설립되었는데 1921년 말엽까지 미국에서는 총8개의 방송국이 운영되었다. 라디오 방송이 인기를 끌면서 방송국은 라디오 수신기기를 제조·판매하거나 광고방송을 함으로써 운영비를 충당할 수 있게 되었으며, 마침내 광고는 방송에서 주요한 재정후원수단이 되었다.

1920년 1월 미국 워싱턴 D.C. 근교의 아나코스티아 해군비행장의 군악대 연주가 방송되었고, 같은 해 11월 2월에는 웨스팅하우스사에서 피츠버그에 세워진 KDKA가 100W 출력을 통해 세계 최초의 정규 라디오 방송으로 탄생하게 되었다. 그리고 KDKA에서 그 해 실시된 제29대 대통령 선거의 결과를 방송하였다. 1922년에는 뉴욕에서 광고방송을 하는 최초의 상업 방송인 WEAF이후 WNBC AM를 거쳐 현재의 WFAN이 됨가 개국되었다.

　　라디오 방송사와 기업들이 라디오 프로그램이 지닌 광고 효과를 파악하는 데는 오래 걸리지 않았지만 처음에는 기업이 프로그램을 후원하는 방식을 취했다. 1926년에 개국한 NBC의 방송 프로그램인 〈프레드 앨런 쇼Fred Allen Show〉는 코미디언 프레드 앨런Fred Allen과 그의 아내 포틀랜드 호파Portland Hoffa를 주연으로 하는 라디오 코미디 프로그램으로서 17년 동안 지속될 정도로 인기를 끌었다. 이

<프레드 앨런 쇼>

프로그램은 리닛배스비누Linit Bath Soaps, 헬맨스아모라Hellmann's amora, 아이패나치약Ipana, 샐헤파티카Sal Hepatica, 텍사코Texaco, 텐더리프티Tenderleaf Tea, 포드자동차 Ford Motor Company 등이 후원하였으며 1949년에 끝났다.

뤼미에르 형제의 영화 발명과 할리우드의 탄생

1891년, 에디슨의 연구원 윌리엄 로리딕슨William Kennedy Laurie Dickson 은 35mm 필름이 지나가는 영사기를 개발한다. 에디슨은 1888년에 키네마스코프kinetoscope 개념으로 특허를 받았다. 사진가 앙투안 뤼미에르Antoine Lumiere는 에디슨의 활동사진 영사기인 키네토스코프 kinetoscope를 전시회에서 접한다. 그는 자신의 두 아들 뤼미에르 형제Auguste et Louis Lumière에게 키네토스코프에 대해 이야기해준다. 그후 뤼미에르 형제는 1895년에 자신들의 영화 기계인 시네마토그래프cinematograph를 개발하여 사진을 찍어 1초에 16 프레임을 영사하였다. 시네마란 단어가 여기서 유래된다. 에디슨의 발명품과 다른 것은 큰 스크린을 통해 본다는 점이며, 따라서 시네마그래프는 영화 산업의 맹아를 틔웠다.

영화 <열차의 도착>

<열차의 도착> 영화 포스터

화가에서 사진작가로 전향한 이 두 소년은 아버지가 정착한 리옹에서 학창시절부터 과학과목에 두각을 나타냈다. 루이는 수익 높은 필름의 개발을 연구하다 18세 때 연구의 성과를 보자 아버지로부터 재정적인 도움을 받아 형제는 사진건판 생산공장을 세웠다. 이 공장은 연간 약 1,500만 개의 사진판을 생산할 정도로 큰 성공을 거두었다. 형제는 자신들이 발명한 시네마토그래프를 이용하여 최초의 영화를 찍었다. 주요 작품으로는 〈리옹의 뤼미에르 공장을 나서는 노동자들Sortie des Usines Lumière à Lyon〉, 〈열차의 도착L'Arrivée d'un Train en Gare de la Ciotat〉1895 등이 있다.

1902년에는 쥘 베른Jules Verne의 소설 《지구에서 달까지From the Earth to the Moon》를 각색한 조르주 멜리에스Jules Verne, 1861~1938 감독의 흑백 무성영화가 상영된다. 초당 16프레임에 총길이는 14분이었다. 이 영화는 달의 눈에 로켓이 착륙하는 장면으로 잘 알려져 있는데, 스톱 모션stop motion 기법으로 만들어진 영상 가운데 최초의 것이다. 멜리에스는 마술사이며 영화제작자로서 특수효과 개념을 고안해 영화에 도입한 것으로 유명하다. 그는 미국에서 영화를 개봉해 수익을 보려 했으나, 토머스 에디슨의 기술자들이 몰래 영화를 복제해 팔아 결국 에디슨만 돈을 벌었다. 멜리에스는 미국에서 한 푼도 벌지 못하고 곧 파산했다.

카메라와 영사시설에 대한 사용특허권은 대부분 에디슨이 갖고 있었다. 에디슨은 필름 제작사인 이스트먼코닥사와 계약을 맺고 회사의 인가를 받은 회원에게만 필름을 공급하도록 제한했다. 이와

최초의 공상과학영화 <달로의 여행Le
Voyage dans la lune>(1902)

같이 미국의 동부에서는 촬영 기술과 관련된 특허에 대한 통제가 매우 강화된 상태였다. 그러던 중 1908년 미국 서부 지역인 할리우드에 영화특허회사Motion Picture Patents Company사가 설립되자 많은 독립영화사들이 미국 동부의 강력한 법적 규제와 트러스트 집단의 견제를 피해 남캘리포니아로 이주했다. 1900년대 초 할리우드가 인구 500명의 작은 농촌에 불과했지만, 미국 서부지역에 할리우드가 형성된 것은 저작권에 대한 통제력이 미치기 힘든 곳이라는 지역적 특징 때문이었다. 또한 캘리포니아의 좋은 날씨와 밝은 햇빛당시에는 전구가 있었지만, 그래도 가장 좋은 광원은 햇빛이었다이 영화촬영에 유리하다는 판단도 이주의 원인이 되었다. 그 결과 미국 동부의 뉴욕과 뉴저지 일대에서 번성하였던 영화산업이 할리우드로 옮기기 시작하면서 발전하기 시작해, 20세기의 영화산업을 대표하는 곳이 되어 지금에 이르렀다.

영화 광고의 시작

극장 광고라고 불린 영화 광고는 1896년 4월 뉴욕시 코스타 바이아Costa Bahia Hotel의 뮤직홀에서 처음 시작된다. 다음해에 한 광고인이

빌딩에 대형 스크린을 걸어 영화 광고를 실행하였다. 에디슨은 영화 기계뿐만 아니라 영화도 여러 편 만들었는데 그중에는 광고 영화도 몇 편 있다. 에디슨은 담배 광고를 만들었는데 이것이 19세기에 제작된 유일한 광고 영화이다.

광고 영화는 결국 영화의 막간에 상영하여 지역 상점을 홍보하는 데 활용되었다. 극장의 광고 영화는 현재까지 지속적으로 활용되고 있는데, 인구 1,000명에게 도달하기 위한 비용이 가장 적은 광고 미디어로 평가되고 있다. 광고 영화와 함께 기업이 직원을 위해 교육용 영화, 데먼스트레이션 영화, 작업 교육 영화, 홍보 영화 등 여러 가지 목적의 영화들이 만들어졌는데, 이를 산업영화라고 한다.

에디슨이 만든 19세기 유일한 담배 영화 광고(1827)

Chapter 12

두 번의 세계대전과 대공황 시대의 광고

제1차 세계대전

제1차 세계대전1914년 7월 28일 ~ 1918년 11월 11일은 약 4년 4개월 동안 지속된 최초의 세계적 차원의 전쟁이었다. 제국주의 국가로 변한 국가들이 모두 참가하였다. 식민지 세력권의 확대를 둘러싼 대립에서 비롯된 전쟁으로서, 특히 세계적인 우위를 확보하고자 하는 영국에 대한 독일의 도전이 발단이었다. 전쟁 상황은 제국주의 국가들과 그 식민지들이 합세하여 전차·비행기 등 신병기에 의한 소모전, 경제력·병력을 모조리 동원한 총력전과 장기전이 되었다. 1914년 8월에 독일은 러시아에도 선전포고를 했으나, 3년 후 사회적 모순을 안고 있던 러시아에서는 1917년 11월 혁명이 일어나 소비에트 정부가 들어서게 되었고, 다음 해인 1918년 3월 소비에트 정부는 독일과 단독 강화를 맺었다.

독일이 잠수함을 이용한 선박의 무차별 공격으로 미국의 상선

들을 침몰시키자, 미국이 참전하였다. 마침내 1918년 독일에서 킬 군항의 해군들의 폭동으로 인하여 빌헬름 2세는 퇴위하였고, 바이마르 공화국이 수립되었다. 11월 연합국과 독일 간의 휴전이 성립됨으로써 전쟁은 끝났다. 이 전쟁은 영국, 프랑스, 러시아 등의 주요 연합국과 독일, 오스트리아, 불가리아,

군입대를 권유하는 영국의 선전 포스터와 미국, 소련, 이탈리아의 포스터(1914)

오스만 제국 등의 동맹국이 양진영의 중심이 되어 싸웠으며 약 900만 명이 전사하였다. 전쟁이 끝난 후엔 미국의 우드로 윌슨 대통령의 제안으로 국제 연맹이 설립되었다.

정치선전의 전형이 된 키치너 포스터

제1차 세계대전은 포스터라는 광고 미디어가 가장 효과를 발휘한 시기로 기록된다. 세계의 다른 나라들이 비슷한 유형의 포스터를 사용한다. 하나의 손가락이 포스터를 보는 사람을 향하고 포스터의 인물의 눈동자는 정면을 향한 채 국가의 위기를 위해 나서라고 명

령하거나 호소한다. 이런 포스터의 전형을 만든 것이 1914년 영국 군 신병을 모집하기 위한 포스터이다.

세계대전이 일어나자 영국의 허버트 애스퀴스Herbert Asquith 수장은 전쟁부라는 기관을 만들어 키치너 경Lord Kitchener을 장관에 임명한다. 그는 독일군에 맞설 대규모 군대를 소집하라는 특명을 띠고 모병 캠페인을 펼쳤다. 그는 양쪽 끝이 둥글게 말아 올린 콧수염을 한 자신의 그림을 통해 포스터에 등장하여 "당신을 원한다WANTS YOU"는 명령에 가까운 슬로건으로 젊은이들의 동참을 호소했다. 이 포스터는 영국의 일러스트레이터인 알프레드 리테Alfred Leete, 1882~33 가 그린 것이다. 이 선전 포스터는 모든 나라에 아이디어를 확산시켜, 전쟁 상대국인 독일과 사회주의 국가였던 소련, 그리고 대서양 건너 미국에까지 널리 퍼져 정치선전의 전형이 된다.

프로파간다의 시대

선전propaganda은 여론에 영향을 줄 목적으로 사실·주장·소문·유언비어 등을 퍼뜨리는 활동이다. 사람들을 설득시키기 위한 조직적 노력인 선전은 매스 커뮤니케이션을 통하여 활발하게 이루어지는 방식이며, 여기에는 의도적으로 일방적인 주장을 대중에게 전달하는 행위도 포함한다. 선전에서는 일방적인 주장의 형식이 매우 흔하게 사용되는데, 이것은 어떤 제안의 장점 또는 단점만을 강조하

남성들에게 입대를 권유하는 여성을 담은 영국 선전 포스터(1915)

여 특정 이미지를 전달하거나 퍼뜨리려는 의도 때문이다.

에드워드 버네이스Edward Bernays, 1891~1995는 선전을 "기업이나 사상 또는 집단과 대중의 관계에 영향을 미치기 위해 사건을 새로 만들거나 일정한 방향으로 끼워 맞추려는 일관된 노력"이라 정의한다. 제1차 세계대전에서 미국은 참전을 결정하면서 국민들을 설득하기 위해 전쟁선전기구인 '연방공보위원회'CPI, committee on public information를 만들고 국민들을 선동해 호전적인 애국주의를 부추겼다. 1912년 대학을 졸업하고 뉴욕시 상품거래소에서 곡물 유통업무를 하다가 그만두고 친구의 의학잡지사에서 기자로 일하며 PR 업무를 시작하면서 버네이스는 언론 대행인으로서 여러 문화 행사를 성공리에 이끈 후 연방공보위원회에서 선전활동을 펼친다. 그는 이 활동을 심리전이라고 설명했다.

심리전Psychological warfare은 "다른 사람들의 계획된 심리적 반응을 불러일으키기 위해 주로 심리학적 방법으로 수행되는 모든 행동"을 뜻한다. 군사용어사전에서는 심리전에 대해 국가정책의 효과적인 달성을 지원하기 위하여 아군이 아닌 기타 모든 국가 및 집단의 견해, 감정, 태도, 행동을 아군에 유리하게 유도하는 선전 및 기타 모든 활동의 계획적인 사용이라고 설명한다. 전쟁 상대국에 대한 선전과 민족주의와 애국주의 선전, 그리고 여성에 대한 선전을 통해 제1차 세계대전은 선전활동의 시작점이 된다.

선전 행위에서는 사람들의 신념과 태도를 조종하기 위해 표어, 그래픽, 깃발, 기념조각물, 옷, 휘장, 우편 스탬프 디자인 등 다양한 상징이 폭넓게 사용되었다. 전쟁 체제에서는 사실상 모든 매스 미디어가 노골적으로 선전의 도구가 되어 국가의 권위와 위력을 찬양하고 대중에게 국가의 이상과 목표를 기꺼이 받아들이게 하는 일에 동원된다. 20세기에 들어오면서 과거에 선전의 주요도구였던 그림과 글자 미디어가 라디오·영화·텔레비전 등으로 대체되면서 일반 대중에게 더욱 생생한 선전 상징을 전달할 수 있게 되었다.

성녀 이미지를 간호사에게 적용한 적십자 광고

전쟁과 광고

자본주의 사회에서는 전쟁의 시기에도 기업활동은 여전히 지속된다, 심지어 광고와 마케팅. 다른 점이 있다면 전쟁이라는 상황에 국가권력과 기업들이 집중하면서 기업들은 전쟁이라는 상황이 만들어낸 시장과 수요 상황을 최대한 활용한다는 점이다. 전쟁터에서는 전투가 벌어지지만 전투에 사용되는 무기와 생활용품 들은 모두 기업이 국가에게 판매한 상품이며 국가와 정부는 소비자인 국민이 낸 세금과 성금으로 전쟁물자를 구매하여 전쟁을 수행한다.

CHOCOLATE IS A *Fighting* FOOD !

제1차 세계대전 시기 전쟁환경을 활용한 초콜릿 광고

제1차 세계대전 중 광고인들은 전쟁 수행에 적극 기여하는 모습을 보여준다. 이 모습들은 기업에 대한 불신을 상당 부분 해소했을 것이다. 광고는 전쟁을 거치면서도 사람들에게 영감을 불러일으키고 사람들의 마음을 움직이고 생활습관을 변화시키고 특정 정책 노선이나 주의에 대한 신념과 가치관을 갖게 하며 애국을 위한 행위를 하게 만드는 사회적 역할을 수행한다. 제1차 세계대전 중이었지만, 1910년경에는 더 많은 소비를 촉진시키기 위해 할부판매가 도입된다. 할부판매 제도는 낭비와 사치의 개념으로 인식되어 기피 대상이었는데 자동차나 재봉틀, 가전제품, 모피 코트, 가구 등 같은 고가의 소비재가 대량생산되면서 신용구매가 권장하는 분위기로 바뀌었다.

1918년 제1차 세계대전이 끝나자 승전국들에게 경제발전 기회를 제공하고 미국도 전쟁을 통해 거대 산업국가가 된다. 생산성을 향상하기 위한 기업의 대대적 노력으로 상품이 넘쳐나고 노동자의 임금이 인상되고 여성의 사회진출이 증가하고 가계소득이 늘어나면서 사회 전반에 소비 추구 분위기가 확산된다. 제1차 세계대전 중에 개발된 기술들은 전쟁이 끝나면서 민간 영역으로 확산되어 신상품과 새로운 수요를 창출한다. 낙하산을 만들던 나일론이 스타킹으로 제품화되고 레이더 기술은 전자레인지로 상용화된다. 이러한 경제성장, 기업 규제 완화, 소비에 대한 관용적인 사회분위기가 어우러져 광고가 1919년에서 1929년까지 150%나 증가한다.

소비자로서 여성의 등장

APPLY
U.S. EMPLOYMENT SERVICE

제1차 세계대전 시기 미국 정부 광고 포스터

전쟁 시기에는 남성들의 직업으로 간주되던 일들을 여성들에게 맡기기 위해 여성의 직업 참여를 적극 권장하는 광고와 선전이 이어진다. 이러한 직업 중에는 기계공, 탄약 공장에서 일하기, 농업, 보조 부대의 전선 지원, 전선의 간호사 등이 포함되었다. 여성들이 경제력을 획득하면서 화장품, 실크, 스타킹 등 여성을 상대로 한 상품이 등장하고 여성 흡연을 장려하는 광고라든지 가정 필수품이 된 사적 위생 부분의 상품들이 제공된다. 제1차 세계대전을 전후한 시기, 마케터와 여성잡지 발행인들 사이에서 소비자는 남성이 아니라 여성이라는 인식이 사회적으로 확대되어 소비를 창출하기 위한 광고에서 여성에게 어필하는 것의 중요성이 발견된다.

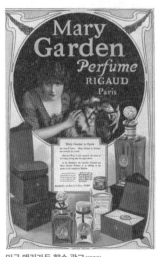

미국 매리가든 향수 광고(1920)

여성잡지는 기사들을 통해 여성성과 소비자주의를 연결시키는 데 지대한 역할을 한다. 《레이디스 홈 저널》은 전국의 수용자에게 소비의 젠더화gendering를 논의하고 재현하고 여론화한 최초의 잡지로서 주된 쇼핑객은 여성이며 남성이 쇼핑을 한다면 집을 사거나 하인을 고용할 때 정도이며 여성의 일은 각종 생활용품이나 가구, 전기제품 등을 소비함으로써 이루어진다는 글을 게재한다. 광고에는 그 내용에 걸맞은 여성들이 등장한다.

역사적 자료들에서는 여가와 오락과 관련된 소비에서 남성이 여성보다 훨씬 더 많은 가계소득을 할애하고 있으며 소비에 있어서 남성이 주변적이지는 않은 편이다. 하지만 남성의 주된 항목은 유흥, 오락, 여가활동 등 광고가 필요하지 않은 영역이며 여성은 가정용품과 가족용품을 소비하는 주된 소비자 영역이다.

1920년대 담배 광고

담배 광고의 시작은 리처드 레이놀드R. J. Reynolds가 설립한 회사 레이놀즈타바코의 카멜Camel부터이다. 1900년대까지 미국의 담배 시장은 카멜과 체스터필드Chesterfiled, 러키 스트라이크Lucky Strike 등의 브랜드들이 경쟁하고 있었다. 레이놀드타바코는 낙타를 캐릭터로 사용하여 이국적인 분위기를 자아내는 담배 카멜을 내놓는다. 카멜의 광고는 미국에서 가장 오래된 광고대행사인 에이어앤선이 맡았으며, "카멜을 사려고 1마일이나 걸어 왔소"라는 카피를 사용한다. 이 카피는 다양한 인종과 민족이 이민을 와서 구성되는 미국 사회의 성격을 반영하여 영어, 중국어, 노르웨이어, 스페인어 등 다양한 언어로 광고되어 오늘날 인종과 민족의 특성을 감안한 에스닉ethnic 커뮤케이션의 효시라고 부른다.

광고대행사 에이어앤선이 제작한 카멜 담배 광고
"카멜을 사려고 1마일이나 걸어 왔소"

담배회사들은 남성의 전유물로 인식되던 담배 시장 확대를 위해 1920년부터는 여성을 대상으로 한 담배 캠페인을 벌여 여성 흡연에 대해 부정적인 보수적인 사회분위기를 반전시킨다. 1927년에는 카멜 광고 이미지를 응시하는 여성의 모습이 포스터에 등장했고, 1930년에는 남성에게 담배를 권하는 여성을 표현한다. 담배를 자유의 상징과 여성해방과 연계시키고 유행에 앞서가는 여성, 상류층 여성, 사회적 인정의 이미지와 연계한 것이다.

여성을 캐릭터로 등장시킨 1920년대 카멜과 럭키 스트라이크 담배 광고

소비사회를 위한 가이드라인

산업화에 의한 대량 생산체제가 언제나 대량소비로 이어지는 것은 아니다. 제1차 세계대전이 끝난 이후 소비의 부족 현상이 드러났고 광고인들은 소비자를 만드는 역할을 맡는다. 미국 역사학자인 롤랜드 마천드Roland Marchand, 1933~1997는 광고가 대중에게 소비 방식과 사회적 관계 맺기의 교육자 역할을 한다고 설명한다. 광고가 제품의 특성을 알려주는 수준을 넘어 소비에 대한 취향을 키우고 특

정 상품을 사회적으로 적절하게 사용하는 방식, 심리적 만족을 얻는 방법까지 안내하기 시작한다는 의미이다.

산업혁명과 세계대전을 치르며 전통사회의 해체와 자본주의와 도시적 환경에 적응하여 살아가면서 사람들은 언제나 삶에 대한 불안감을 안고 있었다. 사회구성원들과는 어떠한 관계를 형성해야 하는지, 남편과 아내의 관계는 어떻게 유지되는지, 아이들은 어떻게 키워야 하는지, 새롭게 등장한 제품들은 어떻게 사용해야 하는지와 같은 근대적 삶을 위한 안내서의 역할을 광고가 수행했다는 것이다. 하지만 광고가 하는 안내는 결국 소비로 귀결된다.

소조돈트Sozodont 치약 광고는 여성들이 치약을 사용하여 희고 가지런한 치아를 유지해야 사랑을 얻을 수 있다는 가이드라인을 제시한다. 남성들은 질레트Gillette 면도기의 안전한 사용법을 익혀 매일 사용하는 취생 습관을 가져야 한다. 화장실에서는 깨끗한 스콧Scott사에서 제작한 화장지를 써야 건강할 수 있다고 소비자들에게 교육하고 있다.

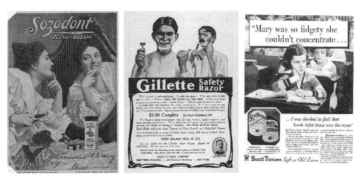

근대적 삶을 위한 안내서의 역할을 수행하고 있는 소조돈트, 질레트, 스코트 광고

대공황기의 광고

대공황은 1928년부터 일부 국가에서 일어나기 시작한 경제공황이 1929년 10월 24일, 뉴욕 주식시장의 대폭락, 즉 검은 목요일에 의하여 촉발되어 전 세계로 확대된 경제공황을 의미한다. 이로 인하여 기업들의 도산, 대량 실업, 디플레이션 등이 초래되었다. 개별 국가 경제가 밀접히 연결되어 있었고, 자본의 흐름도 자유로웠기 때문에 공황은 세계적 규모로 짧은 시간 내에 확대된 반면, 시장을 통제할 수 있는 규제는 그 당시 아직 발전되어 있지 못하여 피해의 규모는 걷잡을 수 없이 커졌다. 자본주의는 대공황에 의하여 1920년대의 황금기에 종언을 고하였다.

이 상황을 1929년의 대공황Depression of 1929 또는 1929년의 슬럼프Slump of 1929라고도 한다. 1929년 10월 24일 뉴욕 월가의 '뉴욕주식거래소'에서 주가가 대폭락한 데서 발단된 공황은 가장 전형적인 세계공황으로서 1933년 말까지 거의 모든 자본주의 국가들이 여기에 말려들었으며, 여파는 1939년까지 이어졌다. 이 공황은 파급범위·지속기간·격심한 점 등에서 그때까지의 어떤 공황보다도 두드러진 것으로 대공황이라는 이름에 걸맞은 것이었다. 제1차 세계대전 후의 미국은 표면적으로는 경제적 번영을 누리고 있는 것처럼 보였지만, 그 배후에는 만성적 과잉생산과 실업자의 위험이 커져가고 있었다. 이런 배경 때문에 10월의 주가 대폭락은 경제적 연쇄를 통하여 각 부문에 급속도로 파급되어, 상품 재고의 급증, 제반 물가의 폭락, 생산의 축소, 경제활동의 마비상태를 야기했다. 기업도 산이 속출하여 실업자가 늘어나, 33년에는 그 수가 전 근로자의 약 30%에 해당하는 1,500만 명 이상에 달하였다.

대공황 시기에 광고주들은 캠페인 예산을 최대한 줄여나갔으며 소비지출도 크게 둔화된다. 경제가 극도로 어려워지면 소비자 심리가 극도로 위축되고 기업은 광고예산을 삭감하여 공황이 심각해지면서 광고업계는 12~15% 정도 매출이 감소했다.

불황기의 광고는 경제 불안정에 대한 사람들의 공포나 불안감을 자극하는 선정적인 내용이 도입되는 양상을 보인다. 행복한 사람들로 가득찼고 아름답고 이상적인 생활방식이 지배적인 광고는 현실과의 괴리감을 주었을 것이다. 결국 광고인들은 환상적 인물 대신 소비자가 공감할 수 있는 인물을 설정하고 저렴한 가격을 부각시켜 공황기를 살아가는 대중의 절약 정신을 광고에 녹여낸다.

대공황 시기의 광고들에서 나타나는 특징들 중 하나는 불안한 심리를 활용하는 것이었다. 소비자의 불안한 심리에 착안하여 죄책감, 공포, 수치감 등을 불러일으키는 선정적이고 과장된 카피를 활용한다. 남성의류 브랜드인 하트, 샤프너, 막스는 첫인상을 강조하고, 주부에게는 남편 외모 관리가 아내의 책임이라는 내용을 담는다. 질레트 면도기 역시 면도를 깨끗이 하지 않으면 회사 동료에게 따돌림을 당할 수 있다고 강조한다. 또한 코코몰트Cocomalc는 어린이가 약한 것은 엄마 탓이라는 카피로 우유를 광고한다. 어머니들에게 죄책감과 사회적 수치심을 유발시켜 판매 신장을 달성한다. 또한 보험료를 납부하지 않아 학교를 떠나야 하는 아이들을 보여준다.

경제공황은 비교 광고를 범람시켜 윤리의 선을 무너뜨릴 수준에 이른다. 크라이슬러 자동차Fiat Chrysler Automobiles 는 자사 제품의 경쟁 브랜드인 포드, 제너럴 모터스 제품과 비교 광고하는 방식의 막을 올린다. 뿐만 아니라 만화 광고가 등장하는 시기도 대공황시대와 맞물려 있다. 당시 만화 광고는 갤럽연구소의 조사에서 신문 수용자들이 가장 선호하는 방식으로 밝혀진다.

대공황기의 불안감을 활용한 코코몰트 광고와 만화를 사용한 아이보리 비누 광고

라디오 광고의 중요성 증가

대공황은 가족 미디어로서 라디오의 중요성을 증가시켰다. 불황의 여파로 영화계도 타격을 입고 극장 역시 관객을 잃은 상황에서 오

락거리로서 사람들에게 각광을 받는 것이 라디오였다. 1937년경 미국 가정의 75%가 라디오를 보유하고 있었다. 라디오는 강력한 커뮤니케이션 도구로서 광고주들에게 지대한 관심을 받았으나 최초의 라디오는 "초대 받지 않은 한 개인의 사생활에 침입할 수 없다"는 믿음과 전파는 공중의 재산이라는 인식 때문에 광고를 허용하지 않았다.

1922년 뉴욕 라디오방송국 WEAF가 최초의 10분짜리 부동산 회사 광고로 주택 구매를 권유하였다. 광고 효과는 즉각 입증되었고 1년 이내에 25개의 광고주를 확보한다. 당시 라디오 광고 방식은 광고주들이 프로그램 하나를 제작하는 데 필요한 비용과 프로그램 내용까지 제공하고 프로그램 서두와 말미에 자사 제품의 명칭을 언급하는 형태가 일반적이었다. 질레트사의 수염 패션에 대한 토크쇼, 조지 오슨 웰스George Orson Welles의 라디오 드라마 〈우주 전쟁〉, 시리얼 생산하는 제너럴 밀스 사는 어린이 대상 모험극을 제공하고 자사 제품의 이름을 드라마 일부에 사용한다.

1930년대 잡지에 실린 라디오 판매 광고

제2차 세계대전과 광고

1939년부터 1945년까지 유럽, 아시아, 북아프리카, 태평양 등지에서 독일, 이탈리아, 일본을 중심으로 한 국가들과 영국, 프랑스, 미국, 소련 등을 중심으로 한 연합국 사이에 세계적 규모의 전쟁이 벌어진다. 이 두 번째 세계대전은 1939년 9월 나치 독일군이 폴란드의 서쪽 국경을 침공하고, 소비에트 사회주의 공화국 연방군이 1939년 9월 폴란드의 동쪽 국경을 침공한 것으로 시작된다. 1945년 8월 6일과 8월 9일, 미국의 원자폭탄 투하 이후 8월 15일 일본 제국이 무조건 항복하면서 사실상 끝이 났다.

제2차 세계대전은 지금까지의 인류 역사에서 가장 큰 인명과 재산 피해를 낳은 전쟁이었다. 전사자는 약 2,500만 명, 민간인 희생자도 약 3,000만 명에 달했다. 일본은 1937년 중국 침략 때 난징 등에서 대학살을 감행, 겁탈과 방화를 일삼으며 수십만 명의 난징 시민을 살해하고, 1938년부터 일본인을 비롯한 조선인, 중국인, 동남아시아인 등 여러 나라의 여성을 일본군 위안부로 동원하였으며, 독일은 인종 청소라는 이유로 수백만 명 이상의 사회주의자와 유대인, 집시 들을 학살했다.

한때 독일은 유럽의 거의 대부분과 소련 서부지역까지도 점령했다. 점령에는 실패했지만 영국에 대해서도 총공격을 개시했다. 미국은 1945년 3월 10일 일본의 수도 도쿄와 그 주변 수도권 일대를 폭격한 이른바 도쿄 대공습을 감행해 15만 명을 살상했고, 같은

해 8월에 히로시마와 나가사키에 원자 폭탄 공격을 감행하여 약 34만 명을 살상하였다. 영국 공군과 미국 육군항공대는 드레스덴과 뮌헨 공습을 감행하여 각각 20여만 명을 살상하는 등, 전쟁과 상관없는 민간인들의 피해도 심했다.

제2차 세계대전 시기에 광고 메시지의 주된 내용은 '전쟁에서 승리를 거두기 위해 기업은 무엇을 하고 있으며 시민들은 어떻게 기여할 것인가'였다. 미국이 1941년 참전을 결정했을 때 공황의 긴 불황에 빠져 있던 기업과 대중은 참전을 반겼고 가전제품이나 자동차 공장들은 조업을 중단하고 무기를 생산하기 시작했다.

1942년 광고계는 제1차 세계대전 때처럼 전시광고자문위원회War Advertising Council를 만들어 광고로 축적해온 설득 기술과 인적 자원을 정부에 제공한다. 상품광고가 자취를 감추고 승전을 위해 기업이 열심히 역할을 수행하고 있다는 것을 보여주어 대중에게 호감을 사려는 것이다.

캐딜락 자동차기업은 '공격의 선봉대'라는 슬로건으로 미국 국기가 붙은 탱크나 힘차게 날아다니는 전투기 군단을 보여주며 첨단무기에 캐딜락 부품이 사용되었음을 강조했다. 텍사코Texaco 정유회사는 자사에서 가공한 원유가 전투기용 연료로 사용된다는 사실을 알리고 여성 항공기 조립공을 광고에 등장시켜 여성들이 군수산업에 참여함으로써 애인을 구할 수 있음을 강조한다. 광고 아랫단에는 연료와 타이어를 절약하기 위해 운전 속도를 늦추고 전쟁채권을 구입하도록 독려하는 메시지를 첨가했다.

제2차 세계대전 시기의 캐딜락 광고와 텍사코 정유회사 광고

　　채소 통조림 기업은 병사들에게 보낼 채소를 위해 후방의 대
중은 집 뒷마당에 '승리의 정원'을 만들어 키우도록 장려했다. 전화
회사 벨Bell은 병사들이 사랑하는 이에게 전화를 걸 수 있게 국제전
화 자제를 호소하고 전시광고자문위원회는 에너지 절약, 안보, 근
검을 강조하는 광고를 실시하여 "자동차를 혼자 타고 간다면 히틀
러를 태워주는 것이나 마찬가지이다"라는 위협적인 카피를 강조
했다. 1940년의 포스터들은 "부주의한 잡담이 생명을 빼앗아간다
careless talk costs lives"는 공동의 슬로건을 사용하여 생활공간의 곳곳에서
차이가 존재한다는 것을 강조한다.

제2차 세계대전과 나사공 로지

영화 〈나사공 로지Rosie the Riveter〉는 제2차 세계대전 당시 미국의 군

수공장에서 일한 여성들을 대표하는 문화적 상징이다. 남성들이 전장에 나서자 여성들이 그 자리를 채웠다. 세계대전은 국가의 모든 자원을 동원하는 총력전의 양상을 보였고 남성들이 일터에서 벗어나 전선에 투입되자 여성들이 그 자리를 대체하였다.

제2차 세계대전 당시 미국의 취업 여성은 1,900만 여명에 달했다. 이들 가운데 많은 수는 이미 전쟁 전부터 낮은 임금을 받으며 공장에서 일했고 전쟁 기간에는 일을 그만 둔 여성들도 공장에 재취업하라는 압력을 받았다. 제2차 세계대전 동안의 광고에서 여성의 모습은 씩씩하고 의지가 넘치는 이미지를 제시해 후방에 있는 여성들이 전쟁을 위한 활동에 동참할 것을 권유한다. 군수물품의 수요를 위해 부족한 노동력을 보충하는 방법은 가정에 있는 여성을 나오게 하는 것이었다.

남성의 전유물로 인식되던 생산공장에 여성을 모집하는 일은

하워드 밀러가 나사공 로지와 연관시켜 제작한 토스터(1943)

쉽지 않았기 때문에 정부와 기업은 대중문화 영역을 통해 설득한 것이다. 1942년에는 〈나사공 로지〉라는 노래가 미국 전역에서 유행했다. 이 포스터 나사공 로지는 제2차 세계대전이 한창이던 1943년의 것이다. 1944년 영화 〈나사공 로지〉는 여자도 훌륭한 항공기 조립공이 될 수 있다는 내용을 담고 있다. 전쟁 이전

에는 성적인 매력이 넘치고 가정에 머무르면서 가족에게 헌신하던 여성에서 남성처럼 힘든 육체적 노동도 거뜬히 소화할 수 있는 여성으로 변모한 것이다.

그러나 전쟁이 끝날 무렵에는 여성이 가정에 머물러야 한다는 메시지가 대중문화 전반에 다시 확산되었다. 전장에 참전했던 남성들에게 일자리가 필요해졌기 때문이다. 이때의 전략이 '죄책감에 의존하기'로 '아기에게는 엄마가 필요하다'는 메시지를 강조했다.

Chapter 13

테크놀로지의 발달과 광고 방송의 새로운 변화

텔레비전의 발명과 최초의 텔레비전 광고

'멀리'라는 뜻의 그리스어 'Tele'와 '본다'라는 뜻의 라틴어 'Videre'의 합성어에서 탄생한 텔레비전Television은 움직이는 영상을 전자기파를 이용해 전송하는 장치이다. 이 아이디어는 19세기부터 제시되었고 정지된 화상의 전송장치는 실제 제작되었다. 셀레늄 셀을 통하여 영상을 여러 강도의 평행한 선으로 바꾸는 방법을 착안한 독일의 파울 니프코브1860~1940와 텔레비전 수상기의 원조라 할 수 있는 이코노스코프iconoscope를 발명한 러시아 태생 미국인 블라디미르 코스마 조르킨 1889~1982의 성과를 토대로 텔레비전의 탄생을 가져온 발명가는 영국인 존 로지 베어드John Logie Baird 1888-1946이다. 비누와 젤리, 사탕 사업에 모두 실패하고 병에 시달리던 그는 아버지가 대준 250파운드 자금으로 런던의 다락방에서 텔레비전 발명에 착수하였다. 1924년, 숱한 실패 끝에 원시적이고 조악한 텔레비전을 만드는 데 성공한 베어드는 발명품을 대중들에게 선보였고 1926년 학술원 인사들에게 방영하여 《런던 타임스》에 보도됐다.

그후 텔레비전 방송은 1929년에 BBC가 세계 최초로 기계식 텔레비전을 이용한 방송을 하면서 시작된다. 하지만 텔레비전 방송이 본격화되는 매일 방송은 1936년 11월에 BBC에 의해 처음 이루어진다. BBCBritish Broadcasting Corporation는 1922년 영국 방송유한회사 British Broadcasting Company Ltd로 출발하였으나, 얼마되지 않아 왕실 면허 Royal Charter를 받고서는 1927년 국영기업이자 독립회사가 되었다. 왕실 면허Royal Charter는 영국의 국왕이 내리는 일종의 설립 허가증이다. 현재 BBC의 대외적 사명은 "알리고, 가르치고, 즐겁게 하고"이며 모토는 "국가는 국가에게 평화를 말할 것이다"이다. BBC의 영국 국내방송은 상업광고가 존재하지 않으며, 수신료와 프로그램 판매만으로 수익을 얻는다. 이는 다른 국가 공영방송과 달리 프로그램 제작은 물론 자체 송출을 담당하기 때문이다.

1930년대에 들어 독일은 기존의 기술과 함께 블라디미르 즈보리킨 등과 여러 명의 특허권을 사들여 텔레비전 방송을 시작하였다. 또한 영국, 일본, 프랑스 등도 이 시기에 텔레비전 방송을 시작하였다. 그 결과 1936년 베를린 올림픽이 전 세계에 생중계가 될 수 있었다. 올림픽 기간에 시내 28개 장소에 TV수상기를 설치하여 경기 실황을 중계했다.

텔레비전이라는 새로운 미디어가 상업적으로 이용될 것이라는 예측은 텔레비전이 나오기 전에도 존재하였다. 텔레비전이 아직

텔레비전에서 상품을 판매하는 모습이
묘사된 미국 잡지의 표지 삽화(1928)

실험단계에 있었던 1928년 미국《라디오 뉴스》라는 잡지 표지 삽화에 텔레비전에서 상품을 판매하는 모습이 묘사되었던 것이다. 사람들은 텔레비전이 상품을 판매하는 역할을 수행할 것으로 예측하고 있었던 것이다.

하지만 최초의 텔레비전 광고는 13년 후인 1941년 7월 1일에야 이루어진다. 뉴욕의 시계제조사 부로바는 지역 방송국 WNBT에 9달러를 지불하고 부로바 이름이 들어간 시보를 브루클린 다저스와 필라델피아 필리스와의 야구 경기를 방영

세계 최초의 텔레비전 광고 부로바 시계 광고

했다. 10초 정도의 이 스팟spot광고는 "미국은 부로바 시간으로 움직인다America runs on Bulova time"는 메시지를 전달하였다. 이것은 세계 최초의 TV 광고였다.

제2차 세계대전을 전후한 방송의 세계적 확산

1931 : 미국은 1931년 엠파이어스테이트 빌딩에 RCA-NBC 송수
신기를 실험하고 1938년에 뉴욕만국박람회, 루즈벨트 대통
령 생중계를 방송한다. 1941년 FCC, 흑백 기반의 상업방송
을 허가한다.

1938 : 영국은 2월에 도미니언 극장에서 210개의 라인으로 된 최초
의 컬러 텔레비전 방송을 송출한다.

1938 : 제2차 세계대전 발발로 TV 개발 실험 일시 중단된다. 영국
엔 TV가 2만 대가 보급된 상태였다. 제2차 세계대전 후 본격
방송, 흑백 TV 확산된다.

1950 : 제2차 세계대전 이후 미국의 연방통신위원회에서 추진되었
다. 1950년 1월 12일 콜롬비아 방송 시스템은 워싱턴 D.C.에
서 8대의 수상기를 통해 컬러 텔레비전 방송을 시범 송출하
였다.

1952 : 미국은 포틀랜드에서 정규방
송을 시작한다.

1953 : 일본은 NHK 도쿄 방송국에
서 정규방송을 시작한다. 1953
년에 미국 RCA사에서 컬러
브라운관을 실용화하고 이듬
해부터 출시에 들어갔으며, 같

1940년대 미국에서 개발된 컬러 텔레비전

은 시기에 미국 NBC와 CBS가 전자식 컬러 텔레비전 방송을 시작하여 이 기술이 본격적으로 세상에 등장하게 되었다.

1954 : BBC는 1954년 독립텔레비전공사ITA가 설립되기까지 영국에서 방송을 독점했다. BBC는 1960년대 말부터 지방방송을 실험가동해 1970년대 초반에 여러 방송국을 개국했다. 독립적 라디오·텔레비전 방송국의 설립, 규제를 책임지고 있는 ITA는 블록 단위 광고를 판매한다.

1956 : KORCAD의 HLKZ-TV가 한국 최초의 텔레비전 방송을 시작하였는데 NTSC식 방식으로 세계 15번째, 아시아에서 4번째 개국이었다. 하지만 경제적 어려움으로 1957년《한국일보》사주에게 양도, DBS 대한방송 주식회사로 개편된다.

1954 : 컬러 텔레비전 방송이 본격화된다. 미국의 경우 CBS방식 컬러 TV 수상기 대량생산 가능, 기존 TV와의 호환성 없음/ RCA방식 흑백과 컬러 호환 가능, 기술적으로는 미완성으로 1940년대에 이미 기술 개발된 상태였다. 1960~70년대 경과하면서 전 세계로 급속도로 보급되었다. 미국의 NTSC 1953, 프랑스 SECAM 1957, 독일 PAL 1962 방식 등이 식민지배질서와 냉전체제 하에서 개발되었다.

1956 : 미국 앰펙스Ampex가 비디오테이프를 발명함으로써 녹화, 재생 기술을 통해 시장의 한계를 극복하게 된다.

1957 : 소련이 최초로 인공위성 발사하여 미소냉전 체제가 격화되고 위성을 둘러싼 전쟁이 시작된다.

1923년 디즈니의 설립과 캐릭터

애니메이터, 성우 및 영화 제작자인 월트 엘리어스 디즈니Walter Elias Disney, 1901~1966는 월트 올리버 디즈니Roy Oliver Disney와 함께 디즈니 브라더스 카툰 스튜디오Disney Brothers Cartoon Studio를 설립한다. 월트 디즈니는 미국 일리노이주 시카고에서 태어나 고등학교 때부터 상업 미술에 뜻을 두고 광고 만화 등을 그리기 시작하였다. 그가 1928년에 만든 미키 마우스Mickey Mouse는 수컷 쥐를 의인화한 캐릭터이다. 디즈니 애니메이션이나 각종 미디어 믹스media mix에 등장하는 월트 디즈니 컴퍼니의 심벌 캐릭터이다. 1934년에는 도날드 덕 Donald Duck 등 다수의 애니메이션 캐릭터가 개발되었다. 그는 20세기 이후 캐릭터 산업과 캐릭터 광고라는 새로운 영역을 개척한 장본인이기도 하다.

캐릭터character는 소설, 동화, 만화, 연극, 영화, 비디오 게임 등의 작품에 나오는 인물이다. 반드시 사람을 대상으로 하는 것이 아닌, 작품 속에서 의인화한, 동물이나 신화적 존재, 생명이 없는 대상까지 모두 포함한다. 이야기 형식의 허구에 있어서 등장인물은 중요한 구성 요소 중 하나이다.

디자인 산업에서 캐릭터는 특정 상표를 나타내고 긍정적 느낌을 갖도록 만든 가공의 인물이나 동물 등 시각적 상징물이다. 광고에서 캐릭터 활용은 어떤 상품을 소비자에게 강하게 혹은 친근하게 접근하기 위해 상징적 이미지를 만들어 개성이나 성격 등을 삽입시키는 작업이다. 특정 인물을 상징화하거나, 동물이나 식물 등을 의인화하여 특정 상품으로 개발하거나 존재하는 사물 등을 보다 친근한 요소로 만들어 소비자에게 어필하기도 한다. 캐릭터라는 용어는 광고 표현에서 개성이라는 의미로 쓰이며 트레이드 캐릭터trade character의 약칭으로 사용되기도 한다.

광고대행사의 여론조사

제1차 세계대전을 거친 후에는 광고대행사들은 더 과학화되고 전문화된 모습을 보여준다. 이전에는 광고가 소비자에게 무엇을 하라고 지시하는 경향이 강했다면 세계대전 후에는 인간의 본성을 탐구하고 광고 효과를 측정하는 데 관심을 갖는다. 따라서 마케팅 효과를 확인하기 위해 심리학자와 사회과학자 들을 고용해서 마케팅 조사를 발전시킨다.

영 앤드 루비캠Young and Rubicam는 조지 갤럽 교수를 영입하여 마케팅 조사 부서를 신설하고 수십 개 지역에 400여 명의 조사원을 고용하여 광고의 성공과 이유를 조사했다. 또한 잡지 수용자 조사, 라디오 프로그램 수용자 반응조사 등의 미디어 수용자 조사에도 관심을 기울인다.

조지 갤럽George Horace Gallup, 1901~1984은 미국의 심리학자였다. '사람들은 특정 사건과 사안에 대해 다른 사람들이 어떻게 생각하는지 궁금해 하지 않을까?' 하는 것이 그의 생각이었다. 그는 이를 과학적인 방법으로 측정해낸 여론의 통계적 조사법의 창시자이다. 아이오와 대학에서 심리학을 공부한 후, 트레이크·노스웨스턴·콜럼비아 대학에서 신문학 및 광고학 교수를 역임하였다. 광고 대리업을 경영하고 상업 조사를 시작한 것을 계기로, 1935년에 갤럽 여론 조사소를 창립하였다.

1936년 미국 대통령 선거에서 잡지사 리터러리 다이제스트 Literary Digest는 여론조사를 통해 앨프 린든Alf Landon이 당시 현직 대통령이던 프랭클린 루스벨트Franklin Roosevelt를 앞선다고 발표하였다. 그러나 갤럽은 이를 부정하며 루스벨트가 린든을 크게 앞선다고 발

표한다. 실제 개표 결과 루스벨트는 린든을 20%차로 크게 이기게 되어 잡지 《리터러리 다이제스트》는 폐간되고 갤럽은 이후 계속 대선 여론조사를 맡게 되었으며, 조사 네트워크와 과학적인 조사 기술에 의해 세계적 권위를 가지게 되었다.

《타임》 표지에 실린 조지 갤럽(1948)

여성 광고와 누드 광고의 시작

제이 월터 톰슨J. Walter Thompson Agency은 헬렌 랜스다운 레조Helen Lansdowne Resor, 1886~1964라는 여성 카피라이터기 활동한 광고대행사다. 1903년 고등학교를 졸업한 후 당시로서는 드물게 프린스턴신학대학을 졸업한 레조는 화장품 제조 및 우편판매를 하는 월드 매뉴팩처링 회사World Manufacturing Company, 프록터 앤 갬블Proctor & Gamble, 약칭 P&G 계열 광고회사 프록터 앤 콜리어Proctor & Collier 등에서 일했다.

가게 점원으로 아이들을 키우며 여성이 자기 직업을 지니고 당당히 세상에 나가야 한다고 가르친 부모님의 영향을 받아, 평생 여성의 자유와 자립에 대한 굳건한 신념을 가지고 살았다. 레조는 여성과 관련된 기업의 소비자에 대한 통찰력과 탁월한 카피를 보여준다. 제이 월터 톰슨에서 그녀가 일하던 시기에 광고주의 대부분은 식품업, 백화점, 약국 등 여성용품 제조기업들이었다. 그녀는 여성들의 습관, 구매 이유, 선입관들을 관찰하여 광고 아이디어, 카피, 일러스트레이션 등 모든 크리에이티브 요소에서 여성 중심의 광고라는

만지고 싶은 피부를 강조하는 우드버리 광고. 이 광고는 후에 등장하는 누드 광고로 연결된다.

점에 초점을 맞추고 부드러운 광고 커뮤니케이션을 적용했다.

여성을 핵심 타깃으로 하는 크리에이티브creative와 광고 커뮤니케이션은 당시의 광고 흐름과는 동떨어진 것이었지만 마케팅 환경의 변화를 정확히 파악한 것이었다. 대표적인 사례가 1911년 처음 집행된 우드버리Woodbury 비누 광고에서 "만지고 싶은 피부Skin You Love To Touch"라는 카피를 통해 8년에 걸쳐 10배나 매출을 신장시킨다. 옅은 갈색 머리에 가슴이 파인 드레스를 입은 채 남성에게 안겨 있는 이 광고는 로맨틱하거나 성적인 느낌을 강조한다. 이러한 전략은 우드버리 비누가 1936년에 광고에서 처음으로 누드를 사용하는 사례로 이어진다.

사전에서 크리에이티브creative는 '창조적인, 창의력이 있는'을 뜻하는 용어로 설명되지만, 콘텐츠, 예술과 패션에서는 창의적인 창작활동을 하는 작가와 예술가 들을 가리킨다. 광고에서는 광고의 제작 표현행위에 대해 창조적인 부분을 강조하여 크리에이티브라고 한다.

헬렌 랜스다운 레조는 잡지 기사의 레이아웃 형태를 모방한 광고 편집 스타일과 심미적이고 우아한 비주얼, 할인 쿠폰 제공, 유명인들이 등장하여 추천하는 증언식 광고testimonial ad 등을 개발한다. 그녀의 증언식 광고의 효과는 쿠폰에 대한 기록에서 알 수 있다. 레지널드 밴더빌트Reginald Vanderbilt 여사가 나온 작품은 단일 광고로 1만 325장의 쿠폰이 회수되었고, 모나코의 리슐리외 공작 부인Duchess de Richelieu이 등장한 작품은 무려 1만 9126장을 기록했다.

광고 메시지 전략으로서 섹스

제2차 세계대전 이후 광고들은 보수적인 가치관을 추구하면서도 섹스를 광고 도구로 사용하기 시작한다. 사회적인 풍요 덕분에 사회 전반에 물질주의가 팽배하고 남성 중심의 성적인 개방이 허용되면서 광고에서도 같은 현상이 벌어진다. 광고인들은 성을 사용하는 이유에 대해 "성을 사용하면 판매가 미친 듯이 증가한다"는 믿음과 "광고는 상품을 판매하지 못하므로 어차피 하수도로 흘러들어갈 돈이면 재미를 첨가하는 것도 나쁘지 않다"고 설명한다.

1900년대에 크라운 코르셋, 소조돈트 치약, 코카콜라 등의 광고에서도 아름다운 여성의 이미지를 사용했다. 그러나 성적인 매력을 소구로 하는 다른 차원의 사례로서 엘리어트 스프링스Elliott Springs를 들 수 있다. 스프링스는 카피에서도 성적인 내용을 허용하되 보

섹스 어필을 일관된 전략으로 세워 성공한
1940년대 스프링메이드 광고

수성을 유지하며 성적 자극을 주되 수위를 유지했으며 해학적 유머를 첨가해 희극 같은 이미지를 만들려고 했다. 10년간의 일관성 있는 성적 소구sex appeal 광고 덕분에 스프링메이드Spring Maid는 당대 상품 중에서 브랜드 회상도가 가장 높은 제품으로 자리 잡는다.

엘리어트 스프링스는 성적 소

구 광고의 원칙에 대하여 광고 수용자를 지성적인 동료로 상정해야 하고, 수용자의 관심을 끌게 되면 유용한 제품정보를 발견할 수 있게 된다고 생각했으며, 성적인 이미지는 가벼운 분위기에서 표현되어야 하고, 유머뿐만 아니라 소비자에 대한 존경심도 포함해야 한다고 설명한다.

억눌린 여성의 꿈, 메이든폼 브라

메이든폼Maidenform은 여성 재봉사인 아이다 로젠탈Ida Rosenthal과 그녀의 남편 윌리엄 로젠탈William Rosenthal, 의상실 주인 에니드 비셋Enid Bissett이 1922년에 뉴저지에 설립한 여성용 속옷 제조업체다. 그때까지 여성 란제리는 여성의 신체적 특성을 전혀 고려하지 않은 채 가슴 부위조차 남자 내의처럼 편평하게 디자인되고 있었다. 편평하게 디자인된 브래지어는 여성 활동에 대한 사회적 제약을 상징하는 듯했다.

메이든폼의 광고(1964)

메이든폼은 여성의 자연스러운 몸에 맞는 브래지어를 만들었고, "나는 메이든폼 브라를 입고 일하러 가는 꿈을 꾼다

I dreamed I went to work in my Maidenform bra ˮ라는 카피와 함께 메이든폼 브래지어를 착용한 여성이 다양한 일터에서 활동하는 모습을 광고 모델로 표현했다. 이와 같은 메이든폼의 캠페인은 1950년대 이후 20여 년 이상 지속되었으며 여성들의 큰 호응을 얻어 시장 점유율 40% 이상을 차지한 브랜드로 자리 잡는다.

이 광고는 억눌린 여성들에게 자유로운 상상을 하게 만드는 메시지를 담고 있다. 광고에 등장한 모델들은 자랑스럽게 메이든폼 브라를 드러낸 채 재미있거나 대담한 행동들을 벌인다. 메이든폼 브라를 입고 쇼핑을 간다든가 여행을 떠난다. 투우사가 되거나 클레오파트라가 되기도 하며 은행 강도가 되어 수배되기도 한다. 1960년대 초에는 빌딩 페인트공이 되기도 하고 권투 경기를 하고 소방차를 타고 출동하는 등 좀 더 적극적인 액션 어드벤처를 선보였다. 1980년대에는 의사나, 변호사, 비즈니스 우먼과 같은 전문직 업무를 수행했다.

산타클로스 광고의 탄생

크리스마스의 아버지라고 불리는 산타클로스Santa Claus 는 17세기 북유럽 이민자들을 통해 미국에 소개되었다. 산타클로스는 소아시아에 살면서 평생을 어린이들에게 선행을 베풀었다는 어린이의 수호성인 성 니콜라스Saint Nicolas의 별명이다. 미국 정치 풍자만화가

1930년대 코카콜라 광고에 등장한 산타클로스

인 토머스 나스트Thomas Nast, 1498~1510가 1863년에 최초로 산타클로스의 모습을 그렸고, 화이트록음료회사White Rock Beverages가 1915년에 광천수 광고에 산타를 등장시켰지만 지금의 모습과는 많이 달랐다.

흰 수염을 기르고 빨간 옷을 입은 우리가 아는 산타클로스의 이미지는 1930년대 해든 선드블럼Haddon Sundblom, 1899~1976이 그린 코카콜라 광고에서 등장한다. 따뜻하고 친근하며 쾌적하고 인간적인 이미지를 지닌 산타클로스는 미국 멤피스의 코카콜라 병 공장 벽면에 처음 등장했다. 모자를 기울이며 가볍게 인사하는 산타클로스의 정감 어린 모습과 함께 "활력을 주는 잠깐의 휴식"이라는 카피를 보여주었다. 핀란드인 아버지와 스웨덴인 어머니 사이에서 태어난 선드블럼은 33년 동안 산타클로스의 초상화를 그렸다.

코카콜라 광고를 맡았던 다시 광고대행사D'Arcy Masius Benton & Bowles의 가이드라인에 따르면 코카콜라를 상징하는 빨강과 흰색의 배색, 타입페이스, 병의 위치 등 모든 측면이 계획되었다. 통일된 일러스트레이션과 시의적절한 상황 연출이 소비자의 환상과 만나면서 산타클로스는 코카콜라의 캐릭터로 자리를 잡았고 제2차 세계대전 말에 유럽에 상륙하여 마치 실존 인물처럼 정형화된 모습으로 전 세계에 널리 퍼지게 되었다.

1950년대 이후 미국과 전통적 가치의 광고

1930년대 미국은 불황에서 완전히 벗어나 비약적으로 성장했으며 제2차 세계대전 당시에도 전투가 벌어지지 않은 지역이었다. 전 세계 금의 60%가 군수물자 대금으로 미국에 들어왔으며 미국 달러는 금과 함께 국제통화의 중심이 되었다. 따라서 IMF, GATT, UN 같은 국제기구에서 미국은 중심 역할을 하게 된다. 1946년에서 1966년의 베이비붐 세대는 복지국가의 풍요로움 속에서 역사상 유래없는 경제적 안정을 누린 세대이다. 이들은 높은 교육수준을 바탕으로 물질주의를 과도하게 조장하는 광고 메시지의 신뢰도에 회의적인 입장을 표시했고, 1960년대 크리에이티브 혁명의 원동력이된다.

노동자의 평균임금이 전쟁 전에 비해 두 배 가량 상승하여 할부구매와 신용카드가 큰 영향을 끼치면서 블루칼라 노동자들이 안락한 교외주택이나 자동차 같은 고가 상품을 구매할 수 있었다. 산업화와 도시화가 급격히 진행되고 자동차, 가구, 가전제품 등의 대량생산이 촉진되어 경제를 부양하고 소비가 활성화된다.

전쟁 시기에 발전한 기술들은 생활용품에 적용되어 새로운 제품들을 탄생시켰다. 예를 든다면 전투에서 벌레 퇴치를 위해 사용하던 에어로졸 용기 기술을 활용한 광택제, 휘핑크림, 헤어 스프레이, 향수, 데오드란트 등이 등장하였으며, 전쟁터에서 사용되던 플라스틱 그릇이 일반 가정에서도 사용되기 시작하였다. 이 시기 기업들은 미디어를 통해 긴밀하게 결합된 거대시장으로 몰려드는 소비자를 보고, 텔레비전, 잡지 등을 통해서 소비자를 광고로 쉽게 설득할 수 있다는 광고 포화 전략을 사용한다.

1950년대 기술발전과 경제성장에서 대중은 정서적으로 안정을 취할 수 있는 전통적 가치관으로 회귀하는 성향을 보인다. 전쟁경험은 가정과 가족의 소중함을 일깨워준 것이다. 1950년대 혼인율과 출산율이 증가하고 교회에 다니는 인구가 급증한 사례는 보수적인 가치관의 강화를 보여준다. 광고는 전후 미국사회가 바람직하다고 생각하는 일상을 그려내며 전통적인 가치관을 강조하여 이상적인 아버지, 어머니, 자녀의 이미지를 제시한다.

보수적인 가치관이 강화된 1950년대 프리지데일 냉장고 광고.

아버지는 결단력이 있으며 가정에서든 직장에서든 능력 있는 존재로 묘사되었다. 여성은 경제적인 생산력이나 사회적 능력을 갖춘 존재가 아니라 아내, 엄마, 주부라는 전통적인 역할을 수행하는 범주에서 만족을 찾는 존재로 그려졌다. 광고는 새로운 기술이나 제품이 고단한 가사노동을 덜어줄 수 있으며 여성을 하루하루 여왕같이 만들어줄 수 있다는 공통적인 주제를 다루었다. 프리지데일Frigidaire 냉장고를 소유함으로써 여성의 행복이 한 단계 상승되고 여왕의 경지에 오를 수 있다는 메시지를 전달하는 것이다.

컴퓨터와 트랜지스터 기술의 출현

컴퓨터computer는 수식이나 논리적 언어로 표현된 계산을 수행하거나 작업을 통제하는 기계다. 프랑스 수학자 파스칼Blaise Pascal이 세무사이던 아버지의 작업을 돕기 위해 덧셈과 뺄셈을 수행하는 기계식 계산기를 고안한 것을 컴퓨터의 시초라고 평가된다. 1950년대 초에 '컴퓨팅 머신Computing Machine'이라는 말이 전산기를 지시하기 위해서 쓰였다. 컴퓨터라는 용어는 본래 수학적인 문제와 밀접하게 연관하지만, 현대 컴퓨터들은 값이 저렴해지고 용도가 다양해져 수학과는 관계없는 일에 더 많이 사용되고 있다.

미국의 컴퓨터 과학자 존 폰 노이만John von Neumann은 1945년에 프로그램을 기억장치에 내장하는 방식의 컴퓨터를 제안하였고 그의 제안을 바탕으로 에드박EDVAC이 설계되었으나 특허권 문제로 개발이 늦어졌다. 그리하여 1949년 에드박의 설계를 발전시킨 에드삭EDSAC이 최초로 프로그램 내장방식과 이진법을 채택한 디지털 컴퓨터가 되었다.

미국 펜실바니아대학에서 1946년에 개발된 에니악ENIAC은 오랫동안 최초의 프로그래밍이 가능한 범용 컴퓨터로 알려져 있었다. 애니악은 18,000여 개의 진공관을 이용하다 보니 무게가 30톤에 이르렀고, 가격은 50만 달러최근 대한민국 물가로 약 70억 원에 달했기 때문에, 포탄의 궤적을 계산하거나 수소폭탄의 폭발을 예측하는 등 주로 정부에서 군사적 목적으로 이용되었다. 애니악은 100명의 1년 작업분을 2주만에 해결할 수 있었기에, 제2차 세계대전 말기 대포, 미사일 등 전쟁무기 수치 계산, 암호 해석 용도로 사용되었다.

트랜지스터transistor는 증폭 작용과 스위칭 역할을 하는 반도체 소자로서 "변화하는 저항을 통한 신호 변환기transfer of a signal through a varister 또는 transit resistor"에서 나온 말이다. AT&T사는 1907년 이래로 장거리전화 시장을 석권하기 위해 신호 증폭 기술 개발에 매달려, 결국 1948년 미국의 벨연구소에서 월터 브래튼Walter Houser Brattain, 윌리엄 쇼클리William Bradford Shockley, 존 바딘John Bardeen이 트랜지스터를 처음 만들었다.

트랜지스터는 전자혁명의 기초를 마련한 것이었지만 처음 세상에 나왔을 때 사람들은 그 의미를 알지 못했다. 1948년 6월 26일에 벨연구소에서 트랜지스터에 대한 기자회견을 했으나 이 기사는

6월 30일에《뉴욕 타임스》의 6줄 단신 기사로만 게재되었을 뿐이었다. 이 작은 소자는 교류를 직류로 만들고, 전파를 걸러내 수신하고, 그 수신된 전파를 증폭해 소리나 영상으로 전환하던 진공관의 기능을 대신하는 것에서 시작하여 초고밀도 집적회로의 발명으로 이어졌다. 최근에는 지금까지 실리콘 기반의 반도체 기술로는 불가능하다고 여겼던 단일 분자를 이용한 분자 트랜지스터를 개발할 수 있는 수준에 이른다.

트랜지스터transistor는 반도체를 세 겹으로 접합하여 만든 전자회로 구성요소로서 전류나 전압 흐름을 조절하여 증폭하는 스위치 역할을 한다. 가볍고 소비전력이 적어 진공관을 대체하여 대부분의 전자회로에 사용된다. 이를 고밀도로 집적한 집적회로가 있으며, 접합형 트랜지스터와 전기장 효과 트랜지스터로 구분된다. 이 작은 소자가 컴퓨터, 라디오, 텔레비전과 가전제품의 발달을 낳으며 현대 문명 혁신을 가져왔다 마이크로소프트Microsoft의 빌 게이츠는 "타임머신이 발명된다면 가장 가보고 싶은 과거"로 트랜지스터가 개발된 순간을 꼽기도 했다.

소비태도의 변화와 자동차

전후 대중의 소비태도는 소득증가 등 여러 요인들로 인하여 낙관적인 믿음이 팽배하고 소비재에 대한 소유 욕구의 증가가 일어났다.

1940년 말에서 1950년대 시기의 자동차 광고

할부나 신용카드를 통한 구매가 증가하면서 현금이 없이도 상품을 소유하는 것이 일반화된다. 할부 구매가 가구, 가전제품, 자동차 등 비교적 고가의 제품 위주라면 신용카드는 식당이나 할인점 등에서 소액 상품을 구매할 때 사용되었다. 구매에서 가장 중요한 것은 소비 욕구이다. 소비 욕구를 창출하기 위해 광고주들은 새롭다는 개념을 재정립한다. 새 것이 아니라면 최고가 아니라는 인식이다. 소비자에게 최고라는 인상을 주기 위해 시장에서 가장 새롭다는 것을 입증하려고 제품 외양이 자주 바뀌는 형태를 띤다. 사회 전반에 '새로운 것은 좋은 것이며, 향상되는 것new=good=upgrading'이라는 등식이 자리 잡은 것이다.

자동차업계는 제2차 세계대전 후 가장 큰 광고주로 급부상하였다. 1920년대 광고는 자동차를 운송수단에서 진일보시켜 소유자의 생활방식을 암시하는 상품으로 만든다. 부동의 1위를 유지한 포드Ford Motor Company 와 달리 제너럴 모터스General Motors Corporation 는 모든 계층을 대상으로 한 자동차에서 탈피해 다양한 사회경제적 지위를 가진 집단의 욕구와 생활방식에 부응하는 제품의 차별화를 시도한다. 쉐보레Chevrolet 는 "생애 처음으로 소유하는 자동차"로, 폰티악Pontiac 과 올스모빌Oldsmobile , 뷰익Buick 은 "사회적인 성취를 이뤄감에 따라 이웃들에게 향상된 사회적 지위를 단계적으로 보여주는 자동차"로, 캐딜락은 "소수만이 소유할 수 있는 제품"으로 자동차로 계층화한다. 시장 세분화 전략과 함께 관찰되는 자동차 광고 마케팅 전략은 수명주기 단축이다. 현재 자동차 시장은 4년 단위로 디자인이나 기능이 바뀌는 관행을 유지하는데 이는 1950년대부터 관행화된 것이다.

Chapter 14

광고 크리에이티브 시대

크리에이티브 혁명기

광고활동 중에서 광고의 제작 표현행위를 창조적인 부분을 강조하여 크리에이티브creative라고 말한다. CR로 부르기도 하는데, 고객의 니즈와 반응을 조사하는 시장조사와 광고 미디어에 대한 전략을 세우는 미디어 믹스의 과학적 활동에 상대적인 개념이다. 상품 서비스에 있어서의 새로운 의미와 가치를 발견하여 아이디어를 창안하여 소비자에게 어떻게 흥미를 불러일으키고 설득할 것인가에 대한 콘셉트를 만들고, 구체적으로 문장화·시청각화·영상화하는 모든 과정을 말한다. 이런 의미에서 광고 제작자를 크리에이터라고 한다. 따라서 광고 창작과정은 광고기획을 통해 나온 아이디어를 제작을 통해 구체화하는 작업이다. 광고 크리에이티브는 커뮤니케이션 원칙에 의해 다듬어져야 하고 마케팅 목표와 전략을 달성할 수 있어야 한다.

1950년대는 신문과 라디오의 대중에 대한 영향력이 강력했으며 영화산업의 비약적인 발전과 1960년대의 TV의 확산에 따라 미디어를 통한 영상 커뮤니케이션이 활성화되는 시기였다. 제2차 세계대전 이후의 급속한 산업발전 그리고 소비사회의 성장이라는 환경에서 광고가 넘쳐 흐르는 상황이 형성된다. 이러한 이 시기에는 동기 조사, 시장 조사, 소비자 조사 등이 광고의 주요한 방법이었다. 이 방법은 창의성의 빈곤으로 이어졌다.

레오 버넷Leo Burnett, 데이비드 오길비David Ogilvy, 빌 번바크Bill Bernbach 등 광고 철학의 소유자들에 의해 새로운 광고 설득 방식이 개발되었다. 1960년대에 꽃피기 시작하여 1970년대까지 이어지는 광고혁명의 시기를 크리에이티브 혁명기라고 부른다. 광고시장의 팽창으로 도처에서 광고 이미지가 시선을 사로잡은 상황에서 1960년대는 소비사회의 급진전으로 광고의 중요성이 대두되었고, 크리에이티브 혁명이란 단어는 1965년에 처음 등장했다.

광고대행사들의 변화와 잠재의식의 활용

1950년대 광고업계는 통합과 거대화가 사업의 안정성을 가져다주고 영향력을 강화하였기 때문에 인수합병이 활발하게 일어났다. 광고 규모가 커지면서 단순히 광고물을 제작하는 데 그치지 않고 더 폭넓고 다양한 서비스 즉, 합병 효과 조사, 시장 분석, 포장 디자인, 홍보 대행 등을 담당했다. 광고대행사 내부의 상품기획부서는 고객을 위해 상품의 개발, 포장, 유통 등에 참여하며 대상 소비자에 대한 분석을 토대로 판매 소구점에 대한 자문을 제공했다. 미디어 부서는 주요 간행물과 발행 부수, 광고료, 게재조건 등을 고려해 광고를 게재하는 데 적절한 미디어를 선정했다. 미디어 담당자는 예상비용을 산출하고 광고 예정일에 맞춰 지면을 계약하고 광고를 점검했다.

1950년대의 카피는 직설적 메시지가 주를 이루었는데, 시장에 비필수재 상품이 넘쳐났고 참신성과 차별성이 없이 신상품이 대거 출시되었다. 하지만 광고인들은 구체적인 통계 자료에 근거한 과학적인 정확성을 토대로 한 캠페인을 기획하고 마케팅을 벌이기 시작한다. 동기 조사는 소비자가 무엇을 원하고, 왜 원하는지를 인지할 수 있는 합리적 이성적 존재라는 전제를 부인한다. 기존 통계적 기법에 심리학과 정신분석 추출 개념을 도입한 것이다. "사람은 자신도 의식하지 못하는 욕망에 의해 행동한다"는 프로이트Sigmund Freud의 명제에서 광고인들은 무의식과 잠재의식 수준에서 사람들이 결정을 내리고 선택을 하는 동기가 무엇인지 알아내고 광고에 활용하려고 노력한다.

시장조사는 한 상품이 인구비율에 따라 얼마나 팔렸는지 사용하는 사람은 누구인지 등 여러 정보를 알려주지만what 왜 특정한 상표를 선호하는지 구매 동기들의 관계가 어떠한지를 알려 주지 못했다. 동기조사는 인간 본성에 대한 통찰력이 중요하다는 것을 가르

성적인 연상 이미지를 활용한 1960년대 잠재의식 광고

쳐준다. 사람의 머릿속에 어떤 생각이 일어나는지를 모른다면 사람에게 설득할 수 있는 광고를 만들 수 없기 때문이다. 사람 내면에 표현되지 않는 생각과 신념이 있어서 이를 찾아내기 위해서는 설문지나 계산기보다 심층 인터뷰, 투사 기법projective techniques, 연상법 등 선진화된 방법을 사용해야 했다.

어니스트 디히터Ernest Dichter는 조사결과를 통해 남자들이 지붕을 열고 닫는 컨버터블에 매력을 느끼지만 실제로는 세단을 구입하는데 컨버터블은 애인을, 세단은 아내를 연상한다는 것을 밝혀낸다. 또한 여성들은 남성의 관심을 끌기 위해서가 아니라 다른 여성에게 인정받기 위해 아름다운 속옷을 구매한다는 조사사례도 나왔다. 이러한 결과는 인스턴트 커피, 인스턴트 케이크, 립스틱, 염색약의 사례들에 대한 적용으로 이어졌다.

잠재의식 광고는 1957년 제임스 비커리James Vicary에 의해 처음 시도되었다. 그는 영화 상영 중에 사람이 인지할 수 없는 1/3000초짜리 '콜라를 마시자, 팝콘을 먹자'라는 광고를 끼워 넣었다. 화면에는 드러나지 않는 이미지를 사용하였기에, 사람들은 광고를 보았다는 사실을 인지하지 못하였으나, 영화가 끝난 후 사람들은 콜라와 팝콘을 사 먹었고 판매량은 18% 증가하였다고 한다. 보이지 않는 비합리적인 충동을 찾아내는 데 중점을 두었던 동기조사는 1950년대에 많은 관심을 불러 일으켰지만 지배적인 광고기법은 아니었다. 1950년대의 전형적인 광고는 단순한 주제를 자명한 시각적 요소와 함께 반복하는 것이었다.

반복적 메시지로 설득하기, 로저 리브스

텔레비전 광고의 선구자라고 불리는 로저 리브스Rosser Reeves, 1910~84는 1950년대 가장 영향력 있는 광고인이었으며 광고와 소비자의 상호작용에 대해 나름의 이론을 확립하였다. 그는 '소비자들의 현명한 결정을 방해하는 것은 합리적인 충동이 아니라 넘쳐나는 광고 메시지'라고 주장한다. '범람하는 광고 메시지 속에서 소비자를 효과적으로 설득하는 방법은 USP판매가치제안, unique selling proposition'이라고 설명한다.

1940년대부터 치약 시장의 강자로 군림해온 콜

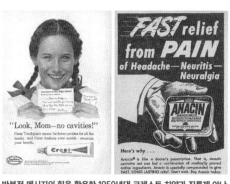

반복적 메시지의 힘을 활용한 1950년대 크레스트 치약과 진통제 아나신 광고

게이트-파몰리브Colgate-Palmolive는 아름다운 여성 모델을 등장시켜 입 냄새 없는 상쾌함을 강조해왔다. 이에 맞서 로저 리브스는 1950 년대 말에 출시된 새로운 치약 크레스트Crest의 광고에 '충치 예방' 을 USP로 삼는다. '구취 제거'를 내세우는 콜게이트 치약에 대한 전 략으로서 '충치 예방'을 내세운 것이다. 로저 리브스가 사용한 크레 스트의 USP 카피는 "엄마! 충치가 없대요"였다.

로저 리브스는 진통제인 아나신Anacin의 광고에서는 "빠른 통 증 제거Fast, Pain, Relief" 하나의 메시지를 집중하여 반복하는 방법을 채택하는 방식으로 큰 성공을 거두었다. 심지어 그는 핵심 메시지 에서 관심을 분산시키는 창의적인 요소를 악마라고 부르기까지 하 였다. 로저 리브스의 USP 전략은 산만할 수 있는 여러 개의 정보가 아니라 하나의 단일한 정보가 특정 브랜드를 다른 브랜드와 차별화 할 수 있다는 데에 장점을 가진다.

단일한 정보에 집중하고 반복한다는 방식을 개발한 것은 리브 스의 성장 과정과 관련이 있다. 리브스는 1910년 장로교의 목사 아 들로 태어났다. 책벌레였던 그는 10살 때 소설과 시를 쓰기 시작했 고 신문이나 잡지에 간간이 작품을 발표하는 등 문학적 소양을 갖 춘 청년이었다. 카피라이터는 카피를 통해 소비자의 구매행동을 이 끌어내야 하며 그렇지 못한 카피라이터는 실력이 없다는 것이 리브 스의 소신이었다. 광고는 공학과 유사한 과학이었고 문제를 해결하 기 위한 상업적 도구였다. 만약 고객의 제품이 경쟁사 제품과 다른 점이 없고 USP를 만들어내기 위해 제품에 변화를 주는 것이 불가능할지라도 대중에게 제시할 새로운 이야기를 찾는 것이 얼마든지 가능하다고 생각했다. 제품 자체의 독특함이 아니라 주장의 독특함을 중시했다.

리브스는 아나신이 다른 진통제보다 훨씬 강력한 효과가 있는 제품이라고 규정하고, 대대적인 캠페인을 1940년대 라디오를 통해 진행했다. 리브스는 성부, 성자, 성령의 삼위일체식의 주장을 의식적·무의식적으로 활용했는데 리브스는 숫자 3의 힘을 직관적으로 이해했다. 포장지에도 "Fast, Pain, Relief" 세 단어를 사용하고 아나신의 효능도 "통증제거, 긴장완화, 불안감소" 세 가지로 제시했다.

전지전능한 느낌을 주는 목소리의 성우가 "아나신은 의사 처방전과 같습니다. 이 말은 여러 성분이 복합적으로 들어 있다는 말입니다. 가장 많은 의사들이 처방하는 진통제 아나신, 아나신은 아스피린에 없는 성분이 있습니다" 라고 말하면 "아나신은 통증을 완화시키고 긴장을 풀어주며 불안을 감소시킵니다"라는 후렴구가 뒤따랐다. 모든 미디어와 프로그램에 융단 폭격식 광고를 내보내어 8개월 만에 1,800만 달러에서 5,400만 달러로 매출이 급증했다.

리브스는 반복적 메시지의 힘을 알고 있었던 것이다. "가장 많은 의사들이 처방하는"이란 카피는 오늘날까지도 많은 의약 제품의 카피에서 등장하고 있다. 리브스는 제품 특성에 덧붙여 제품이 소비자의 욕구를 충족시켜 줄 수 있다는 점을 명백하게 약속해야 한다는 신조를 가지고 있었으며 광고 역사에서 USP 전략을 가장 잘 구사한 사례로 남아 있다.

해서웨이 셔츠와 롤스로이스 광고, 그리고 오길비

해서웨이 셔츠The man in Hathaway shirt는 1950년까지 광고를 한 번도 한 적이 없는 회사였다. 사장인 일러튼 제트Ellerton Jette는 광고대행사인 오길비앤매더Ogilvy & Mather의 오길비David Ogilvy, 1911~99를 찾아간다. 오길비는 회사가 커지더라도 광고대행사를 절대 바꾸지 않겠다는 약속에 사로잡혀 3천달러를 받고 광고 캠페인을 시작한다.

양복 속에 받쳐 입는 흰색 셔츠를 브랜드화하는 것은 매우 힘든 일이다. 차별성을 찾기 어렵기 때문이다. 오길비는 셔츠의 디자인을 바꾸기보다는 브랜드명을 새겨 넣어서 새로움을 부여한다. 브랜드의 이니셜인 H를 새겨 놓아 누가 보아도 쉽게 인식할 수 있도록 했는데 오늘날 대부분의 의류 브랜드가 따르는 방법이 되었다. 오길비는 셔츠를 구매하는 사람이 대부분 아내라는 점에 착안하여 여성과 연배가 있는 남성에게 공통으로 호감을 줄 수 있는 모델로

1950년대 해서웨이 셔츠와 롤스로이스 광고

서 러시아 출신 조지 랭겔George Wrangell 남작을 섭외한다. 오보에를 불고 있거나 그림을 그리거나 포커 테이블에 앉아 있거나 필하모니 오케스트라를 지휘하는 등, 헤서웨이 맨은 안대를 하고 매번 다른 설정으로 나타났다. 1956년 헤서웨이 셔츠는 제품명이나 슬로건 없이 눈에 안대를 착용한 헤서웨이 맨 사진만 게재했지만 사람들이 어느 브랜드 광고인지를 알아볼 정도였다.

런던에서 태어나 옥스퍼드에서 교육을 받은 오길비는 미국에 건너와 1938년부터 갤럽에서 여론조사 업무를 수행한 후 1948년에 광고대행사 오길비앤드매더를 설립하게 된다. 오길비는 가장 훌륭한 광고는 감동을 주는 광고가 아니라 소비자가 그 제품을 구매하게 만드는 광고라고 여겼다. "소비자를 즐겁게 하려는 목적으로 광고비를 지출한다면 만족할 만한 매출을 낼 수 없다. 사람들은 광고주가 텔레비전에 출연해서 던지는 농담 때문에 물건을 구입하지 않는다. 광고는 반드시 제품이 제공하는 혜택을 보장해야 한다."

오길비는 과학적이고 조사 지향적인 철학을 지니고 있지만 그의 크리에이티브는 철저한 조사의 흔적보다는 감성적인 느낌을 준다. 그는 광고란 흥미롭고 동시에 설득력이 있어야 한다고 생각했다. 구매란 제품 자체에 의해서만 이루어지는 것이 아니라 제품과 연상되는 이미지 때문에 발생하며, 소비자는 제품을 사는 것이 아니라 제품에 연상되는 이미지를 산다고 여겼다. 따라서 제품과 적절히 연관되는 개성을 부여하는 것이 광고인의 중요한 임무라고 생각했다. 오길비는 세련된 지성미와 고급스러움, 이해하기 쉬운 설득을 통해 소비자를 올려다보는 태도를 견지했다.

고급의 시각 이미지를 통한 전략은 롤스로이스 광고에서도 적용되었다. 롤스로이드 광고에서는 "시속 60마일로 달리는 롤스로이스에서 가장 큰 소음은 전자시계에서 나오는 소리다At 60 miles an hour the loudest noise in this new Rolls-Royce comes from the electric clock."라는 카피를 사용한다. 운전 중의 소음이 자동차의 품질과 관련이 있다고 여기는 소비자들이 많았기 때문이다. 시각 이상으로 청각적인 요소도 광고 커뮤니케이션의 중요한 수단이 된다고 생각한 것이다.

제품은 타고난 드라마, 레오 버넷

"모든 제품은 타고난 드라마가 숨어 있다. 우리의 최우선적인 과제는 그 드라마를 포착해 믿음이 가는 형태로 제시하는 것"

레오 버넷Leo Burnett, 1891~1971은 광고인의 사명을 이렇게 주장한다. 실물보다 더욱 군침이 도는 케이크 사진이나 손에 닿으면 시릴 듯한 투명한 얼음사진처럼 제품의 매력과 특징을 가장 두드러지게 부각시키는 이미지를 제시해서 소비자에게 제품을 소유하고 싶다는 열망을 불러일으키게 만드는 것이 광고의 사명이다.

그는 광고조사의 중요성을 별로 인정하지 않았다. 카피라이터의 상상력과 몇 가지 기본 원칙에 충실한 광고가 훌륭한 광고라는 믿었다. 그의 대표적인 원칙은 드라마의 발견, 사람들에게 친밀

감을 주고 쉽게 공감대를 형성할 수 있는 민담 속 캐릭터나 상징물을 이용하는 것이다. 전설과 민담에서 오랜 세월 존재해온 인물이나 시대적 감정구조에 근거해 창조한 친근한 인물을 활용하는 버넷의 방식은 역사에 남을 만한 캠페인을 대거 탄생시켰으며 광고주에게 철저한 신뢰를 보인 것으로도 유명했다.

레오 버넷은 잡화점을 하는 상인의 아들로 태어나 어려서부터 부친의 일을 도와 배달일을 하며 영업과 판촉을 나름의 방법으로 터득했다. 예를 들면 배달 트럭의 차양에 가게 이름을 써넣는다든지 간단한 전단지 제작을 시도했는데 그의 유년기 경험이 광고를 직업으로 선택하는 데 큰 영향력을 행사했을 것으로 보인다.

켈로그Kellogg의 창립자는 채식으로 인간의 품성이 변할 수 있다고 믿는 제7 안식일의 예수재림교도의 영향을 받아 아침 식사로 베이컨과 달걀 대신에 곡물 시리얼을 상품으로 판매했다. 버넷은 콘팝스cornpops, 콘소야corn soya, 라이스 크리스피rice krispy 등 다양한 켈로그 시리얼 광고를 맡았다. 버넷은 포장 용기를 광고 미디어화하고 큰 글씨의 제품명을 과감하게 생략한다. 버넷은 모든 상품에는 드라마틱한 매력이 있고 이것이 소비자들에게 강한 인상을 남긴다고 굳게 믿었다. 예를 들면 케이크의 드라마는 먹음직스러움이다.

버넷의 크리에이티브 기법 중 가장 두드러진 것은 민담이나 역사 속에 존재하는 보편적이고 친근한 캐릭터를 발굴하여 사용하는 것이다. 친숙하고 인간적인 측면을 활용하여 소비자에게 재미를 주가는 것이다. 따라서 독창성 자체를 높이 평가하지는 않았다. 공감을 불러일으키지 못하는 독창성이 의미가 없다고 강조한다. "단지 남과 다르다는 것을 보여주기 위해 새로운 것을 추구한다면 아침마다 입에 양말을 물고 출근해야 한다"라는 버넷의 주장이 전해진다.

버넷이 역사나 민담에서 친근한 캐릭터를 만들어낸 사례는 그린 자이언트Green Giant, 켈로그의 호랑이 토니Tonny the Tiger, 필스베리의 도우 보이Dough Boy, 필립모리스의 말보로맨malboro man 등이다. 먹음직한 광고 사진의 힘을 통한 필즈베리 케이크 믹스Pillsbury Cake Mixes 광고 또한 버넷의 광고 스타일을 보여준다. 바로 흘러내릴 것만 같은 초콜릿과 페리 장식은 입안에 침이 고이게 만든다. 이 케이크 사진은 광고가 게재된 후 몇 달 만에 필즈베리 케이크 믹스의 시장 점유율을 40%대로 올려놓았다고 한다.

"36년 동안 대행사에서 일하면서 내가 광고하는 제품을 신뢰하지 않는다면 소비자에게 정직하지 않은 광고를 하는 것으로 생각해왔다. 당신이 돈을 버는 데 시간을 더 할애하고 광고를 만드는 데 시간을 아끼기 위해 광고를 만들기 위한 열정을 포기한다면, 당신의 주된 관심이 훌륭한 광고품질이 아니라 단지 광고의 규모에 그친다면, 진실로 창의적인 대행사가 되는 대신 창조적인 대행사라고 말치레를 하는 데 그친다면, 모든 제작진은 엘리베이터 구멍 아래로 뛰어내리는 편이 낫다."

제품에 드라마를 찾으려고 했던 버넷의 1950년대 켈로그와 말보로 담배 광고

카피와 디자인을 강조한 빌 번바크

뉴욕에서 태어난 빌 번바크Bill Bernbach, 1911~1982는 역동적인 그래픽 구성과 콜라주 기법 등 광고 스타일에 많은 관심을 보였다는 점에서 다른 광고인과 구별된다. 번바크는 시각적 요소와 언어적 요소를 유기적으로 기발한 방식으로 통합하는 독특한 전략을 즐겨 사용해서 뉴 애드버타이징new advertising 전통의 광고인으로 평가된다.

번바크는 윌리엄 바인트라우브William Weintraub 대행사에서 전설적인 그래픽 디자이너 폴 랜드Paul Rand와 근무하면서 광고 콘셉트를 개발하고 디자이너의 이미지를 참조하며 광고의 시각적 이미지 효과를 배가시켰다. 카피와 디자인의 조화 시대가 열린 것이다. 이로서 2인 1팀 제도는 오늘날 대행사에서 광범하게 채택되는 작업방식이 되었다.

기존 광고에서는 카피가 이미지에 우선했다면 번바크가 집행한 캠페인은 카피와 디자인의 조화를 강조했다. 디자이너는 광고의 헤드 카피head copy를 시각적 이미지로, 카피라이터는 시각 이미지를 표현하는 헤드 카피를 작성하려 했기 때문에 간결하고도 직설적인 표현을 끌어낼 수 있었다. 그 후 이런 작업의 결과로 웃음을 유발하는 기발한 작품들이 대거 등장한다.

번바크는 자서전에서 인간의 본성은 수십억 년 동안 변한 것이 없고 앞으로도 별반 다르지 않을 것이며 변하는 부분은 일시적인 유행에 지나지 않는다고 말했다. 의사소통을 하는 사람은 불변하는 본성이 행동을 지배하는 방식을 이해해야 한다. 인간의 본질을 이해하고 나면 광고의 불변 진리는 오직 하나가 된다. 인간 본성에 대한 통찰력을 토대로 감동을 줄 수 있는 예술적 능력을 갖추는 것이다. 그는 "논리와 지나친 분석은 아이디어를 빈약하게 만들어 죽이고 만다. 사랑도 마찬가지이다, 많이 분석하면 할수록 더 빨리 사라진다"라고 설명한다. 번바크는 이미지와 카피의 창의적 결합, 솔직함, 자유로운 경영 스타일을 더했다고 볼 수 있다.

엘알EI AL 항공사는 업계 최초로 제트 프로펠러를 투입해 대서양 횡단 서비스를 시작했는데, 급유를 위해 중간에 기착할 필요 없이 대서양을 가로지르는 장점이 있었다. 번바크는 "찢어진 바다" 이미지와 "12월 23일을 기해 대서양은 20% 작아집니다.Starting Dec. 23, the Atlantic Ocean will be 20% smaller"이라는 카피를 사용한다. 수용자에게 시간 절약이라는 소구점을 분명하게 전달했을 뿐만 아니라 단 한 번 게재되었어도 강한 인상을 남겨 예약률을 급등시켰다.

번바크의 주목할 만한 또 하나의 광고는 1959년 폭스바겐 Volkswagen 광고이다. 폭스바겐은 독일어로 국민차라는 뜻이다. 단순하고 미국 자동차와 다르며 신뢰할 수 있는 정직한 자동차라는 것이 번바크의 생각이었고 그는 "작게 생각하라"는 카피에 디자인을 결합한다. 제품에만 집중하기로 결정하고 단순함을 핵심 개념으로 가져간다. 큰 것이 지배적이던 환경에서 작은 자동차가 줄 수 있는 실용적인 혜택을 설득력 있게 나열하는 기발한 발상으로 평가된다.

1960년대의 세계 풍경과 유스 마케팅

1960년에서 1969년까지는 일명 전후 베이비붐을 맞이하게 된 시기이자 경제적으로는 제2차 세계대전 이후 발전 및 성장기의 과정을 거치는 시기로 경제의 태동기라고도 불린다. 제2차 세계대전 이후에 태어난 베이비부머들은 전후 사회에서 한층 강화된 가족중심적 가치관의 영향을 고스란히 받고 자란 풍요로운 세대이다. 따라서 부모 세대에 비해 훨씬 향상된 경제, 교육, 환경을 누렸다. 베이비붐 세대는 기존 세대와 자신들 사이에 존재하는 차이를 인식하고 부모 세대와 차별화를 통해 스스로의 정체성을 규정하고자 했다.

베이비붐 세대는 기존 세대와 자신을 구분 짓는 도구로서 패션이나 헤어스타일, 음악 등 외양이나 대중문화와 관련된 취향을 사용했다. 10대들은 로큰롤 같은 새로운 대중음악 장르를 자신들의 전유물로 여겼고, 로큰롤을 듣기 위해 새롭게 발명된 휴대용 트랜지스터라디오를 사는 데 돈을 아끼지 않았다. 따라서 로큰롤의 창시자인 엘비스 프레슬리Elvis Presley, 1935~1977를 해방의 상징으로 추앙하고 문화 아이콘으로 삼았다. 엘비스 프레슬리의 예상치 못한 성공은 광고주들에게 청소년 시장의 잠재력을 일깨워주었다. 유스 마케팅 개념이 탄생한 것이다. 광고는 10대를 대상으로 한 독립적인 시장을 형성하기 위해 각종 음반, 오디오, 화장품, 최신 유행 의류 등 청소년의 필수

1960년대 청소년을 대상으로 한 청바지 광고

품을 제시했다. 한번 습관이 들면 바꾸기 힘든 음료업체도 지속적인 소비를 위해 유스 마케팅youth marketing 전략을 자주 사용했다.

1960년대의 정치적 격변과 패션 혁명

베트남 전쟁은 1960년대 내내 미국을 괴롭혔고, 68혁명과 프라하의 봄을 정점으로 권위주의와 전쟁에 회의감을 느낀 청년들의 사회참여부터 히피hippie 문화에 이르기까지, 기성세대와 권력에 저항하는 사회적 움직임이 등장했다. 젊은이의 반란Youthquake으로 표현되는 이 현상들은 젊은 층에 퍼진 체제에 대한 반항과 과격주의를 드러냈다. 우드스톡 페스티벌이 대표적이다. 1960년대는 민권운동도 격렬해졌으며, 존 F. 케네디, 마틴 루터 킹 목사, 말콤 엑스, 로버트 케네디가 암살되는 격동의 시기이기도 했다. 하지만 소련의 프라하의 봄 진압과 리처드 닉슨의 당선이 보여주듯이 혁명의 불꽃은 큰 변화를 일으키지 못하고 사그라들었다.

1968년에 발생한 68혁명프랑스 5월 혁명은 프랑스 샤를 드 골 정부의 실정과 사회의 모순으로 인한 저항운동과 총파업 투쟁을 뜻한다. 이 혁명은 교육 체계와 사회문화라는 측면에서 "구시대"를 뒤바꿀 수 있는 기회로 보였다. 즉, 68혁명은 가치와 질서에 저항한 사건이라고 이해할 수 있으며, 미국, 일본, 서독 등 수많은 자본주의국가에 개혁 의지를 파생시켰기 때문에 프랑스에만 국한된 학생운동은 아니었다.

1960년대의 사회와 문화의 혁명적인 분위기를 바탕으로 1965년 패션 혁명이 시작된다. 그해를 전후하여 프랑스 디자이너 앙드레 쿠레주André Courrèges, 1923~2016에 의해 스커트 길이는 파격적으로 짧아지고 미니스커트의 인기는 보편화되었다. 모더니즘과 미래주의Futurism 예술운동에 영향을 받은 쿠레주는 순백색의 기하학적 드레스를 디자인하여 무릎 위로 몇 인치나 올라갔으며 여기에 화이트 부츠와 초현대적 모자를 조화시켰다. 미니스커트와 더불어 컷 아웃 룩cut out look과 비닐 아플리케vinyl applique가 1965년에 새로 선보였다.

앙드레 쿠레주의 패션 광고(1968)

스커트 길이는 점점 짧아져 1966년에는 더 올라갔다. 또한 대담한 패턴의 텍스타일textile이 증가했다. 패턴은 점점 그래픽이 되어 추상적 꽃무늬 패턴, 옵아트optical art, 팝아트pop art 디자인이 많아졌다. 영국의 젊은 디자이너들 사이에서 시작한 뉴스타일은 빠르게 프랑스를 거쳐서 미국 등지로 퍼져갔다.

선글라스, 기능에서 패션으로

레이밴Ray-Ban은 1937년 미국 공군의 요청에 따라 의료기기 제조사인 바슈롬Bausch & Lomb의 창립자 레스터 벨리사리오Lester Belisario가 설립한 브랜드이다. 원래 비행기 조종사들을 위한 기능성 장비로서 선글라스가 개발되었다. 기능성과 함께 세련된 디자인의 형태를 지니고 있었기 때문에, 비행사들 사이에서는 안티 글레어 고글Anti-Glare Goggle이라 불리며 많은 인기를 끌었다. 이후, 1937년 인체에 유해한 광선을 차단하는 선글라스를 개발하고자 설립된 바슈롬의 이 브랜드는 회사명을 레이밴이라 명명하였다. 이 선글라스를 만든 사람이 샘 포스터Sam Foster이다.

샘 포스터가 설립한 포스터 그랜트Foster Grant는 여성용 헤어 액세서리 제품을 생산하는 회사로 출발하여 이후에 안경과 선글라스에 주력했다. 포스터 그랜트의 히트 상품은 패션의 시각에서 접근한 선글라스였다. "저 포스터 그랜트를 쓰고 있는 사람은 누구지? Who's that behind those Foster Grants?"라는 카피를 사용한 1960년대 광고를 통해 브랜드를 널리 알렸다. 이 광고는 광고회사 기어 뒤부아the Geer, Dubois가 제작하였는데, 안소니 퀸Anthony Quinn,

패션의 시각에서 접근한 포스트 그랜트의
선글라스 광고(1965)

미아 패로우Mia Farrow, 줄리 크리스티Julie Christie, 우디 알렌Woody Allen, O.J. 심슨O.J. Simpson과 같은 유명인 모델이 출현하여 많은 인기를 끌었다.

히피 문화와 1970년대에서 1980년대로

1960~70년대 문화를 대표하는 아이콘으로서 비틀즈The Beatles를 들 수 있다. 비틀즈는 1960년 리버풀에서 결성된 영국의 록밴드로, 록의 시대에서 최선두 주자이자 가장 영향력 있는 밴드로 널리 인정받았다. 스키플skiffle, 비트 음악과 1950년대 로큰롤에 뿌리를 둔 비틀즈 음악은 이후 팝 발라드와 인도 음악에서 사이키델릭과 하드록까지 그 범위를 확장시키면서 여러 음악 스타일을 실험했고, 종종 혁명적인 방식으로 클래식적 요소와 관습에서 벗어난 녹음 기술을 결합하기도 했다. 1963년 이들의 어마어마한 유명세는 "비틀마니아"로 첫 표출되었으나, 그룹의 음악이 작곡가인 레논과 폴 매카트니를 구심점으로 세련되게 성장하면서, 비틀즈는 1960년대 반문화가 내세운 사상의 결정체적 존재로 간주되었다.

　1960년대와 1970년대의 미국과 세계의 문화에 큰 영향을 끼친 문화현상이 히피 문화이다. 이 시기에 베트남 전쟁 발발과, 존 F. 케네디의 암살, 맬컴 엑스, 마틴 루터 킹 암살, LA 흑인 폭동 등의 사건들이 일어났다. 분노와 절망감을 불러일으키기는 상황을 만들

어지고 미국 청년층은 이 상황에 대해 부정하려 하였다. 평화를 사
랑하고 자연으로의 회귀를 외쳤고, 도덕과 이성보다는 자유로운 감
성을 중시하고 즐거움을 추구했다. 히피 문화는 좌파운동이자 미
국 시민권 운동이자 1960년대 미국의 대표적인 반문화 운동으로서
1967년경부터 미국을 중심으로 본격화된다. 이들은 긴 머리에 맨발
이나 샌들을 신고 다녔으며, 다양한 색깔의 천으로 옷을 만들어 입
었다. 마리화나나 LSD, 그 밖의 약물을 사용하여 자신들의 상징이
나 사상을 구체화했다. 노래로써 히피 문화의 확산을 도운 것은 록
그룹 비틀즈였다.

　　1970년대에는 사회주의권과 자본주의권의 냉전체제가 절정
에 오르면서 세계 역사의 흐름을 바꾸는 몇 가지 큰 사건들이 벌어
졌다. 자본주의 세계의 맹주로 자처하던 미국이 베트남 전쟁에서
처참하게 패배했다. 제4차 중동전쟁이 아랍권의 패배로 끝난 이후

히피 문화는 광고와 패션, 그리고 1970
년대 사회적 문화에 큰 영향을 끼친다.

OPEC의 아랍권 국가인 리비아, 이라
크, 이란과 이집트, 시리아, 튀니지가
손잡고 석유 수출을 줄이는 동시에 원
유 가격을 인상했다. 1973년과 1978년
에 걸친 석유파동은 전 세계 경제를 충
격에 빠트렸다. 그리고 1979년에 이란
에서 이슬람 혁명이 일어났다.

　　변화되는 흐름에 대항하기 위해
1970년대 후반과 1980년대에 걸쳐 영

국의 대처Margaret Hilda Thatcher와 미국의 레이건 정권이 주도하던 신자유주의Neo-Liberalism가 세계질서를 재편하기 시작했다. 40년 가까이 지난 2019년 지금도 세계 여러 나라들이 '국가권력의 시장개입을 비판하고 시장의 기능과 민간의 자유로운 활동을 중시하는' 신자유주의 이론에 입각한 경제정책을 펴고 있다. 신자유주의는 수정자본주의를 채택하여 소득평준화와 완전고용을 이루어 복지국가를 지향하는 케인스 이론을 비판하였다. 자유시장과 규제완화, 민영화와 재산권 중시, 자본의 세계화와 시장개방, 사회복지 축소는 신자유주의의 대표적 슬로건이었다. 신자유주의는 피도 눈물도 없는 무한경쟁을 초래하고, 분배의 악화를 가져오고, 선진국의 다국적 기업들에만 혜택을 준다는 인식이 확산되었다.

캘빈 클라인, 누드와 성적 표현으로 도전

캘빈 클라인Calvin Klein, 1942.11.19~은 뉴욕 브롱크스Bronx 이민자 가정에서 태어났다. 당시 뉴욕은 동유럽, 아일랜드, 이탈리아 등 다양한 문화적 배경을 지닌 이민자들로 가득한 문화의 용광로였다. 1968년 3월, 캘빈 클라인은 뉴욕 7번가의 요크 호텔York hotel 613호를 빌려 작은 쇼룸을 열었다. 본위트 텔러Bonwit Teller 백화점의 머천다이즈 매니저였던 돈 오브라이언Don O'Brian이 실수로 층을 잘못 내리는 바람에 캘빈 클라인의 코트들을 보게 되고, 패션계의 막강한 실력자였던 밀드레드 커스틴Mildred Custin 사장과의 미팅이 이루어졌다. 밀드레드 커스틴은 그 자리에서 5만 달러의 주문을 제안하였다.

캘빈 클라인의 디자인은 아메리칸 클래식의 단순성과 현대인의 욕망을 결합한 미니멀리즘이라고 표현된다. 그는 아메리칸 디자이너 스포츠웨어를 시대정신에 맞게 새롭게 선보였고, 단순하고 깔끔한 재단과 자연스런 색상에 기초하여 모던하고 세련된 스타일을 선보였다. 그를 대중적으로 더욱 유명하게 만든 것은 진과 향수, 언더웨어 비즈니스 등에서 진행된 과감한 광고전략이었다. 누드와 성적 표현의 금기에 도전한 캘빈 클라인 광고는 언제나 큰 논쟁을 불러일으킨 동시에 캘빈 클라인의 상표를 차별화하여 거대한 패션 제국을 형성하게 만들었다. 평론가들이 그를 시대를 앞서 간 마케팅 천재로 평가하는 이유가 여기에 있다.

첫 번째 화제작은 당대 최고의 청춘스타 브룩 실즈Brooke Shields의 청바지 광고였다. 브룩 실즈는 "나와 캘빈 청바지 사이에 뭐가 있는지 아나요? 아무것도 없어요!"라고 말한다. 1990년대에 캘빈 클라인은 외설 수위를 한층 높였다. 전문 모델이 아닌 10대 미성년 소녀가 자극적인 포즈를 취한 광고는 언론으로부터 아동 포르노라는 혹평을 받았다.

1980년대와 1990년대 캘빈 클라인 광고

빠르고 리듬감 넘치는 광고, 나이키

텔레비전 광고는 채널을 돌려서 광고를 피하려는 시청자들과의 전

1988년부터 시작한 "Just do it" 광고 캠페인

투이다. 1980년대의 나이키 광고의 주인공들은 누구나 열정적으로 움직여 스포츠의 감동과 웃음을 메시지로 전달하고 마지막에는 그냥 한번 해보라는 문구인 "Just do it"이 나타나고 나이키 마크가 화면에 나타나면서 끝난다. 1964년에 블루 리본 스포츠Blue Ribbon Sports로 시작하여 1978년에 나

이키로 브랜드 이름을 바꾼다. 때마침 조깅을 트레이드마크로 활용하던 지미 카터Jimmy Carter 대통령이 생활체육 붐을 일으킨다.

리복Reebok과 경쟁상태에 있던 나이키는 1988년부터 "Just do it" 캠페인을 시작한다. 광고대행사 위든 앤 케네디Wieden & Kennedy는 스포츠를 즐기는 기존 성인 남성에 더해 여성과 청소년을 끌어들이는 전략을 활용한다. 운동화는 프로 선수나 마니아 들만 선택하는 것이 아니라 나이, 성별, 건강의 정도를 떠나 누구나 신을 수 있는 매력적인 신발이라는 것을 알리고자 했다.

Chapter 15

컴퓨터 커뮤니케이션의 시대

연결과 커뮤니케이션의 혁명

인터넷의 탄생은 전 세계와 인류를 하나로 연결시켜 커뮤니케이션 하게 만들어준 역사적 사건이다. 몸짓과 그림, 북소리와 말, 문자와 책, 신문과 텔레비전 등…, 인류가 자신의 메시지를 시간과 공간에서 멀리 떨어진 대상에게 전달하기 위해 노력했던 커뮤니케이션의 오랜 개발 과정의 결과이다. 수십억 명의 사람들이 인터넷에 연결되어 모이고 이야기하고 흩어졌다 다시 연결된다. 아는 사람들과 또는 전혀 모르던 사람과 친구를 맺기도 하며 정보와 지식을 공유하고 문화를 파괴하고 창조하고 융합하면서, 국경과 인종

잡지 《플레이보이》에 실린 애플 컴퓨터 광고 (1978)

이라는 물리적 장벽이 없는 연결관계를 기반으로 시장과 플랫폼이 개발되어 상품과 화폐가 거래된다.

커뮤니케이션을 발달시키려는 인류의 오랜 숙원을 해결해 준 도구는 생뚱맞게도 수학적 연산을 처리하기 위해 개발된 컴퓨터computer였다. 처음 개발된 컴퓨터들은 자동적으로 계산을 처리하기 위한 자동장치였을 뿐이었다. 컴퓨터의 용도가 다양해지면서 컴퓨터는 단순한 계산기에서 벗어나 종합적인 정보 단말기로 거듭나기 시작했다. 한 대의 컴퓨터로는 이를 모두 처리할 수 없는 상황이 이르렀다. 때문에 개발자들은 두 대 이상의 컴퓨터가 서로 데이터를 주고받을 수 있는 방안을 모색하기 시작했다. 여러 대의 컴퓨터들을 연결하여 데이터들을 주고받는 기술이 1969년 인터네트워크internetwork라는 이름으로 출현하였다.

인터넷의 발명

1960년, 미국의 리클라이더Joseph Carl Robnett Licklider 박사는 여러 사용자가 하나의 컴퓨터에 접속하여 작업하더라도 효율적으로 처리될 수 있는 시분할 시스템Time Sharing System에 대한 이론을 발표했다. 사용자의 데이터 입출력 작업속도가 컴퓨터 연산처리 속도보다 느리다는 점에 착안한 것이었다.

한 사용자가 데이터를 입력하고 출력하는 공백 시간에 컴퓨

터는 다른 사용자에게 입력받은 데이터를 처리한다는 시분할 시스템은 컴퓨터 네트워크 시스템의 기본 이론이 되기 때문에 리클라이더를 인터넷의 아버지라고 부른다. 그는 〈인간과 컴퓨터 공생Man-Computer Symbiosis〉1960, 〈커뮤니케이션 장치로서의 컴퓨터The Computer as Communication Device〉1968 등의 논문을 통해 사람들이 면대면으로 이야기하는 것보다 더 효율적으로 커뮤니케이션하게 해주는 컴퓨터와 그 컴퓨터들의 네트워크에 대한 전망을 제시했다. 계산기로서의 컴퓨터에서 네트워크화 된 커뮤니케이션 장치로서의 미래를 본 것이다.

리클라이더의 시분할 시스템과 '은하계 컴퓨터 네트워크Intergalactic Computer Network' 이론에 기반으로 하여 미국 국방부 산하의 고등연구계획국advanced research project agency은 1969년 아르파넷ARPANET: advanced research projects agency network 시스템을 구축한다. 아르파넷은 1969년에 캘리포니아 대학교 로스앤젤레스UCLA, 캘리포니아 대학교 산타바버라UCSB, 스탠퍼드 대학교 연구소SRI, 유타 대학을 등 4곳이 참여했다. 처음에 아르파넷은 연구용으로 쓰였으나 참여기관이 늘어나면서 다양한 목적으로 쓰고자 하는 요구가 많아졌다.

아르파넷은 컴퓨터들을 직접 연결하는 회선교환 방식 대신, 기간 통신망을 구축해 여기에 연결된 컴퓨터끼리 자유롭게 데이터를 주고받을 수 있는 백본backbone 방식을 도입했다. 핵전쟁이 일어나더라도 데이터의 보관 및 공유, 분산을 신속하게 처리하기 위함이었다. 컴퓨터의 종류가 다양해지면서 컴퓨터끼리의 공통된 통신 규약인 프로토콜protocol을 재정비할 필요성이 제기되었다.

인터넷Internet은 전 세계의 컴퓨터가 서로 연결되어 TCP/IP라는 통신 프로토콜을 이용해 정보를 주고받는 컴퓨터 네트워크이다. 인터넷이란 이름은 1973년 TCP/IP의 기본 아이디어를 생각해 낸 빈튼 서프Vinton Gray Cerf와 밥 칸Bob Kahn이 '네트워크의 네트워크'를 지향하며 모든 컴퓨터를 하나의 통신망 안에 연결Inter Network하고자 하는 의도에서 이를 줄여 인터넷Internet이라고 처음 부른 데 어원을 두고 있다. 이후 인터넷은 전 세계의 컴퓨터가 서로 연결되어 TCP/IP를 이용해 정보를 주고받게 되었다.

마이크로소프트와 애플

마이크로소프트는 다양한 컴퓨터 기기에 사용되는 소프트웨어 및 하드웨어 제품들을 개발, 생산, 판매, 관리한다. 마이크로소프트의

마이크로소프트의 소프트웨어 광고(1982)

가장 유명한 제품은 마이크로소프트 윈도라는 운영체제이다. 1975년에 빌 게이츠Bill Gates, 1955와 폴 앨런이 베이직 인터프리터BASIC Interpreter를 개발하여 판매하기 위해 미국 뉴멕시코 주 앨버커키에 마이크로소프트Microsoft라는 이름으로 회사를 세웠다. 베이직은 쉬운 문법을 사용하여 교육용으로 만든 언어로서 1964년에 만들어졌다. 인터프리터는 프로그램을 해석하는 방법 중 하나로, 사람이 이해할 수 있는 고급언어로 작성된 코드를 한 단계씩 해석하여 실행시키는 방법을 말한다. 1985년에 컴퓨터 운영체제인 마이크로소프트 윈도우Microsoft Windows를 개발하고 1989년에 사무용 소프트웨어 묶음인 마이크로소프트 오피스Microsoft Office를 개발한다. 1998년부터 2000년까지 빌 게이츠의 대학 시절 친구인 스티브 발머Steve Anthony Ballmer가 사장직을 담당했다.

애플Apple Inc.은 스티브 잡스Steve Jobs와 스티브 워즈니악Stephen Wozniak과 로널드 웨인Ronald Wayne이 설립한 컴퓨터 회사이다. 이전 명칭은 애플 컴퓨터Apple Computer, Inc.이다. 1976년 잡스가 부모의 차고에서 컴퓨터 조립 키트인 '애플 I'을 만들며 애플의 시작을 알렸다. 최초로 개인용 컴퓨터중 하나이며, 최초로 키보드와 모니터를 가지고 있는 애플 I을 출시하였고, 애플 II는 공전의 히트작이 되어 개인용 컴퓨터의 시대를 열었다. 이후 매킨토시Macintosh로 마우스를 이용한 컴퓨터 조작과 같은 그래픽 사용자 인터페이스의 보급을 선도하였다. 현재 개인용 컴퓨터인 매킨토시, MP3 플레이어인 아이팟, 스마트폰인 아이폰, 가정용 멀티미디어 기기인 애플 TV, 태블릿 PC인 아이패드 등의 제품을 판매하고 있다. 그리고 아이팟에서 재생할 수 있는 음원을 인터넷을 통해 제공하는 아이튠즈 스토어와 맥 OS X, 아이폰 사용자의 편의를 위한 인터넷 서비스인 아이클라우드 iCloud를 제공하고 있다.

《1984》는 조지 오웰George Orwell, 1903~1950이 지은 디스토피아 소설이다. 1984년은 애플에게 그래픽 사용자 인터페이스 방식을 적용한 매킨토시를 개발하여 처음 출시한 해이기도 하다. 광고대행사인 치아스데티Chiat/Day는 미국 텔레비전 역사상 가장 뛰어난 광고라고 평가받는 텔레비전 광고를 제작한다. SF 걸작 영화인 〈블레이드 러너Blade Runner〉1982의 리들리 스콧Ridley Scott 감독이 제작을 맡았다. 지

IBM의 절대 질서를 깨겠다는 메시지를 담은 애플 매킨토시 광고(1984)

하세계 장면처럼 사람들이 똑같은 옷을 입고 최면에 걸린 듯 기계적으로 긴 터널을 행진한다. 그들은 커다란 홀에 모여 앉고 거대한 스크린을 주시하고 있다. 스크린에서는 한 남자가

끊임없이 연설을 하고 있다. 연설하는 남자는 이 세계를 지배하는 빅브라더big brother로 보이며, 사람들은 얼이 빠진 채 빅브라더를 추종하는 것처럼 묘사되어 있다. 빅브러더는 IBM이고 스크린을 보고 있는 사람들은 IBM에 순응한 컴퓨터 사용자들이다. 광고 영상에서 제 정신을 가진 여자 육상선수처럼 매킨토시의 혁신이 IBM의 지배질서를 깨겠다는 메시지이다.

1980년대 신자유주의와 전 지구적 세계화

1980년대 미국 로널드 레이건, 영국 마거릿 대처 등의 지도자들이 주도한 신자유주의 경제가 확산되고 공공기관의 피해 누적과 경제 불평등은 증가로 이어지면서, 1970년대의 인플레이션 현상은 사라졌다. 하지만 세계는 큰 변화를 겪는다. 신자유주의neoliberalism, neo-liberalism는 1970년대에 시작한 자본의 세계화globalization of capital 흐름에 기반으로 한 경제적 자유주의 중 하나로, 19세기의 자유방임적인 자유주의의 결함에 대하여 국가에 의한 사회정책의 필요를 인정하면서도, 자본주의의 자유기업의 전통을 지키고 제3세계운동에 대항하는 사상이다.

신자유주의는 국제체제를 무정부적으로, 국가를 유일한 합리자로 간주한다. 국가 보호 하에 있던 국민들이 국가의 보호 없이 세계 자본에 직접적으로 마주하는 것을 의미한다. 신자유주의에서 국가가 국민을 더 이상 보호하지 않는다는 것은 국가의 존재를 부정적으로 바라보는 시각이다.

중남미에서 1980년대에 민주화가 이루어졌고 동유럽도 1989년을 기점으로 정치적으로는 민주주의가 정착되었다. 한국, 대만, 필리핀의 민주화도 비슷한 시기에 민주화의 진전이 이루어진다. 글로벌 다국적 기업의 활동이 확산되고 제조산업과 관련된 태국, 멕시코, 한국, 대만, 중국. 일본, 서독은 큰 경제성장을 보았다. 1980년 이라크의 이란 침공으로 8년에 걸쳐서 전쟁이 진행된다. 중동의 전쟁이 미국의 국내정치에 심각한 영향을 미치는 등 중동 문제가 중요 현안으로 급부상한 시기기도 하다.

1980년대 광고의 특징은 국경이 주는 공간적 제약에서 벗어나 글로벌을 상대로 한 다국적 기업의 광고가 증가한 점이다. 다국적 기업은 신자유주의적 경제질서와 관련성을 갖는데 사회적 관계의 총체를 시장경제적 관계에 최대한 종속시켜 자본의 자유를 극대화시키는 방식을 취한다, 경제영역에서 국가 규제를 반대하고 국가의 영향력을 축소하는 이데올로기를 근간으로 한다. 그 내용에는 시장규제의 완화, 자본시장의 자유화, 외국자본의 국내기업 인수합병 허용 등 서구 자본이 세계에 진출하는 것을 쉽게 만드는 것을 담고 있다. 국제사회에

전 지구적 시장을 대상으로 한 1980년대 베네통 광고

서 상호의존성이 증가함에 따라 세계가 단일한 체계로 나아가고 있음을 가리킨다. 각 민족국가의 경계가 약화되고 세계가 경제를 중심으로 통합해 가는 현상으로 전 세계가 하나로 연결되고, 그 속에서 상호의존성이 심화됨을 뜻한다. 그 동안 달랐던 사회가 전 세계적으로 서로 밀접한 관계를 갖는 연속적인 과정을 일컫는다.

인수합병에 성공한 다국적 기업들은 1980년대 후반부터 세계 시장을 공략하여 광고대행사와 마케팅 전문 기관을 통해 철저한 시장조사를 실시한다. 시장조사의 목적은 지역 욕구와 취향, 소비 경향 파악, 문화적 취향 등으로 전화 인터뷰, 호별방문, 집단 심층면접, 포커스 그룹, 쇼핑몰 비밀녹화 등을 방법으로 한다.

월드 와이드 웹과 HTML

1980년대 말부터 인터넷web이 급속히 확산되었다. 하지만 주된 용도는 메일 교환과 특정한 프로그램끼리 통신하는 데 있었기 때문에 이용하는 형태와 이용 가능한 데이터 종류는 제한적이었다. 유럽입자물리연구소CERN의 팀 버너스 리Tim Berners-Lee 박사는 문자 및 그림, 음성 등의 다양한 데이터로 데이터베이스를 구축하여 시각적으로 표현할 수 있는 표준 문서 형식을 규정하고 문서 속에 연결된 특정 항목은 또 다른 문서로 연결되는 정보 검색 시스템을 제시했다.

팀 버너스 리의 작업은 월드 와이드 웹WWW, World Wide Web이라는 세계적인 정보 공유 공간과 이 공간을 구성하는 '서로 연결된 문서'를 뜻하는 하이퍼텍스트hypertext 방식의 인터넷 표준문서인 HTMLhypertext markup language을 개발되는 계기가 되었다. 웹web이라고도 부르는 월드 와이드 웹은 세계적 차원의 거미집 또는 거미집 모양의 연결망을 뜻한다. 웹은 하이퍼텍스트로서의 특성을 지닌다. 하이퍼텍스트는 문서를 읽는 사람이 비순차적인 텍스트 전개 원리에 따라, 문서의 링크link 같은 특정한 텍스트를 통해 다른 자료나 데이터베이스와 연결되고 서로 넘나들며 검색할 수 있도록 한 문서체계이다. 웹은 인터넷의 온갖 문서들을 찾고 살펴보게 해주는 서비스이자 소프트웨어인 셈이다. 덕분에 우리는 브라우저를 통해 세상의 수많은 웹 문서를 볼 수 있게 되었다.

웹은 1991년 8월 6일에 처음 서비스를 시작했으며, 세계 최초의 홈페이지Home Page도 이날 처음 공개되었다. 인터넷의 형태이자 HTML 문서를 화면에 표시하는 프로그램인 웹브라우저web browser를 작동시켜 각종 인터넷 문서를 읽고 검색하는 모습이 이때부터 자리를 잡았다. 팀 버너스 리는 그밖에도 인터넷 데이터의 위치를 표시하는 기준인 URLUniform Resource Locator, 웹에서 하이퍼텍스트를 교환하는 프로토콜인 HTTPHyperText Transfer Protocol, 세계 최초의 웹브라우저 넥서스NEXUS의 설계 및 규격 제정에 참여했다.

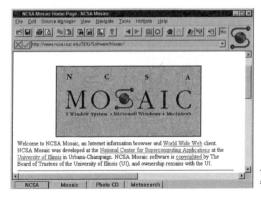

1993년에 개발된 그래픽 기반
웹브라우저, 모자이크

하지만 팀 버너스 리가 개발한 월드 와이드 웹브라우저는 텍스트만으로 이루어진 HTML 문서밖에 보여주지 못했다. 1993년 그래픽 기반 웹브라우저 모자이크Mosaic가 등장하면서 웹의 확산 속도는 급격하게 빨라진다. 모자이크는 1993년 미국 일리노이 대학교 NCSA 연구소의 대학생이었던 마크 앤드리슨Marc Andreessen과 에릭 비나Eric Bina가 공동 개발한 웹브라우저다. 모자이크는 이미지를 표시할 수 있는 최초의 그래픽 웹브라우저였다. 웹 사용자들의 폭발적인 반응이 있고서 개발 책임자였던 마크 앤드리슨이 동료들을 데리고 1994년 넷스케이프 회사를 설립하고 넷스케이프 내비게이터 Netscape Navigator 웹브라우저를 개발한다. 넷스케이프 브라우저는 한동안 90% 정도의 시장점유율을 차지했다.

HTML에서 사용하는 명령어를 '태그'tag라고 한다. 웹 문서는 내용과 HTML 태그로 구성되어 있다. HTML은 웹페이지에서 꺾쇠괄호에 둘러싸인 태그를 사용하여 작성된다. HTML은 웹페이지를 작성하기 위한 마크업 언어이다. HTML은 하이퍼텍스트 마크업 랭귀지hypertext markup language의 줄임말이다. 마크업 언어markup language는 태그를 이용해 데이터의 구조를 저장하는 프로그램 언어의 한 종류이다. 문서의 글자 크기나 색깔, 모양, 그리고 그래픽이나 문서 이동 등을 정의하는 명령어로서 웹페이지 작성에 사용된다. HTML 규칙 또는 문법은 제목, 단락, 목록 등과 같은 웹페이지의 본문을 구조적 문서로 만드는 방법을 제공한다.

하이퍼텍스트는 개별 정보들을 링크를 통해 서로 연결하여 비연속적, 비선형적 체계로 구성해낸 전자적 텍스트 또는 정보 조직 구조architecture로서 소설, 디지털 백과사전, 디지털 미술관이나 도서관, 나아가 월드 와이드 웹 등에 이르기까지 다양한 영역에서 활용되고 있다.

하겐다즈 아이스크림의 섹슈얼리티

하겐다즈 아이스크림 잡지 광고(1990)

1961년 뉴욕과 브루클린에서 설립된 하겐다즈Haagen-Dazs는 1980년대 말 광고대행사 BBHBartle, Bogle and Hegarty와 함께 프리미엄 아이스크림 시장의 점유율을 높이기 위한 시장조사를 했다. 25세부터 44세까지의 남녀를 대상으로 아이스크림을 먹인 뒤 언제, 어디서 이 아이스크림을 먹고 싶은지에 대해 설문조사를 실행하였다. 대다수가 "혼자서, 안 좋은 하루 끝에, 마음에 들지 않는 데이트를 마치고"와 같은 다양한 대답이 나왔다. 주목할 만한 설문 결과는 "어떤 경우에 하겐다즈를 나누어 먹겠는가?"라는 질문에 많은 응답자들은 "사랑하는 사람과 함께 좋아하는 영화를 감상하면서 먹겠다"고 답변했다. 하겐다즈와 BBH는 여기에서 크리에이티브 아이디어를 얻는데 "남녀가 함께 나누는 감각적 쾌락"이었다.

하겐다즈와 BBH는 잡지를 광고 미디어로 선택하는데, 이는 하겐다즈의 고객층을 타깃으로 하는 텔레비전 광고가 너무 비효율적이며 미묘하고 관능적인 분위기를 표현하기 힘들다는 판단에서였다. 따라서 휴식 시간에 보는 미디어로서 주말판 신문과 여성 소비자에 적합한 잡지를 선택한다. 잡지 광고에서 남녀는 아이스크림을 먹으면서 뜨겁게 사랑을 나눈다. 지나칠 정도의 성적 소구에 대해 비난을 받았는데, 여러 시리즈 중에서 흑백 커플을 등장시킨 광고는 다른 인종 간의 사랑을 소재로 함으로써 충격을 주었다. 하겐다즈는 광고가 집행된 뒤 1991년 매출은 전년보다 5배나 성장하고 시장점유율은 2%에서 22%로 늘어났다고 전해진다.

사회적 메시지를 담은 광고, 베네통

1965년 이탈리아에서 첫 번째 매장을 연구에 현대 500여개의 매장 네트워크를 가지고 있는 베네통은 의류, 안경, 향수, 액세서리, 신발, 시계, 스포츠용품, 화장품 등의 제조회사이자 브랜드이다. 1965년 루치아노 베네통Luciano Benetton이 그의 동생들인 줄리아나, 질베르토, 카를로와 함께 설립했으며 본사는 이탈리아의 트레비소에 있다.

이탈리아 베네토주 트레비소에서 태어난 루치아노 베네통은 1955년 부친 사망 이후 막내 동생 카를로의 자전거와 자신의 아코디언을 판 돈으로 구입한 낡은 편물기계로 여동생 줄리아나가 짠 다양하고 화려한 색상의 스웨터를 도매상에 팔기 시작했다. 이것이 인기를 끌자 1965년 트레비소 근교 베네토에 공장을 설립한 후 루치아노는 사장을, 줄리아나는 디자인을, 질베르토는 재정을, 카를로는 생산을 맡아 본격적으로 사업을 시작했다.

1960년대 초반까지 모든 의류 회사는 선염가공한 실로 직물을 짰으나, 베네

강렬한 사회적 메시지를 담는 1990년대 베네통 광고

통은 획기적인 후염가공공정 기술을 개발하며 세계적인 의류 메이커로 성장할 수 있는 발판을 마련하였다. 1969년에는 파리에, 1979년에는 미국에 최초의 지점을 세워 국내 뿐 아니라 국외로 사업을 확장하기 시작했다.

베네통은 1990년대 초반부터 도발적이고 충격적인 사진들을 고속도로 빌보드나 잡지 광고 사진으로 사용한다. 얼룩진 보스니아 병사의 군복, 흑인·백인·황인이라는 제목이 달린 별로 다르지 않은 3개의 심장, 흑인 여성의 몸에 안겨 젖을 먹는 백인 아기, 걸프전으로 오염된 바다에서 기름으로 흠뻑 젖은 물새, 연인처럼 키스하는 신부와 수녀, 마피아에게 살해된 어린아이 등 이 모든 광고에는 대부분 아무런 카피도 없이 "United Colors of Benetton"이라는 로고만이 있다.

베네통그룹의 광고 디렉터인 올리비에로 토스카니_{Oliviero Toscani}는 사회적으로 금기된 이야기, 주류 세계가 인정하고 싶지 않은 사실, 긍정적이지 않다는 이유로 잊힌 사건들을 들춰내고 적나라하게 보여주는 사회적 메시지 광고를 사용한다. 녹색의 "United Colors of Benetton"이라는 로고와 함께.

애플 컴퓨터의 "Think Different"

1984년에 매킨토시를 출시하면서 컴퓨터업계의 샛별로 각광받았지만, 스티브 잡스는 1986년 애플 내부 경영진과 엔지니어 간에 갈등으로 인해 이사회의 권력투쟁 과정에서 탈락해 회사를 떠나고 만다. 이후 매킨토시 사용자는 전체 퍼스널 컴퓨터 사용자의 5%에 지나지 않았고 그래픽 디자이너, 전자출판에 종사하는 사람들이 주로 사용하는 비주류 컴퓨터가 되고 말았다. 물론 1991년 파워북이 100만 대 이상 판매되어 큰 성공을 거두기도 했고, PDA 뉴튼을 개발하여 판매함으로써 개인형 컴퓨터의 새로운 가능성을 보여주었지만, 애플 컴퓨터는 1990년대 중반에 경영상태가 엉망이 되고 만다. 결국 1997년 스티브 잡스가 애플에 복귀하였다.

1997년의 매킨토시는 더 이상 독특한 컴퓨터가 더 이상 아니었다. IBM PC들도 모두 그래픽 사용자 인터페이스를 채택했고, 컴퓨터가 개인용 컴퓨터로서 보편화되어 있는 상태였다. 현업에 복귀한 스티브 잡스는 1997년부터 광고대행사인 TBWA 월드와이드 TBWA Worldwide와 함께 "Think different" 카피를 내세운 광고 캠페인을 만들어 혁신적인 애플의 브랜드 가치를 세우고자 했다. "Think different"는 스티브 잡스가 죽은 2011년 이후부터 2016년까지 텔레비전과 옥외 광고 등 다양한 광고 미디어를 통해 진행되었다. 광고에는 아인슈타인, 밥 딜런, 마틴 루터 킹, 존 레논, 요코 오노, 에디슨, 무하마드 알리, 간디, 알프레도 히치콕, 파블로 피카소, 마사 그레이엄 등이 출현한다. 아이맥iMac, 1998, 아이팟iPod, 2001, 아이폰iPhone, 2007, 아이패드iPad, 2008 등 애플은 이 광고 캠페인과 함께 아이폰 같은 혁신적인 제품들을 연달아 내놓았고 히트시켜 광고 캠페인의 슬로건과 브랜드의 철학, 그리고 생산된 제품이 정확하게 하나가 되었다.

"Think different" 포스터에는 다음과 같은 구절이 써 있다.

"여기 미친 이들이 있습니다. 혁명가. 문제아. 하지만 이들은 사물을 다르게 봅니다. 다른 이들은 미쳤다고 말하지만, 저희는 그들에게서 천재성을 봅니다. 미쳐야만 세상을 바꿀 수 있다고 생각하기 때문입니다."

인터넷 광고의 진화와 유형

인터넷 광고는 온라인 광고online advertising라고도 부른다. 인터넷과 월드 와이드 웹을 이용하는 프로모션의 한 형태로, 고객들을 끌어들이기 위해 마케팅 메시지를 전달한다. 인터넷이라는 미디어의 장점을 최대한 활용하여 기업은 적은 비용으로 많은 소비자들을 만날 수 있으며 고객의 반응을 곧바로 파악할 수 있다. 인터넷 광고에는 검색 엔진 결과 페이지, 웹배너, 블로그, 풍부한 정보와 상호작용을 지닌 리치 미디어rich media 광고, 소셜 네트워크 광고, 전자 우편 광고 등이 포함된다.

1994년 10월에 미국 《핫와이어드hot wire》가 14개의 광고주와 온라인 광고계약에 서명하고 At&T가 최초로 상업용 배너 광고를 집행한 것이 공식적으로는 인터넷 광고의 시작이다. 온라인 광고에 사례로는 미국 온라인 포털 사이트 AOL에서 처음 시작한 팝업광고Pop-ups 야후에서 시작한 배너광고banners, 구글의 애드워드, 애드센스 광고, 페이스북의 페이스북 광고, 유튜브 광고 등 다양하게 진화하고 있다.

인터넷 광고는 크게 기업과 소비자를 연결하는 인터렉티브 미디어Interactive Media 모델과 배너광고Banner Advertising를 조합한 모델로 구분한다. 인터렉티브 미디어 광고는 인터넷의 쌍방향성을 활용하여 소비자의 취향을 분석해서 차별적으로 광고를 제공한다. 이를 통해서 기업은 불특정다수를 대상으로 하는 기존 광고에 비해 그

효과를 높일 수 있다. 처음에는 사각형 모양에 도메인과 사업내용을 알리는 단순한 형태로 시작했으나, 동영상을 넣거나 홈페이지를 열면 화면에 고정적으로 배치되는 등으로 다양해졌다.

동적인 구현이 가능한 쇼크 웨이브shock wave 개발과 전송 시스템 향상으로 인터넷 광고 형태가 바뀌기 시작한다. 어도비 쇼크 웨이브Adobe Shockwave, 이전 이름은 매크로미디어 쇼크 웨이브는 멀티미디어 플레이어 프로그램으로, 처음에는 매크로미디어가 개발하다가 2005년에 어도비 시스템즈에 인수되었다. 이 프로그램을 사용하면 어도비 디렉터 응용 프로그램들이 인터넷에 출판되어 쇼크 웨이브 플러그인이 설치된 컴퓨터의 웹브라우저에서 볼 수 있는 기능이 제공된다.

배너 광고는 하이퍼텍스트hyper text를 활용한 단순한 링크 형태의 정적 이미지를 사용한다. 인터넷 홈페이지에 띠 모양으로 만들어 부착하는 광고로서 정착되어 관심이 있는 사람이 이것을 클릭하여 자사의 홈페이지와 쇼핑몰 웹페이지에 접속하도록 하는 것으로 가장 광범위하게 쓰인다. 마치 현수막처럼 생겨 배너banner란 명칭으로 불린다. 미리 정해진 규격에 동영상 파일 등을 이용하여 광고를 내고 소정의 광고료를 지불하는 형태이다. 광고효과를 분석하

포털사이트에서 자주 사용되는 하이퍼텍스트 배너 광고

기 위해 배너가 사용자들에게 보인 횟수나 일정 기간 동안 배너 그
래픽이 다운로드 된 횟수를 세어 광고주에게 알려주기도 한다.

떠 있는 광고Hover ads는 웹 페이지 작성자가 DHTML, 자바스
크립트 등의 웹 브라우저 기술을 사용하여 띄우는 팝업pop-up 광고
의 한 종류이다. 떠 있는 광고는 웹페이지를 따라서 스크롤이 안 되
며, 페이지 상에 계속 떠 있다. 사용자들은 대개 떠 있는 광고에 가
려 웹문서 내용을 제대로 못 보게 된다. 웹서핑에 방해가 심하기 때
문에 마우스 조작을 통해 플로팅floating되거나 팝업 언더pop under로
구현되는 광고가 생겼다. 언제든지 회피가 가능한 광고의 단점을
보완하기 위해 개발되었다. 2002년 말부터 등장하기 시작하였으며
사이트 전체 또는 일부를 뒤덮는 광고이다. 모니터 화면 전체를 뒤
덮는 전면 광고와 달리 콘텐츠 위에 떠 있는 돌출형 광고이다. 보통
'플로팅 애드'로 부르지
만, 업체에 따라 FX 광고,
TItransparent interactive 광고
로 부른다. 닫기 버튼을
찾아 빨리 광고를 닫고
싶어 하는 사용자 심리로
인해 불만이 많아져 대안
광고로 등장하였다.

팝업 광고라고 부르는 떠 있는 광고

인터넷 검색 광고

인터넷 검색 사이트를 통해 광고하는 방법을 검색 광고라고 하는데 인터넷 포털사이트 검색창에 입력한 검색어와 연관된 광고, 또는 이메일이나 메신저를 통해 자주 사용하는 단어키워드와 연관된 광고를 노출시키는 방법이다. 인터넷 이용자 관점에서는 원하는 정보에 손쉽게 접근할 수 있고 기업 입장에서는 자사 제품 또는 서비스에 관심 있는 잠재 고객을 만날 수 있어서 좋다.

1998년 이전의 웹 광고는 일반적으로 게재된 노출수에 따라 가격이 책정된 배너 광고로 구성되었다. 미국인 빌 그로스의 아이디어로 설립된 인터넷 광고회사인 오버추어Overture가 CPCcost per click 방식의의 스폰서 검색 경매를 처음 만들었고 구글Google이 최초 스폰서 검색 경매를 2002년 이후로 본격화한다.

그때까지 인터넷 광고는 CPMcost per mille 방식이 주류를 이루었는데 일정한 조회수가 일어나는 사이트에 배너 광고를 게재할 때 해당 사이트의 1,000명에게 광고 메시지를 전달하는 비용을 기준으로 광고 단가를 책정하였다. 하지만 이러한 그래픽 배너에 의존한 광고효과에 대해 의문이 있었고 검색 광고를 통해 직접적인 이용자 유입으로 광고효과가 증명되자 오버추어 광고방식은 광고주에게 상당한 인기를 모았다. 오버추어는 클릭이 발생하였을 때만 광고비를 지불할 뿐만 아니라 광고효과가 나쁘면 언제라도 광고를 그만두거나 바꿀 수 있었다. 광고에 대한 효과가 입증되자 야후, AOL,

MSN 등이 오버추어와 제휴하였고 이후 영국·독일·프랑스·일본· 에스파냐·이탈리아 등의 유럽과 일본·오스트레일리아 등에 진출하였다. 하지만 인터넷 거대기업이었던 야후와 마이크로소프트의 공격적인 기업인수에 공세에 밀려 2003년 7월 14일 야후에 16억 3000만 달러에 인수되었다.

구글의 자사 검색 광고 설명

인터넷 검색 광고를 키워드광고keyword advertising 또는 타깃팅광고targeting advertising라고도 한다. 광고 방법은 월 단위의 일정 계약기간 동안 기간 기준으로 광고비용을 지불하는 정액제 광고CPM 와 소비자가 검색이나 배너 광고를 클릭한 횟수를 근거로 지불하는 종량제 광고CPC 방식이 있다. 검색 광고가 진화하면서 키워드를 통한 브랜딩과 검색 광고를 텔레비전 등 타 매체와 함께 진행하는 크로스 미디어cross media 광고가 새로운 트렌드로 자리 잡고 있다.

인터넷 광고는 웹서버 내의 페이지에서 호출되어 광고 서버에서 전송되고 광고 서버를 통해 웹서버 내의 페이지로 광고가 전송되면 노출impression로 카운트된다. TV 광고나 신문 광고는 타깃팅이 사실상 불가능하지만 인터넷 광고데이터베이스 타깃팅, 특정 지역만 노출하는 지역 타깃팅는 여러 형태의 타깃팅이 가능하다. 인터넷 광고 과금 체계는 크게 디스플레이 광고와 검색 광고로 구분한다. 대부분의 디스플레이 광고는 노출 보장형이다. 반면에 키워드 광고는 클릭당 과금형이다.

광고 비용의 책정은 클릭 당 비용Click Per Click, P4PPay For performance이 가장 많이 사용된다. CPM 과금에 비해 합리적이지만 키워드의 경우 상당히 고가이다. 구글 애드센스 등 수익분배형 광고에도 CPC 과금 방식을 적용한다.

2010년대 사물인터넷 광고

사물 인터넷internet of things은 각종 사물에 센서와 통신 기능을 내장하여 인터넷으로 연결시켜 실시간으로 데이터를 주고받게 하는 기술이다. 사물 인터넷 환경에서는 광고와 PR을 위한 미디어와 방법들이 대폭 확대되었다. 웨어러블 컴퓨터, 자동차, 스마트 가전기기, 디지털 사이니지 등 다양화되는 각종 디바이스와 사물 인터넷 기술이 결합되면서 소비자와 관계를 형성하고 상호작용할 수 있는 접점이 많아졌기 때문이다.

그뿐만 아니라, 광고 콘텐츠가 시청각 수준을 넘어서 사람의 오감五感을 통한 사용자 체험을 포함하는 콘텐츠에 가까운 모습을 띠게 될 것이다. 따라서 빅데이터 분석과 위치정보 활용을 통한 상황 기반의 지능형 맞춤형 광고 전개, 다양한 방식으로 관심을 집중시키고 사용자 반응에 따라 상호작용이 이루어지는 쌍방향 기법의 개발, 그리고 콘텐츠 방식으로 제작되어 사용자에게 거부감 없이 자연스럽게 제공되는 네이티브native 광고 방식으로 나갈 수 있다.

　사물 인터넷 기반 광고와 PR은 소비자가 처한 상황context에 적합한 해결책solution을, 원하는 시점timing에, 적절한 접점Everything에서 실시간Real-time으로 제공하는 방향으로 변화할 것이다. 이 과정에서 사물과의 상호작용과 커뮤니케이션이 핵심이며 고객과의 장기적 관계 형성 기반으로서의 커뮤니티가 필연적이다.

사물 인터넷 기술을 활용한 애플의 아이비콘

　애플Apple의 아이비콘 iBeacon은 사물 인터넷 기반 마케팅 기술로서 다음과 같이 활용된다. 아이폰이나 아이패드에 설치된 아이비콘 앱은 디바이스 소유자의 위치 정보를 아이비콘ibeacon 송신 디바이스에 전달한다. 아이비콘 디바이스는 애플의 스마트 디바이스들의 위치를 알릴 수 있는 새로운 형태의 저전력 저비용의 전파발신장치이다.

　아이비콘의 신호를 수신한 스마트폰의 앱이, 해당 스마트폰과 업소 내에 설치된 아이비콘 간의 대략적인 거리를 파악할 수 있다. 아이비콘의 신호를 수신받은 앱은 스마트폰 근처에서 판매중인 상품에 대한 알림을 표시해줄 수 있다. 또한 업소 내에 설치된 POS 단말기와 직접 연동될 경우 구매자가 현금이나 카드를 이용하지 않고도 제품을 구매 할 수 있다. 아이비콘 기술은 블루투스 저전력BLE

기술을 이용하여 구현되었으며, 블루투스 스마트로 알려져 있기도 하다.

이 송신기를 매장이나 식당 등에 설치하면 50미터 반경 내의 아이폰과 아이패드 소유자에게 매장 정보와 가격, 광고 등을 전달한다. 매장을 방문한 고객은 할인 쿠폰 등 혜택을 받고 아이폰의 지문 인식만으로 결제가 가능하다. 차후에 판매자는 구매 횟수, 직업, 연락처 등 비콘을 통해 입수된 소비자 정보를 바탕으로 광고를 집행해 재방문을 유도할 수 있다.

가상현실 광고와 그 가능성

가상현실Virtual reality은 사용자가 상상적·가상적 환경을 현실처럼 체험하기 위한 인공의 세계이다. 가상현실 장비를 사용하는 사람은 인공적으로 만들어진 세계를 살펴보고, 가상현실의 개체들과 상호작용하며 움직인다. 드론 같은 장치나 가상 인공물을 통해 지구 반대편의 현장을 생생하게 체험하며 커뮤니케이션할 수도 있다. 가상현실은 사용자가 어떤 환경에 물리적으로 존재하고 있다고 느끼게 하는 시뮬레이션이다. 다시 말해, 컴퓨터 모델화와 모의실험을 통해 사용자가 인공적인 3차원을 시각적·감각적으로 경험하고, 실제처럼 상호 반응하는 기술이다.

가상현실은 충분히 효과적인 광고 플랫폼으로서의 잠재력을 가지고 있다고 판단된다. 2020년을 기준으로 아직은 많은 사람이 이용하고 있지는 않지만 보급률이 꽤 빠른 속도로 늘어나고 있고, 또 영화, 게임 등 다양한 콘텐츠들도 만들어지고 있다. 광고를 경험하는 것은 또 다른 차원의 소비자 선택의 문제이다. 소비자가 직접 가상현실 광고를 보겠다고 선택하거나, 최소한 회피는 하지 않아야 하는데 이러한 도전에 대하여 최근 들어 다양한 재미있는 사례들이 소개되고 있다.

유명한 사례 중 하나인 맥주 브랜드 올드아이리시Old Irish 사례이다. 가상현실과 실제 현실을 재미있게 결합하여 브랜드 정체성과 아일랜드 문화를 소개하고 있다. 가상현실 공간에서는 아일랜드 자연과 시골, 아름다운 폭포, 야생동물을 만나볼 수 있으며 물론 아일랜드 아이리시 펍에서의 경험을 할 수 있다.

코카콜라는 사용자가 산타클로스가 되어 루돌프가 끄는 썰매를 타고 하늘을 날아다니는 가상현실 경험을 제공한다. 크리스마스 장식들이 되어 있는 마을과 눈 덮힌 평원을 가로지르며 코카콜라 트럭을 만날 수 있다. 어린이들에게는 이 테마 자체가 참 매력적일 수 있다. 환상적인 애니메이션으로 제공하는 상상 속의 경험만으로도 코카콜라에 대한 이미지를 좋게 만든다.

누구든 패션쇼에 한번쯤 가보고 싶다는 생각을 한다. 모델들이 새로운 트렌드에 맞춰 디자인된 옷을 입고 걷는 모습을 맨 앞줄의 좌석에서 볼 수 있다면 어떨까. 하지만 실제 패션쇼엔 관련된 소수의 사람들만이 초청을 받아 참여할 수 있다. 극장처럼 영화 티켓을 사서 들어가서 볼 수 경험이 아니다. 영국의 SPA 브랜드 탑샵 TOPSHOP은 매장에서 오큘러스 리프트Oculus Rift 가상현실 헤드셋을 착용하고 패션쇼가 열리는 터빈 홀Turbine Hall의 맨 앞좌석에서 3D 사운드와 가상현실을 통해 패션쇼를 체험할 수 있는 체험을 제공한다.

볼보VOLVO는 새로 론칭하는 XC90의 테스트 드라이빙 경험을 가상현실로 제공한다. 비행기 시뮬레이션과도 비슷한 느낌을 주는데 광고나 일반적인 디지털 광고로는 보여줄 수 없는 생생한 브랜드 경험을 해볼 수 있는 것이 특징으로 한다. 볼보의 가상현실 광고는 앱을 다운로드하여 헤드셋을 쓰고 누구나 무료로 사용할 수 있는데 시각, 청각, 운동 시스템을 통해 탑승자가 느낄 수 있는 드라이빙 경험을 강조한다. 센프란시스코에서 출발하여 실리콘밸리로 가서 시대를 개척하는 선구자의 이미지를 체험하게 한다.

올드아이리시, 코카콜라, 볼보 자동차의 가상현실 콘텐츠와 메리어트 호텔의 가상현실 텔레포터

또 하나의 재미있는 사례는 메리어트 호텔Marriott의 텔레포터 Teleporter이다. 사실 가상현실을 활용한 관고와 마케팅이 가장 활성화될 수 있는 분야의 하나가 사람들이 특별히 찾는 호텔, 상점, 식당 등 목적지 마케팅destination marketing이다. 여행지와 호텔, 식당, 광장, 문화재, 공공시설 등은 직접 가서 살펴보는 게 어렵다. 가상현실을 통해 목적지 마케팅을 하는 사례가 메리어트 호텔이다. 메리어트 호텔은 새로운 기술 중심 전략을 가상현실 시뮬레이터라고 발표한다. 보스턴의 텔레포터 부스에 들어가서 런던 시내의 초고층 건물이나 하와이의 해변까지 여행할 수 있다. 하와이 해변의 파도가 치는 소리를 듣는 동안 태양과 바다에 물보라가 생기는 것을 눈앞에 보듯이 느낄 수 있다. 메리어트 호텔은 MIT 모바일 체험 연구소와 제휴하여 메리어트 호텔 로비를 소셜 허브로 변모시키는 프로젝트를 진행중이다.

에필로그

광고의 역사는 인류가 사람들의 관심을 끌고, 상품의 선전이나 정보 등을 알리기 위한 생동감 넘치고 창의적인 활동의 기록이다. 동굴에 그림을 그리고 무언가를 알리기 위해 소리를 지르고 벽에 무언가를 붙이던 행위부터 쉽게 잊히지 않는 광고 영상과 페이스북 광고, 사물 인터넷 광고에 이르기까지…. 광고는 그림과 글, 사진과 영상을 활용하여 사람들의 마음을 사로잡고 설득하여 지갑을 열어 상품과 서비스를 구매하거나 브랜드에 대해 좋은 감정을 갖게 하는 활동이다.

이 책은 광고를 통해 세상과 소통하는 사회적 존재로서의 인간의 활동에 대한 조망을 다루고 있다. 역사 속에 반복되어 보이는 광고하는 인간의 보편성에 대한 내용을 소중하게 다루고 있다. 신문과 잡지, 라디오와 텔레비전, 웹과 스마트폰과 디지털 사이니지, 전단지와 포스터, 빌딩과 경기장에 걸리는 광고는 역사가 시작된 이래로 멈춘 적이 없고 어쩌면 영원히 멈추지 않을지도 모른다. 광고와 PR, 선전 활동의 주체는 장사를 하는 개인부터 나아가 중소기업은 물론, 글로벌 기업, 단체와 작은 조직부터 정부부처와 공공기관에 이르기까지 포함된다.

광고와 PR, 선전의 주체들은 어떻게 효율적으로, 빠르게 구매자와 대중을 설득할 수 있는지, 상품을 구매하기 위한 행동에 나서게 할 것인지에 대해 집중해왔다. 오랜 세월 동안 미디어와 기술, 그리고 사회 변화의 선두에 광고는 존재해왔으며, 또한 광고는 경제, 사회, 문화의 변화를 작동시키는, 보이지 않는 엔진으로서 역할을 수행해왔다. 산업혁명과 매스 미디어의 출현, 라디오와 텔레비전 같은 테크놀로지 미디어 시대는 물론, 언제 어디서나 소통하고 거래하는 인터넷과 스마트폰의 상호작용을 만드는 매스 커뮤니케이션 시대에 이르기까지 광고의 관심은 세상을 유혹하는 기술과 활동에 관한 것이었다.

광고는 사회적 인간이 세상과 소통하기 위한 필연적 과정이며 작업이기도 하다. 인간은 노동하고 생산하며 거래하고 가치를 실현하는 사회적 활동을 위해 끊임없이 이어가는 행위적 존재자이며, 새로운 상품과 도구를 고안하여 실험하고 개발하는 창조적 존재자이며, 자본과 시장, 권력과 서로 갈등하는 동시에 상호 협업하는 소통하는 존재자이다. 따라서 세상과 소통하는 사회적 인간이 만들어낸 광고의 역사는 사회사이자 문화사이며, 경제사이며 정치사이다. 또한 광고는 커뮤니케이션의 축적사이며 지식과 정보의 보고寶庫이다.

이 책은 광고의 연대기적 역사는 물론, 광고와 관련한 흥미로운 일화, 잘 알려지거나 혹은 뜻밖의 광고 사례, 선구적인 광고인들, 천재적인 카피라이터, 세상을 뒤흔든 크리에이티브 혁신가, 욕망이 가득한 비즈니스맨들의 이야기를 가득 실었다. 이런 이야기들은 동서고금을 막론하고 변하지 않는 광고의 의미와 전 세계인을 유혹하는 광고의 원동력을 통찰하게 해준다.

참고문헌

Bauser, H., Hallier, B.(1999), Kultur Und Geschichte Des Handels, EHI Euro Handels Institut.

Cummings, B.(1985), The Benevolent Dictators: Interviews With Advertising Greats, Crain Books.

Goldman, R.(2011), Reading Ads Socially, Routledge.

Ind, N.(1993), Great Advertising Campaigns: Goals and Accomplishments, Ntc Pub Group.

Mann, F.O(1912), The Works of Thomas Deloney Oxford Clarendon Press.

McLuhan, M.(1964), Understanding Media: The Extensions of Man, Signet Books.

Mishra, P.(2009), Sales Management: Keys to Effective Sales, Global India Publications Pvt Ltd.

Ogilvy, D.(2012), Confessions of an Advertising Man, Southbank Publishing; REV ed. Edition.

Rheinstrom, C.(1976), Psyching the Ads. New York: Arno Press.

Robinson, A.(1995), The Story of Writing, Thames & Hudson.

Robinson, A.(2009), Lost Languages: The Enigma of the World's Undeciphered Scripts, Thames & Hudson.

Stephens, M.(2006), A History of News, Oxford University Press, Third Edition.

Tungate, M.(2013), Adland: A Global History of Advertising, Kogan Page.

Wood, J. P.(1958), The Story of Advertising, Ronald Press Co.

김동규(2013),《10명의 천재 카피라이터》, 커뮤니케이션북스.

양정혜(2009),《광고의 역사 : 산업혁명에서 정보화사회까지》, 한울.

春山行夫(1981),《西洋広告文化史》, 講談社.

광고는 어떻게 세상을 유혹하는가?

초판 1쇄 인쇄 2020년 1월 20일
초판 1쇄 발행 2020년 1월 25일

글쓴이 공병훈

펴낸이 박세현
펴낸곳 팬덤북스

기획 위원 김정대 김종선 김옥림
기획 편집 윤수진 오진환
디자인 이새봄
마케팅 전창열

주소 (우)14557 경기도 부천시 부천로 198번길 18, 202동 1104호
전화 070-8821-4312 | **팩스** 02-6008-4318
이메일 fandombooks@naver.com
블로그 http://blog.naver.com/fandombooks

출판등록 2009년 7월 9일(제2018-000046호)

ISBN 979-11-6169-104-6-03070

* 이 도서는 한국출판문화산업진흥원의 '2019년 출판콘텐츠 창작 지원 사업'의 일환으로
  국민체육진흥기금을 지원받아 제작되었습니다.